La Tumba. Secuestro en Venezuela

ANTONIO LEDEZMA

La Tumba

Secuestro en Venezuela

ALMUZARA

© Antonio Ledezma Díaz, 2022
© Editorial Almuzara, s.l., 2022

Primera edición: marzo de 2022

Editorial Almuzara • Colección Memorias y Biografías
Director editorial: Antonio Cuesta
Edición de Javier Ortega
www.editorialalmuzara.com
pedidos@almuzaralibros.com – info@almuzaralibros.com

Imprime: Romanyà Valls
ISBN: 978-84-18648-05-2
Depósito Legal: CO 248-2022
Hecho e impreso en España – *Made and printed in Spain*

Dedico este libro a Mitzy, una mujer maravillosa, inteligente, valiente, amorosa, madre singular y venezolana íntegra. Con todo el amor de mi alma.

Índice

Cárcel de Ramo Verde, 28 de febrero de 2015. 10 p. m.
Para Mitzy:

«*Yunta fortalecida de amor*
Es la vida que seguimos juntos.
Sin temores a los dolores,
Sin remilgos ni lamentos,
Hidalgos ante el sufrimiento de parir
Pujando el nuevo país que renueve
al que nos están matando».

Ramo Verde, 1 de marzo. 11 a. m.
Esto lo escribí en el patio de la entrada:

«*Serpentinas que cortan, fusiles que apuntan, miradas vigilantes de soldados militantes de una orden que no atiende a una razón. Una cola de seres visitantes que saludan con manos que se mueven con cautela. En la garita el centinela mirando la injusticia; desde el cielo un sol radiante que energiza mi existencia. En el suelo una piedra, rendida al pie de una larga y alta tela de alambre que deja pasar una brisa que trae un frío que quema y un espíritu despierto que no deja de soñar en convertir esa piedra en una casa de libertad; trasformar esa malla de alambre en una bandera que arrope a todos los que cantamos "Gloria al bravo pueblo" y poner a volar en ese viento fresco un pájaro que le diga al mundo que somos definitivamente libres*».

Jueves 12 de marzo, Ramo Verde, 8:30 a. m.
Pensando en todos los que han perdido su libertad:

«*La libertad vale más que la vida misma.*
Existir sin la palabra
es una vaga presencia abstraída de la realidad.
Es simular un sorbo en una taza vacía.

Caminar girando sin encontrar el horizonte.
Intuir que, más allá de las paredes, te hablan;
son apenas burbujas de un naufragio.
Tocas lo que te circunda y
tus manos denuncian que todo
es áspero, menos la esperanza que no se deja agarrar».

INTRODUCCIÓN
Un preso y su soledad

Es la soledad de estar encerrado en la habitación que se llama uno mismo, ahora por fin lo entiendo. Que uno mismo es una celda dentro de la cárcel, y que esta celda siempre será distinta de las demás celdas, y por eso 55 siempre estará sola, y siempre estará dentro del edificio de la cárcel, pues forma parte de él.

Peter Hoeg

Un preso tiene que prepararse para vivir con la soledad. En ese oscuro panorama coexiste con custodios, internos, religiosos, animales. Debe aprender la lírica carcelaria, a esperar pacientemente a la familia y a estar prevenido a verla sometida a vejámenes; a sentir cómo, por lo general, la familia termina pagando contigo una condena que tampoco debe.

Tienes que asumir esa etapa nueva en tu vida sin ofuscaciones y sacar fuerzas de tu racionalidad para vencer en la lucha, cuerpo a cuerpo, con la terquedad que va detenida contigo, esa con forma de arrojo que se pone a tus órdenes para darle combate a los que buscarán horadar tu ánimo y hacer declinar tus valores; para que tu propia opinión se vaya escondiendo en los rincones de unos espacios que enclaustran todo lo que te pueda dar vida. Tu imaginación comienza a inventar puentes que pasen por encima de los muros que buscarán segregarte, aislarte y podrás demostrarte a ti mismo que no hay muralla que pueda impedir que tu corazón intente saltarla. ¡Claro!, si no, te resignas a ser un prisionero del conformismo. Cuando entras a una cárcel te invade una sensación de vulnerabilidad y comienzas a preguntarte, «¿Cómo es posible que no esté libre?». Ante esa sacudida lo más recomendable es cimbrar el cuerpo, esquivar ese primer «gancho al hígado», y si antes te han golpeado al mentón, tratar de «sacarte» ese estacazo no negando la realidad con la que vas a lidiar desde que abrieron la primera reja.

Llevaba años con la amenaza de vivir este episodio. Porque no somos invulnerables, menos aún cuando confrontamos regímenes autoritarios. Crecí rindiéndole honores a los mártires de la resistencia contra la dictadura de Marcos Pérez Jiménez. Mis primeros discursos, digamos que formales, fueron ante el monumento de Antonio Pinto Salinas construido en deferencia al líder acciondemocratista que había sido asesinado aplicándole la «ley de fugas», en un sector de la carretera entre Parapara y San Juan de Los Morros. Luego me distinguieron con la misión de hablar ante la tumba del «Guerrillero de la Libertad», Leonardo Ruiz Pineda, cuando aún sus restos estaban inhumados en el vetusto cementerio General del Sur, en Caracas. Ese discurso fue editado en un folleto que con mucho orgullo repartí por todos los estados que visitaba; los trabajos de imprenta los patrocinó mi paisano Manuelito Peñalver, oriundo de Tucupido, estado Guárico, y quien, después de ser el líder sindical del partido por una carambola de la política interna, pasó a ocupar la Secretaría General Nacional de Acción Democrática.

Desde adolescente comencé a oír a hablar del «Guerrillero de la Libertad», a quien el maestro Rómulo Gallegos definió desde México, cuando se enteró de su asesinato, como «el hombre de la gozosa audacia y de la fina valentía». También conocía en detalle la manera como murió, estando encarcelado en la Penitenciaría General de San Juan de los Morros, Alberto Carnevali. Me había enterado de los horrores descritos en *El Libro Negro* editado por ese gran venezolano que fue José Agustín Catalá. Igualmente sabíamos del macabro personaje que torturaba a los presos en La Rotunda: Nereo Pacheco. De los suplicios a que eran sometidos sus víctimas, desde arrastrar los pesados grillos atados a sus tobillos, comer alimentos descompuestos con vidrio molido, sobrevivir al método del «Tortol» y padecer «el encortinamiento» cuando eran aislados para que no pudieran ver el sol. Me sabía todas las anécdotas de Guasina y de Sacupana, esos dos campos de concentración a donde iban a parar decenas de presos políticos. Además, me había leído varias biografías de Nelson Mandela.

Por eso, cuando entré a la celda, lo primero que me dije a mí mismo fue: «Esto es nada si lo comparamos con lo que padecieron esos inolvidables venezolanos». Y ni que hablar del líder surafricano, cuyo método adopté desde que puse un pie en la cárcel militar de Ramo Verde.

Eso no debe, por ningún sentido, interpretarse como que aceptaba mansamente la injusticia de estar preso, simplemente mentalicé mi ánimo, me di fuerzas a mí mismo, me decía sin destemplanzas de mesianismo que era una tarea que había que cumplir y que «bienvenidas las adversidades que nos someten a pruebas» y que estábamos preparados, por nuestra formación política, por la reciedumbre de nuestros ideales y convicciones, a aguantar lo que hubiere que soportar si se trata de apalancar una buena causa.

La celda comienza a ser tu casa, tu hogar, y la cárcel tu planeta. Todo lo que te circunda está dado para derrumbarte el ánimo y triturar tu moral: ver que estás encerrado en un estrecho recinto donde las horas transcurren con su premeditada lentitud; que abrir o cerrar la puerta de tu celda depende de otra persona y no de tu propia voluntad; que te pueden quitar los servicios de agua o de luz; que te imponen unos horarios; que te mutilan los periódicos para privarte de leer artículos «peligrosos»; que jurungan y huelen la comida que te llevan; que ciertamente veías el sol desde los barrotes, que es como advertir la cara de un niño con cicatrices, y cuando salías al patio podías respirar, pero era aire encapsulado en una cárcel donde te rodeaban las cercas y te amenazaban las concertinas con sus garras afiladas. Y siempre estabas bajo la mirada tortuosa del garitero, con su fusil, su pito, su latica de chimó y su pocillo con café.

Todo enclavado en un contraste donde se entrelazan un barrio con familias que representan las penurias de las mayorías, miles de seres «enlatados» en viviendas levantadas a puro pulmón, donde la brisa fresca es como un bono compensatorio por los padecimientos. Sobre los techos de zinc, los centelleos que provocaban los rayos solares como queriendo encender una fogata en cada pináculo de esas colmenas de pobreza. En otro extremo, un mercado donde se ofrece lo que cada día escasea más y cuesta más, en medio de un bullicio que sobrevuela las cabezas de vendedores y compradores que llevan en sus ropas el peso del agua de lo que fue sudor.

Desde cualquiera de los recodos se puede divisar la edificación que sirve de depósito de mujeres privadas de libertad, el Instituto Nacional de Orientación Femenina (INOF). Todo rodeado, paradójicamente, por las galas silvestres de la naturaleza, lomas alfombradas de verde que dejan sobresalir espigas que sirven de ruedo a los árboles que suben como queriendo alcanzar el cielo. La brisa cachetea sus cimas, y el rumor del viento delata el cuchicheo de sus ramas encumbradas. Desde allí despegan como aeroplanos los gavilanes con sus desplantes de sentirse «los duros del área». Su vuelo es con galantes ondulaciones, como buscando sorprender la candidez de las pequeñas aves que salen a columpiar como si flotaran en las cuerdas de vientos invisibles. Los zamuros, taimados, fluctúan buscando lo que ya está muerto, más que temiéndole al zarpazo. Mientras, las hojas caídas, difuntas, son sepultadas en cada pisada o tomadas como amuleto de un visitante fugaz y por quienes presienten que esos rumores de hojas crujientes anuncian la resurrección de la democracia.

LOS VISITANTES

Una casa será fuerte e indestructible cuando esté sostenida por estas cuatro columnas: padre valiente, madre prudente, hijo obediente, hermano complaciente.

Confucio

Veíamos cada jueves, viernes, sábado y domingo un callejón forrado de alambres y decorado con concertinas en su cúspide, tasajeando el viento, y concertinas en sus faldas, a ras del suelo, como abriendo la barriga de la tierra. En medio de este ensayo de campo de concentración, una fila de seres visitantes con una mirada que se cuidaba por ocultar la tristeza que los hacía prisioneros de un pesimismo erizado en cada brazo que apenas movían para sostener las pesadas cargas donde venía la alegría pasajera de los que aguardaban a sus seres queridos con esos manjares que saben a gloria.

Para ellos el horizonte es inmóvil, está fijo, el horizonte son esas paredes de las celdas, las rejas aseguradas y las alcabalas donde se atrincheran los pelotones dispuestos a abrir fuego cuando suene la alarma. Por eso, cada vez que salía un ser querido de cumplir su visita, su horizonte estaba más indefinido, sin embargo, una fe misteriosa lo hacía insistir, persistir, una y otra vez, aunque en eso se le vaya la vida.

Cada vez que me entrevistaban las funcionarias del Ministerio Público o de la Defensoría del Pueblo, las preguntas que más remarcaban eran para saber si había sido torturado o si había comido, o si recibía sol. Siempre les di a entender que jamás comprendería ni aceptaría como normal o como privilegio ver el sol desde una cárcel donde estás encerrado injustamente, y era eso lo que me daba razones para desaprobar lo que vivía. Lo que sí comprendía era su trabajo, aunque siempre me retiraba con la idea de que esas funcionarias, en la intimidad de sus conciencias, sabían que éramos víctimas de actos injustos y para mí ese era su mejor servicio, salir de esos encuentros con esa intuición. No era una certeza, pero sí una suerte de corazonada dudosa que me hacía tolerante con esas funcionarias que llevaban su cartilla, tenían que someterse a un esquema de trabajo y punto.

Tanto Leopoldo López como Daniel Ceballos se mostraron muy rígidos e inflexibles con algunas de las funcionarias, ¡claro! Cuando llegué a Ramo Verde habían padecido el viacrucis de «Los tigritos». Habían sido agredidos con restos de excrementos y bolsas de orina que lanzaban a sus calabozos. Era una manera de castigarlos porque ambos daban mensajes «guindados» desde los barrotes de sus celdas todos los días a las 6 p. m.

 Luego, con la metodología mandeliana, se fueron compatibilizando y hablaban con ellas, siempre para sostener la verdad de lo que ahí sucedía. La cortesía y la condescendencia con que Leopoldo y Daniel atendieron a las funcionarias no eran ni un repliegue ni una forma de renunciar o declinar en las denuncias de los atropellos de los que semanas antes habían sido víctimas, era más bien un recurso mandeliano donde ser reflexivo nos ayuda a ganar terreno de experiencia y a demostrar que la defensa de nuestra razón no es un capricho altanero.

Eso sí, no transigíamos majaderías. En más de una oportunidad parábamos en seco a los funcionarios que pretendían hacer mofas de nuestros recortes de prensa, de nuestros escritos en la pizarra, de nuestra condición de personas, más allá de la posición política evidente que tenemos y defendemos abiertamente. En algunos casos observábamos que el arrebato del funcionario con el que buscaba incomodarnos respondía más a la ignorancia que a una convicción política uniformada. Partíamos de un hecho cierto: estaríamos encerrados ahí hasta que el régimen decidiera otra cosa y las diferencias con los custodios fanatizados seguirán; por lo tanto, estratégicamente, debíamos, mandelianamente, adaptar ese espacio para que se movieran entre todas las inevitables diferencias y fuera un «planeta» apto para nuestras profundas discrepancias.

En una cárcel conoces nuevas personas y te reencuentras con conocidos. Unos inocentes, otros culpables, muchos redimidos, arrepentidos, otros con rabia y antipatías por la vida que llevan. Esa es la realidad de cualquier cárcel. Tratar con personas. Adaptarte a un modelo sin permitir que te humillen. Pensar en sobrevivir sin convertirte en egoísta, sino más bien en un ser solidario capaz de escuchar las penas de los demás. Y tienes que aprender a pasar ratos con cuanto animal invada tu celda: hormigas, cucarachas, ratas, lagartijos, mariposas, sapos, etc.

En la torre habilitada para Leopoldo, Daniel y para mí también estaban recluidas «las Peluches», dos jóvenes imputadas de haber, presuntamente, lesionado a unos centinelas. También Belkis, acusada de «traficar, presuntamente, con armas»; la capitana Daisy Salazar, procesada por «fraguar» un infundado golpe de Estado, y Juan Carlos Cuarta, un joven que admitió haber incurrido en la falta de sustraer fusiles de su cuartel. Daniel estaba reducido a una estrecha celda que llamamos «la quincalla» porque ahí tenía de todo amontonado. En una cárcel se aprende a cocinar, a refugiarse en la lectura, a pintar, a sudar las tristezas y desahogar la indignación. Mientras Daniel pintaba a «Miranda en la Carraca», Leopoldo había adoptado un gavilán que logró revivir después de estrellarse con una de las cercas que bordeaban el penal. Además, aprovechó para colocar en su «tigrito» unos pajaritos que se hicieron sus amigos.

CAPÍTULO 1
Conversaciones con la cucaracha

Tenías que hacerte amigo de un compañero de celda loco, ¿verdad? ¿No podías limitarte a contar las baldosas del techo o a domesticar un ratón como hacen los prisioneros normales?

Cassandra Clare

CUCARACHA: ¿En qué piensas?

LEDEZMA: Cavilando, en eso estoy, giro en mi propia cabeza pensando cuánta vaina se me ocurre. ¿Qué pasa? ¿Te molesta?

CUCARACHA: ¡No, no pasa nada! Es que cada vez que te pones así me dejas muy sola y casi que desaparezco en esta oscura soledad. Prefiero la profundidad de la celda de Leopoldo, donde por lo menos saltan esos pájaros y no me tienen miedo.

LEDEZMA: Tienes también la opción de la «quincalla» de Daniel, ahí encuentras de todo, más hormigas que ustedes.

CUCARACHA: Pero me asustan esas imágenes desvanecidas y ese olor a pintura que mata más que el Plagatox.

LEDEZMA: Se ve que estás lejos en el tiempo, mira que eso de Plagatox, eso ya no existe.

CUCARACHA: Aquí dejaron unas cajas que le quitaron a un vendedor en el mercadito de abajo; en esos cuchitriles se consigue de todo, hasta esos insecticidas enterrados por los años.

LEDEZMA: Me asomo por los barrotes y traspaso las calinas y disipo el vuelo de un gavilán; hace días ese animal estaba enclaustrado en la celda de Leopoldo, ahora luce arriba, encumbrado, estrujando con sus garras los lamentos y moliendo en su filoso pico, igual que la saña del cancerbero que aún piensa que se nos está muriendo la esperanza, no porque queramos dejarla perecer, sino porque ellos la matan poco a poco.

CUCARACHA: Te veo apesadumbrado hoy, hace rato estabas cantando, ¿te apagaron la alegría?

LEDEZMA: La alegría no tiene suiche a la vista, está lejos de aquí, mírala, mírala allá...

CUCARACHA: ¿Dónde? ¡Yo no veo nada!

LEDEZMA: Porque estás siempre arrastrada, ¿cómo vas a ver más allá del piso donde te pisan? Mi alegría está en esa ciudad, trepada en esas serranías, en el alma de toda esa gente. Lo que pasa es que se nos viene encima la noche y eso le quita la luz a la alegría cuando uno la observa desde aquí.

CUCARACHA: ¿Aún me tienes asco?

LEDEZMA: Estás presa conmigo, ya no me es extraña tu presencia, eres parte del castigo, pero no te veo como una cosa, tienes vida y eso cuenta mucho porque nos enseñas que, mientras se tenga vida, se puede luchar. Esto no es precisamente un jardín, es un espacio huraño, rudo, cruel, y tú, cucaracha, ¿cómo puedes asustar en medio de tanto horror?

CUCARACHA: ¿Por eso no me has chancleteado?

LEDEZMA: Por interés de sobrevivencia. Tú conoces los caminos de este encierro mejor que nadie. Mi vida es lo que cuenta y para vivir necesito que existas.

CUCARACHA: ¿Pero tú no gritas para hacerte sentir vivo como lo hacen los gariteros?

LEDEZMA: Porque están ahogados de tristeza, por eso aúllan. Es la fuerza de la opresión, como cuando a alguna de ustedes les ponen una bota encima y las aplastan, la diferencia es que ustedes mueren, ellos siguen aparentemente vivos, pero atascados entre guijarros; yo, en tanto, me siento que corro libre.

CUCARACHA: ¿Libre?, encerrado en este tugurio...

LEDEZMA: Yo salgo de aquí cuando quiera, porque para estar libre solo basta la mente, si piensas en lo que crees y sueñas con la libertad, sales y vuelas como ese gavilán y galopas desbocado como el caballo de Simón y no tienes que valerte de la violencia para doblegar a nadie por la fuerza, bastan tus convicciones. Para nosotros esas cercas son un estribo para saltar a la libertad.

CUCARACHA: ¿Entonces tú también te comerías esos animalitos que devora el gavilán?

LEDEZMA: No, no; ese es otro mundo donde la sobrevivencia permite que el que esté en el lugar equivocado corra esas consecuencias. Nosotros no queremos engullir las ideas de los demás porque el universo en el que existimos es un abanico colosal donde hay aire para todos, no es menester asfixiar a nadie. Nuestra lucha es para promover la comprensión de los que piensan distinto, tratar de entenderlos, no juzgarlos.

CUCARACHA: Pero ustedes se burlan de mi vestido oscuro.

LEDEZMA: No son muy agraciadas que digamos, pero fíjate que te busca ese pueblo de hormigas para alimentarse; no reparan en tu color, se interesan en lo que tienes por dentro. Terminas siendo esclava de tu propia existencia y fecunda para la vida de otros animales. Es como la relación entre gavilán y pájaro, pero ves, que no siempre cuenta el tamaño.

CUCARACHA: Pero, esos hombres de verde son más poderosos con sus armas.

LEDEZMA: Las armas te dan fuerza pero no necesariamente la razón. Por eso tú misma comentas que gritan, porque una persona no se hace entender con una metralla, sino con la palabra, que al final siempre se impone como verdad razonada.

CUCARACHA: Pero esos hombres de verde cantan estrofas sobre la revolución y llegan a llorar.

LEDEZMA: Por eso no me angustian sus armas, sus fusiles; me preocupa su fanatismo, que se apareja con la intolerancia. Pero la civilización siempre las ha vencido juntas, a las fuerzas de las armas mal utilizadas y a la intransigencia.

CUCARACHA: Entonces, ¿todos son malos?

LEDEZMA: No, para nada, siempre es malo generalizar, fíjate que el custodio subió y no te aplastó porque él piensa que el comedimiento que espera de nosotros se lo gana derrochando el suyo.

CUCARACHA: ¿Y para qué tienes esa flor en tu celda?

LEDEZMA: Porque tú haces del lugar donde estés hasta un jardín si así te lo propones.

CUCARACHA: Ah, por eso hablas de la democracia como si fuera una mujer bonita.

LEDEZMA: Sí, estoy enamorado de esa mujer con cuerpo de libertad. Mira sus montañas, son cimas de espigas que bate el viento libre como está hoy mi espíritu. No soy esclavo de su amor, soy devoto de su transcendencia que ningún salvaje podrá quebrantar. No hay que descuidarse, son millones tratando permanentemente de seducirla y ella, la libertad, siempre en pose fascinante para hacer parir el hijo que va naciendo en cada surco de la resistencia.

CUCARACHA: Yo nunca seré libre, ni en las cañerías. Y te siento hablar así tan presuntuoso.

LEDEZMA: La presuntuosa es la libertad, tiene con qué, es hija de la democracia y me gusta que sea vanidosa, esa es su naturaleza; como dice Goethe, así son las mujeres y por eso nos agradan más.

CUCARACHA: Y, ¿qué pare la libertad?

LEDEZMA: Nada más que la hermosura de la paz, ¿te puedes imaginar una criatura más linda que la paz?

CUCARACHA: Hace rato bajaron Leopoldo y Daniel y no les hablaste, solo te vieron, ¿qué paso? ¿Por qué no les dijiste nada?

LEDEZMA: ¡Ay, cucaracha! Vas a tener que ir a visitar al árabe que está en el Helicoide para que te explique el proverbio que dice que «El que no comprende una mirada, tampoco comprenderá una larga explicación». Ya Leo y Daniel saben lo que tienen que hacer.

CUCARACHA: Dime, ¿va a pasar algo?, porque el coronel está gritando fuerte.

LEDEZMA: Eso es lo que pasa cuando mezclas ignorancia con soberbia.

CUCARACHA. Y ustedes, ¿se rindieron?

LEDEZMA: Estamos listos y preparados para conducir cualquier acontecimiento. No es miedo ni rendición, es humildad y, como dijo Salomón, «Eso es sabiduría». Pero tú, mejor vete a la cañería.

CAPÍTULO 2
El Helicoide

El Helicoide - Caracas, Venezuela

*Los estúpidos, los cobardes, los que carecen de
pasión, de coraje y de fe en la justicia, esos son
los que se convierten en presos modelos.*
Jack London

LLEGANDO AL SEBIN EL 19 DE FEBRERO

No se me olvida la cara del médico y del enfermero que me
tomaron la tensión cuando estaba en las instalaciones del
SEBIN la noche del 19 de febrero.

—La tiene perfecta, alcalde. ¡Como de un carajito!

Eran ya casi las 10 de la noche y no sabía qué destino tendría después de aquella «operación secuestro» a la que fui
sometido. No se habían presentado ni la fiscal ni ninguna
autoridad en nombre de algún tribunal, todo era un misterio y privaba la incertidumbre. No obstante, mi serenidad no
cedía, por el contrario, a cada instante me decía a mí mismo:
«El que no la debe, no la teme», y esa fue la frase que le solté
al médico que estaba sorprendido de que mi tensión estuviera en parámetros normales.

Dejaba pasar las provocaciones con forma de indirectas o
gestos de desplantes, muy pocos por cierto, de un que otro

funcionario que se pavoneaba por la sala en la que estaba reducido a prisión en el Helicoide. Había que ocupar la cabeza, tener la mente atenta en asuntos más trascendentes para no dejarse aguijonear con esas provocaciones insignificantes. La misma actitud sostuve mientras rompían la puerta de mi despacho en el edificio EXA y luego veía entrar aquel tropel de funcionarios, uno de ellos con una camarita encendida captando todos los detalles, menos el montón de policías provistos con armas largas y cortas que se mantenían tras del «camarógrafo» para luego pasar las imágenes editadas y aparentar que fue una «visita» amable, que «solo había 3 policías» hablando conmigo en la oficina, a los que les comenté que la desproporción era fuera de lugar. Recuerdo que le decía al que fungía como jefe del secuestro: «¿Para qué requieren ustedes tantos hombres? Yo no peso más de 73 kilos. ¿Creen que necesitan de tanta gente para dominarme físicamente?».

Pero con lo que no contaban los funcionarios de «inteligencia» que planificaron las acciones, es que minutos después aparecerían las imágenes originales filmadas, dentro y fuera del edificio, al instante en que me sacaban a empellones, y era evidente, llamativa, peliculesca la jauría de funcionarios con potentes armas de fuego, vestidos como Robo-Cop, y abajo, en la calle, el despliegue de tanquetas, decenas de policías y las filmaciones y registros del sonido de los disparos realizados por los funcionarios. Cuando me introdujeron en la patrulla mantuve toda la calma del mundo, la indispensable en esos momentos en que tienes que pensar, tomar decisiones, organizar tus ideas, imaginar escenarios posibles que pudieran desencadenarse a partir de ese momento. Aquello parecía un «ferrocarril de patrullas» y un enjambre de motocicletas, un largo chorizo de unidades armando un escándalo que, desde luego, atraía la atención de la gente —era hora pico en la ciudad— que se apostaban en las aceras a ver qué estaba sucediendo. Cuando ingresamos a las instalaciones del Helicoide, ellos, los policías, estaban jadeando, el apuro, la sensación de querer llegar lo antes posible a entregar «la presa»; la misión de buscar y consignar el trofeo los agotó; yo en cambio seguía «tranquilo y sin nervios» porque me asistía la inocencia, estaba acompañado por Dios y mi fe era mi escudo protector.

Nunca me dejé intimidar. Por más grande que fueran las armas y por más aspavientos que hicieran los funcionarios, permanecí impasible, desde luego con la indignación natural, porque por mis venas no corre «sangre de horchata», pero las órdenes que me trataban de dar las transformaba en sugerencias que terminaban siendo instrucciones de alguien que con el tiempo sabe respetar, pero también cómo mandar en situaciones de apremio.

En un mesón donde me reseñaron dejándome embadurnados de tinta negra cada dedo de las manos después que un rodillo esparciera en la tabla la tinta pegostosa, se cumplía así su obligación de rellenar la planilla R13 que tiene que ver con el registro de antecedentes. De seguidas había que continuar con la formalidad contemplada en la planilla PD1, por eso fui colocado de pie, pegado a la pared, con la unidad métrica a mis espaldas para la inolvidable ofensa: foto de frente y de ambos perfiles, y automáticamente medían mi estatura; todos esos datos pasan a los archivos de dactiloscopia. Al fondo, un tabique que resguardaba a una mujer detenida, que mantenía encendido el televisor, cuando a media noche se apareció la fiscal Katherine Haringhton y en tono suavecito me preguntó: «¿Lo han torturado?». Le dije que «¡Sí!», porque me tuve que calar la cadena de Maduro, a todo volumen, por ese aparato de TV.

Chalecos, pasamontañas, grupos comandos con armas largas y cortas, correajes con bastón extensible, cacerinas, esposas y equipos de radio eran parte de la escenografía. El helipuerto esperando que se posara el aparato trasladando a «los jefes» con algún detenido; la división de comandos motorizados preparada para salir a cumplir misiones especiales, y la dirección de investigaciones estratégicas donde se planifican hasta las operaciones improvisadas, fuera del debido proceso que pautan las normas en un país que se precie de democrático.

Los detenidos están en la sección de control de aprehen-

didos y en ese momento son como doscientos. Veinte mujeres, una de ellas embarazada. Ocasionalmente hay personas
detenidas sin orden judicial y los mantienen allí impunemente. El autor de las torturas y los tratos crueles es el comisario Carlos Calderon, el mismo que el estudiante Gerardo
Carrero, estudiante de la Universidad de Los Andes detenido en Caracas durante las protestas escenificadas por la
juventud en el año 2014, identificó como su torturador. El
agua no falta, pero es deplorable. En los calabozos no hay
ventilación, se han hecho pocas remodelaciones. Las zonas
de detención se llaman «preventiva», por números —preventiva 1; preventiva 2; preventiva 3 y preventiva 4—, la pecera y
las celdas. Las visitas son los miércoles y jueves de 11 a. m. a
3 p. m., y sábados y domingos de 11 a. m. a 5 p. m. La comida
está siempre en crisis. La traen racionada, ya que parte de la
misma los funcionarios se la quedan para ellos. El drama de
la comida afecta a todos por igual. Los servicios de Inteligencia y todo lo demás funciona en Plaza Venezuela.

En el Helicoide existen varias áreas aisladas: para los estudiantes, los hermanos Guevara, los Makled y otros detenidos que guardan alguna relación con el régimen en Roca
Tarpeya. Patrullas con cocteleras y sus sellos rotulados, con
el botón de las sirenas listo a ser apretado para que aúllen.
En el piso de la sala técnica donde me tuvieron por 6 horas,
conté 8 chalecos antibalas, dos filtros de agua y dos bicicle-
tas. También 4 estantes sin que revelaran orden en los documentos acumulados en sus repisas. Anexa vi que estaba una
amplia celda repleta de detenidos que no tenían el mejor
de los aspectos. Ubiqué una silla, decidí dónde colocarla,
observé dónde tenían las cámaras simuladas para grabarme,
conté 10 escritorios, sobre los cuales solo en 6 había com-
putadoras. Pegados a las paredes tres grandes pizarrones,
uno de ellos con la línea jerárquica y los nombres de los funcionarios. El mesón donde me reseñaron, dejándome embadurnados de tinta negra cada dedo de las manos, servía de
escritorio principal para el funcionario Villegas. Al frente,
la tapia con la unidad métrica para la perdurable escena de
la foto de frente y de ambos perfiles. Al lado, unos sanita-

rios destartalados a cuyos parales de hierro permanecían atados dos hombres con sus ojos inyectados de sangre y con unas esposas que fungían de bisagra entre sus tobillos y la estructura de los lavabos. Otro preso común que aparentaba estar adormitado en el piso se levantó como una serpiente enroscada cuando lo molestaron con la punta de la bota de uno de los policías. Las veces que salí a utilizar el sanitario había más cucarachas que detenidos; se veían ruinosos esos sanitarios, consecuencia de falta de mantenimiento. Antes me habían ofrecido cena; lo agradecí con la cortesía que no quita lo valiente, pero preferí esperar.

A las 11:30 apareció uno de los jefes, me entregó una tarjeta de Compañía Anónima Nacional Telefónica (CANTV), me escoltaron unos funcionarios y, mientras replegaban a un montón de detenidos, me dejaron intentar llamar a mi esposa Mitzy. Los presos estaban hacinados y más se complicó el apretujamiento cuando me permitieron tomar el teléfono empotrado en la pared justamente claveteada a dos metros de esa colmena de seres sudorosos que bufaban de cólera y que se hacía progresivamente chillona. Uno de ellos me miraba con ojos de lechuga trasnochada como queriendo que entendiera que llevaba días sin dormir en medio de aquel abejar en el que se encontraba.

Fueron minutos de angustia, el teléfono repicaba y nada que atendían, luego supe toda la historia: la pobre Mitzy estaba fajada en los alrededores de la Plaza Venezuela porque el régimen soltó el señuelo de que «a Ledezma lo tienen en la sede de Plaza Venezuela, está en La Tumba». Como era lógico, la táctica funcionó: despistada, mucha gente solidaria se aglomeró en esa área hasta que desde allí se vino Mitzy con mi abogado Omar Estacio hasta la sede del Helicoide, donde realmente llevaba más de 6 horas desaparecido. No estaba al tanto de que la noticia había corrido como pólvora por todo el mundo, luego pude ver imágenes de mi secuestro narradas en varios idiomas, desde inglés, chino, árabe, francés, italiano, alemán, hasta japonés o portugués. Cuando entró Mitzy nos dimos un gran abrazo, me tranquilizó que la sentí muy sólida, nada de llanto, sé que por dentro corría esa procesión de dolor, yo que la conozco bien sentía sus palpitaciones que resonaban la tragedia que sentía su corazón. Me trajo lo elemental, unas galletas energizantes que envió Henrique Capriles, unos chocolates que metió en su cartera María Corina más unas frutas que, a la volandera, había conseguido Richard Blanco. Antes había recibido a la fiscal del ministerio público que «se enteró por teléfono de mi secuestro»; con argumentos baladíes trataba de justificar las evidentes irregularidades cometidas, pero yo seguía inalterable y le decía que todo eso era una injusticia, que estaba preparado para asumirla con decoro y dignidad. Al rato llegó el comisario Villegas, un funcionario con aspecto motilón que me condujo a la celda que me asignaron esa noche en el Helicoide. Atravesamos un pasillo sórdido, de lado y lado unas rejas entreabiertas con paños colgando en una que otra verja, cadenas asegurando que todo estuviera bajo control y, cuando se escuchaba algo, el grito contundente del comisario Villegas exigiendo silencio convertía aquel pasillo, con forma de media luna, en una verdadera tumba. Solo se oía el miedo. Suponía a los presos en cuclillas santiguándose y espantando los maléficos conjuros que los creyentes en la magia negra desataban en sus horas de turbaciones.

Caminando con el comisario Villegas como Cicerón y dos funcionarios ubicados a cada lado, recordé la escalofriante película de Freddy Krueger, ese sitio es tan lúgubre que llegas a pensar que saltará una mano con garras en cualquier instante y unos dedos huesosos y ensangrentados. Todo era concreto por los cuatro costados, y la celda, un cuarto absolutamente cerrado. El comisario fue gentil, se despidió y al poco rato retornó con lo que le había pedido, unos libros, préstamo de los hermanos Guevara; me dijo, «¡Ah! y este yogurt, que se lo manda Makled». Sin comentarios.

Me leí la estampa de San Expedito que me había traído Mitzy, enviada por la tía Gloria Capriles, me comí unas barras energizantes que me había enviado Capriles, comencé a leer el libro de Manuel Barroso *La autoestima del venezolano*, me comí unas barras de chocolate de María Corina, dormí algo, me desperté, comí galletas, tomé agua, me comí un cambur y luego me leí una monografía de Marco Tulio Bruni Celli sobre los derechos humanos en América Latina. A las 4 p. m. me abrieron la celda. «Listo, alcalde, vamos a los tribunales, hasta aquí es mi trabajo». Era otro funcionario que había recibido el turno de Villegas; me despedí dejándole saludos a su comisario Villegas. Caminé por los pasillos atravesando en reverso el sombrío callejón de medialuna hasta llegar al patio donde estaba ordenada la caravana sensacionalista que me trasladaría hasta la sede del tribunal en el centro de Caracas. Montándome en la patrulla me colocaron las esposas y bajándome en la sede tribunalicia me las quitaron.

Viendo a Caracas

El mal es temporal, la verdad y la justicia imperan siempre.

Rómulo Gallegos

El área donde pasé la noche se llama Control de Aprehendidos. Fueron casi las 24 horas continuas en ese lugar. Saliendo del Helicoide por la puerta principal, denominada Oficialía, bajamos derechito a la Av. Victoria. Nada más ver las lápidas en doble sentido de esa vía se amontonaron en mi memoria las marchas, concentraciones, tribunas, oradores, conflictos, discursos, trompetas, megáfonos, pancartas, fritangas, banderas, lentes para el sol, naranjas, mandarinas, helados, pitos, todo a la venta. La variedad de las indumentarias de los participantes, con franelas, con camisas, con gorras o sombreros, con licras o *bluejeans*. Radicales, pacifistas, con flores para los guardias nacionales o «sebines», los funcionarios de la policía política del régimen, otros con dibujos que reflejaban alegorías de su capacidad de atacar violentamente a los participantes en cuanta protesta que se ha venido realizando en la capital desde hace más de 16 años, ininterrumpidamente.

Veníamos de la arteria que se llama Calle «Progreso».

Me resultaba una ironía describir con mis ojos la tablilla que dejaba constancia del nombre de ese pedazo de corredera que lo menos que me colocaba por delante era progreso, pues sentía cómo retrocedía el país a los tiempos de la más cruel dictadura que había caído siendo apenas un niño de 3 años de edad. Mientras tanto, lo que avanzaba era esa tromba de camionetas y motocicletas que ruedas libres entromparan la calle «del Comercio».

Al llegar al semáforo de la Av. Victoria están los talleres Rootes C.A., y enfrente la bomba al lado de los repuestos de la Rosa. Al trabar a la derecha por la avenida del lado izquierdo veo el Centro Comercial Multiplaza Victoria. Más recuerdos. Ahí había ido a tomar café varias veces en la panadería y pastelería Ópera; ahora solo podía humedecer, con la mirada, un sorbo de su anuncio trinchado a la fachada del inmueble. Cinex promovía en unos carteles la película del momento. La borrasca de patrullas seguía su curso desafiando el congestionamiento habitual y las vallas prometiendo la primicia de los trabajos del elevado; estos se iniciaron el 27 de abril, ya supuestamente listo para ser inaugurado en la primera quincena de noviembre.

Nada contenía la caravana. Las motocicletas, llamadas «moscas», con sus cocteleras encendidas y sirenas a todo volumen aseguraban paso libre, así llegamos presurosamente al sector «El Peaje» donde se transponen la Av. Victoria y la Av. Nueva Granada. En esa encrucijada se nos ofrece, con una fatiga prematura, el canal del Bus Caracas, una de las obras que costaron más que lo que se invirtió en el Helicoide. Se tuvieron que hacer «muchos viajes de corrupción» antes de que se montara el primer pasajero en una de las unidades que forman parte de uno de los proyectos más enrevesados que se hayan conocido en la capital.

Nos abrimos paso por la Av. Fuerzas Armadas (FFAA), de refilón tengo en la mira un edificio cuyas mezzaninas parecen un centro comercial de rancia concepción; luego, en la sucesiva entrada, sigue empinada la Torre Prevenir, en cuya planta baja funciona la Funeraria Nazareth. De los sectores populares como la Cota 905, del barrio «El Mamón», de «San Agustín», del barrio «Buenos Aires» y de las urbanizaciones de clase media declinantes y de todos sus alrededores, proviene su clientela. Ya no se cumplen los ritos que la violencia ha clausurado por la fuerza de los tiroteos que se organizan cuando se confrontan las bandas que sienten la obligación «moral» de vengar el sufrimiento de uno de los suyos. Los diseños y operaciones administrativas de una funeraria han sido modificados. Ya no responden a las escenas donde se colocaban las sillas en un redondel, se hablaba sin que faltara el cuentachistes, se repartía al mismo tiempo el café, el queso y las galletas. Ahora todo es hierro, rejas, paredones; al difunto hay que velarlo intramuros. La rutina del dolor se inicia preparando el alma para pasar el primer aguijonazo una vez que se recibe la trágica noticia. Luego, a buscar la empresa que te haga el favor de velar el cuerpo, esperar pacientemente el turno, el cupo, localizar la urna, porque también escasean los ataúdes. No la había matado una enfermedad ni la habían vencido los años, ni tampoco era otra víctima de la depresión que ha puesto de carrera a los psicólogos y psiquiatras que ven cómo se apretujan los clientes en sus consultorios. Había caído de dos balazos.

Frente a la casona se arremolinaba un grupo con caras compungidas, otras en posición de defensa, con los ojos saltándoles de sus ojeras inflamadas, como esperando un ataque. A pocos metros un carro mortuorio, la carroza fúnebre, una desaliñada camioneta que, pintada de negro, representaba la tradición del cortejo. Por los gestos supuse que alguien gemía, y se arqueaba en medio de un haz de brazos que trataban de sostenerla en pie. No oía sus lamentos, estaba encerrado en la camioneta que me transportaba, además el estruendo de las sirenas me aislaba completamente de esos ecos, pero no impedía que arrastrara esas imágenes que representaban a miles de seres en Venezuela.

Alguien cualquiera, con su cara desvanecida y desconsolada, clamaba que la enterraran a ella y no a su hija, que no se dejó quitar el celular que su padrastro le había regalado con motivo de sus 15 años, pero tuvo que ceder su plenitud de vida a tres delincuentes que apretaron el gatillo con los dedos fríos y crueles de sus manos.

La bulla no sacude la tristeza de los que merodean ese oficio luctuoso. Es la convivencia entre la vida y la muerte, se entierran seres queridos y quedan flotando los recuerdos. Es la disyuntiva entre el miedo y la audacia que delata el desparpajo con que suben y bajan, simultáneamente, las angostas aceras del barrio «Buenos Aires». El contraste es monumental entre el diminuto brocal y un gran muro de contención. Pero más enorme y colosal, aun sin que haya sido concluido, es el Helicoide, desde cuya cumbre se divisa todo cuanto se zarandea en los alrededores de la entrada de la calle «Vuelta Del Casquillo» que tiene una longeva área verde que ha logrado sobrevivir a tantos devastadores. A unos metros, rejuvenecido, el que en su momento fue el edificio de la Proveeduría del Instituto Venezolano de los Seguros Sociales (IVSS), trastocado en la actualidad en una residencia, luego de ser rehabilitado y entregado por Misión Vivienda por iniciativa del colectivo del Frente de Motorizados. El edificio está diseñado para 86 apartamentos de 68 m², 2 habitaciones y 2 baños. Enfrente del mismo edificio, la parada de los vehículos cargando pasajeros; casi que la camioneta en la que me trasladaban atropella a una señora que perseguía irascible a un carterista que le había vaciado su bolso en el *bululú* de la parada. La desesperada mujer le muestra su desvalijada cartera a uno de los policías motorizados, es obvio que pedía que su tragedia fuera vengada. Lo que pude ver fue un ademán con sus hombros del funcionario, interpreto que se justificaba de no poder hacer nada, con el pretexto de que «estaba cumpliendo una misión muy importante». El ladrón corría como una liebre en exhibición promoviendo lo fácil que se puede atracar a una persona en Caracas, aun rodeado de tantos policías bien armados. Muecas de la realidad que se padece en cualquier esquina de cualquier ciudad o pueblo de Venezuela.

En este sector la avenida se ensancha y en el centro funciona la parada de bus Caracas Roca Tarpeya; del lado izquierdo, justo en el semáforo en la esquina, ofrece sus servicios otra funeraria, La Capital. Es la ronda de la muerte en una urbe que se levanta en medio de espantos y su gente despierta la madrugada, unos que salen a la brega de todos los días, mientras otros, menos, trepan zigzagueando una de las escaleras del Barrio. Cuando el sol de la tarde continúa en plena función, se comienza a formar la hilera de carros que buscarán en el autolavado sacarle algo de lustre al persistente cacharro que pide, además de gasolina, un poco de agua, jabón y trapo.

Exploraba con avidez, desde la patrulla en la que esposado me trasladaban hacia los tribunales, la Caracas que me ha adoptado sin miramientos. En la que fue posible franquear de ser inquilino del Palacio Federal, donde pasé años alternando como diputado y senador, al edificio de la Gobernación del Distrito Federal—ahora sede de la Alcaldía Metropolitana— y de allí a la esquina de Gradillas a Monjas, frente a la mismísima plaza Bolívar, el corazón de la patria, que cruzaba desde mi despacho para asistir a las sesiones del Concejo Municipal capitalino a rendir cuentas como gobernador de la ciudad. Después, en enero de 1996, me instalé en sus oficinas como alcalde electo por el pueblo el 3 de diciembre de 1995. En el corto trayecto se me alborotaron todos esos retratos memorizados. Los faroles guzmancistas, los árboles por donde trepaban sus ardillas y perezas, la torre de la catedral y su campanario y su reloj, testigo de cada minuto transcurrido desde 1888. La estatua de El Libertador con la inscripción «La Patria Agradecida», los vecinos de la arquidiócesis y los edecanes del Libertador, con quienes compartimos tantas retretas domingueras con una Plaza Bolívar mezclada de vecinos que por horas se olvidaban de sus dificultades. Sabía que tenía que retener con la memoria estas últimas imágenes de los contrastes urbanísticos de la mixtura de la nueva arquitectura, las edificaciones monumentales que admitían la presencia de viejas casonas reticentes a los cambios y seguían de pie mostrando el pasado con sus tradiciones y viejas costumbres.

Nada de lo que veía desde la patrulla en la que me trasladaban me parecía irrelevante, por el contrario, crecía mi interés en apreciar cada desplazamiento, todos los gestos de la gente que se arremolinaba en las ventas de fritangas humeantes como adelantándose a la cena y los que cortaban el viento moviendo sus manos mientras batían la franela o el zapato que ofertaban a los transeúntes. Otros seguían hablando por el teléfono alquilado en los puntos improvisados en las aceras, luchando con el ruido estruendoso de los aparatos que rodaban con el sonido de cada unidad policial vehicular o motorizada. Tapaban con una mano el auricular y se apersogaban entre hombro y cachete el pequeño celular para tratar de oír y hacerse escuchar con su interlocutor. En contravía, la caravana tomó el canal de la Av. Bolívar en sentido este-oeste, veníamos de dejar la Av. Lecuna y cruzar a la izquierda bordeando el espacio donde sobreviven los viejos andenes de lo que queda del Terminal Nuevo Circo. Antes había visto el teatro Nacional, para mí el Teatro Simón Díaz, tal cual como en acto oficial y con la presencia del Tío Simón lo bautizamos un 8 de enero del año 2000. Al frente de la estación del metro, el edificio Corporación Felman, donde tiene su sede la Junta Electoral que 14 meses antes me había entregado mi certificado como alcalde reelecto por más de 760.000 ciudadanos. De reojo vi la iglesia de Santa Teresa donde está en resguardo la imagen del Nazareno de San Pablo. La zona estaba tomada por una cadena de funcionarios policiales y efectivos militares; no querían ni fotos ni filmaciones.

Cuando entramos a los sótanos aquello estaba desolado. Parecía una plantación de columnas en una sábana de concreto armado. Mientras se detenía la unidad en la que me transportaban, rechinaban los frenazos y el resoplido de las motocicletas de donde se bajaba, con estilo Rambo, un grupo de funcionarios que se aglomeraban haciendo un anillo humano mientras se abría la puerta trasera por donde salí, ya con mis manos libres de los ganchos. Mientras tanto, algunos de los policías se contoneaban con sus balaclavas y sus pistolas Beretta 92F, otros escalaban las cortas escaleras que nos permitirían ascender al primer pasillo de aquel opaco edificio con sus fusiles de asalto terciados, más sus Colt

5,56 o M4. En el lúgubre estacionamiento quedaba una exhibición de camionetas Hilux, Toyota o Ford Runer 4x4.

El pasillo estaba reservado para el «preso Ledezma». No había detenidos en los calabozos pestilentes, como los definían tanto Leopoldo como Daniel. Instantáneamente recordé las crónicas de ambos cada vez que retornaban, extenuados, de las maratónicas audiencias, y la moraleja de que donde más sufrían era en su lucha con las ratas, cucarachas y compartir la fetidez con los otros presos comunes que, junto a ellos, eran injertados en esos espacios. En efecto, el olor era insoportable, solo sentía ese pestífero tufo y el trepidar de las botas de los funcionarios que me escoltaban como haciendo una «rueda de pescado» con sus armas listas para hacer frente a cualquier ataque.

Entramos a la sala del juez Miguel José Graterol Maneiro. Se cumplía la rutina en un salón atestado de libros, expedientes y productos de compras a «bachaqueros» que hacían ver latas de mantequilla y paquetes de harina pan sobre los folios amontonados en ese pequeño espacio. Habló la fiscal, habló mi abogado y dije lo que tenía que decir para dejar constancia ante mi conciencia de aquel momento injusto. Omar Estacio, José Fernando Núñez y Antonio Sierralta eran mis celosos guardianes jurídicos.

CAPÍTULO 3
La versión legal

Si murmurar la verdad aún puede ser la jus-
ticia de los débiles, la calumnia no puede ser
otra cosa que la venganza de los cobardes.

Jacinto Benavente

Enfrentar cárcel sin saber los motivos. Ser sacado a la fuerza, a empellones, del sitio de trabajo sin que se nos muestre orden judicial. Esa fue la forma como se interrumpió mi jornada de trabajo aquel 19 de febrero de 2015. En los días previos, las informaciones sobre mi inminente detención me llegaban en avalancha. Las fuentes eran tantas y de tan variado origen, que no cabe duda de que mis pretendidos captores me estaban dando tiempo suficiente para que me evadiera, para que me ausentara del país o me «enconchara», que es como llamamos en Venezuela cuando algún solicitado por los organismos policiales se guarece en un escondite. En todo caso, mi respuesta a todos los informantes fue invariable: «¡Iba a seguir asistiendo a mi lugar de trabajo, de manera que a quien le interesara, ya sabía muy bien adónde buscarme!».

La demostración de que mi detención se produjo sin orden judicial está en el propio expediente judicial fabricado para montar este juicio injusto que se me sigue. La legislación procesal penal venezolana prevé que en casos excepcionales, de peligro de fuga en específico, el Ministerio Público puede

41

solicitarle al juez de control, por cualquier medio, incluso telefónicamente, la aprehensión del imputado, con la obligación de fundamentar en el expediente, una vez practicada la detención, en qué consistían esas «circunstancias excepcionales». En el caso que se me sigue se invocó la normativa en tal sentido. Pero hay un pero. Las mismas actas del proceso demuestran que los órganos policiales practicaron mi detención ordenada por el alto gobierno y, después, armaron el expediente correspondiente. Pruebas al canto:

En la pieza V del expediente que se me sigue, aparece un escrito de la fiscal 21 con competencia plena a nivel nacional, Katherine Haringhton, en el cual expresa que «ratifica» la petición telefónica de mi captura, la cual se produjo a las cuatro de esa tarde. Solo que el escrito de la fiscal, según se lee de la nota que le estampó el secretario del tribunal, aparece como presentado el 19 de febrero a las 1:15 de la tarde. Si la fiscal presentó ese escrito a la 1:15 p.m., ¿cómo pudo predecir, con exactitud, que mi detención se iba a producir a las cuatro de esa misma tarde? No hay crimen perfecto, reza el tópico. En este caso, tales son los errores o los rastros que dejan quienes antedatan un documento para darle apariencia de legitimidad a una detención practicada sin orden judicial previa de ninguna especie. Los cargos postizos y acomodaticios que me fueron formulados al día siguiente, al celebrarse la denominada audiencia de presentación, no fueron menos atrabiliarios e ilegales que mi detención sin orden judicial.

El primero se basa en un supuesto testimonio del capitán, José Gustavo Arocha, a quien jamás he visto o tratado de ninguna forma. Según ese testigo, que estando preso declaró por el mecanismo de «prueba anticipada», presenció una conversación sostenida entre el diputado Julio Andrés Borges y yo con el encargado de negocios de EE. UU. en Venezuela, en la que, junto a Borges, manifestamos que «teníamos planificado asesinar al dirigente Leopoldo López con el propósito de desestabilizar el país». Antes de seguir adelante conviene poner de relieve, aunque sea de manera breve, en qué consiste el mecanismo de prueba anticipada: el Código

Procesal Penal de Venezuela permite la práctica de determinadas diligencias probatorias antes de la apertura de un juicio determinado en los casos que se presuma que tales diligencias probatorias no podrán practicarse durante el juicio. El testigo Arocha estaba preso y a disposición del Estado venezolano por un juicio diferente al que se me sigue; mal podía, en consecuencia, la Fiscalía o los tribunales presuponer que Arocha se iba a fugar, y, con ello, su testimonio no se podría rendir en el juicio que se me sigue.

Total, que Arocha, a quien, repito, jamás he visto en mi vida, no solo nos incriminó falsamente a Julio Borges, al encargado de negocios de EE. UU. y a mí, sino que en otros pasajes de su «declaración anticipada» incrimina en diferentes delitos a un grupo de más de 20 personas entre las cuales destacan Gustavo Tovar Arroyo, por unos eventos producidos en México, el exembajador de Venezuela ante la ONU, Diego Arria, Pedro Mario Burelli, a la líder disidente María Corina Machado, al dirigente del partido Voluntad Popular, Freddy Guevara, al secretario general de Acción Democrática Henry Ramos, al secretario ejecutivo de la MUD, Ramón Guillermo Aveledo, a los empresarios Parsifal D'Sola y al editor del diario *El Nacional*, Miguel Henrique Otero.

Es decir, bastaba que dirigentes políticos curtidos, empresarios y hasta diplomáticos se hallasen en presencia del señor Arocha, a quien no conocían, para que, sin recato ni precaución alguna, se dedicasen a confesar la comisión de los crímenes más abominables. Otros detalles descalifican aún más las falsas incriminaciones del señor Arocha. Este último, como lo expresé, estaba preso. Pero su lugar de reclusión no era uno cualquiera, sino la célebre «Tumba», ergástula del SEBIN a nueve metros debajo de la superficie. Decir «La Tumba» es decir tortura en las dos formas, la física, aplicando electricidad en los genitales o en cualquier otra parte del cuerpo de los detenidos, golpeándolos con bates o garrotes, ahogándolos con agua que vertían sobre un paño colocado en la cara de los detenidos, o asfixiándolos con bolsas plásticas, también esposándolos con las manos en la espalda mientras soportaban más de 14 horas, continuas, con una luz intensa sobre sus ojos, colocándolos boca abajo para que sobre sus espaldas saltaran los esbirros. Allí, a los detenidos se les sometía a temperaturas constantes de siete grados centígrados, escasa alimentación, amenazas constantes contra sí mismos y contra sus familiares, música a todo decibel y luz ceguecedora las 24 horas del día.

A Lorent Saleh lo llevaron al borde del suicidio después de sobrevivir a todas las vejaciones a las que era sometido. Lorent relata que una vez lo despertó el llanto de un hombre rogando clemencia y seguidamente lo que sonó fue un golpe seco, y otro y otro golpe más. Lorent se estremecía de rabia escuchando las risas de los torturadores mientras combinaba su indignación con un miedo que era inevitable que entrara en su cuerpo. Lorent temblaba de terror, miedo que no lo paralizó ni impidió que perdiera el control y desatara esa furia contra las paredes de su celda, contra las que golpeaba su cabeza, destruyendo lo poco que tenía en ese reducido espacio que para Lorent es «una cárcel tecnológica de avanzada» donde se desarrolla la tortura con estética, con métodos diferentes que lo hacían ver ese centro como «un manicomio futurista».

En esa cárcel de La Tumba torturaron hasta matarlo al concejal Fernando Albán, lanzando su cadáver por un ventanal del piso 10 de ese edificio para que el fiscal de facto del régimen saliera dando un parte oficial según el cual «el detenido Fernando Albán se había suicidado». De allí pudo salir vivo el líder de la juventud Lorent Saleh, ahora en el exilio desde el 12 de octubre de 2018, aventado del país bajo la figura del destierro —norma inexistente en la legislación venezolana— después que fue rescatado por diligencias del diplomático Juan Pablo Iglesias, quien visitó Venezuela como secretario de Estado para Iberoamérica de la Cancillería de España. En La Tumba también estuvo muchos años recluido el general Isaías Baduel, asesinado por el régimen chavomadurista.

Cuando el testigo Arocha rindió su pretendida declaración por el mecanismo de «prueba anticipada» era un hombre disminuido, física y mentalmente. Firmó lo que le pusieron por delante a cambio de su libertad. Pocos días después,

Arocha se trasladó a Estados Unidos, donde tramitó asilo político basado, precisamente, en las torturas de las cuales fue víctima. Sabedores de tan falsa incriminación de Arocha en mi contra, la Fiscalía General de la República ni se ha molestado en llamar a quienes podrían corroborar o desmentir su testimonio. Me refiero a Julio Andrés Borges y el encargado de negocios de EE. UU. en Venezuela.

A día de hoy el señor Arocha ha puesto a salvo su dignidad mediante una declaración apostillada en EE. UU. en la que deja constancia que fue obligado a insinuar esas acusaciones. Declara que «nunca ha sostenido esas falsas acusaciones, que no me conoce personalmente, que solo sabe de mi existencia porque soy un hombre público».

El segundo hecho en el que se basa la acusación en mi contra se refiere al lamentablemente fallecido señor Rodolfo González, a quien el desgobierno de Nicolás Maduro le endilgó el remoquete del «Aviador». González fue detenido durante los primeros meses de 2014 so pretexto de ser uno de los financistas de los jóvenes que salieron a protestar a la calle durante esos días. Los órganos de la policía política de Venezuela, al allanar la residencia de González, consiguieron que entre las decenas de personas que figuraban en su directorio telefónico aparecía mi nombre. Como hombre de trayectoria pública, es lógico suponer que muchos venezolanos tendrán mis datos entre sus contactos telefónicos. Esa sola circunstancia aislada no puede convertirme de manera automática, como lo han pretendido mis captores, en responsable de todo cuanto hagan esas personas. Dicho sea muy de paso, el señor González, a quien jamás tuve el honor de conocer, en gesto que lo enaltece, denunció ante la juez que llevaba su caso que la misma fiscal Haringhton, que formalizó las imputaciones en mi contra, se presentó en su calabozo a ofrecerle, igual que lo hicieron con José Gustavo Arocha, libertad a cambio de incriminarme falsamente. Rodolfo González rechazó la desvergonzada propuesta. A los pocos días se quitó la vida como ha sido publicitado con amplitud por los medios de comunicación.

Estaba en mi celda de Ramo Verde cuando Mitzy llegó

de visita y sin decir una palabra se me abalanzó en un profundo abrazo. Llorosa, quería decirme algo; sabía que sería impresionante para mí, como en efecto tenía que ser la desaparición física de un hombre inocente al que no conocí y a quien, con la persecución de la que fue víctima, junto a toda su familia, indujeron a ese destino fatal.

Un tercer hecho no menos extravagante pretende soportar las acusaciones en mi contra. Me refiero al pretendido «Golpe Azul». No hay testigos —ni siquiera falsos testigos—, no hay documentos, fotos, grabaciones. Tales imputaciones se basan en un supuesto «informe de inteligencia» de un funcionario del SEBIN, el cual, por sí solo no constituye prueba de ninguna especie. De cualquier forma el pretendido «Golpe Azul» consistiría en que el mencionado diputado Julio Andrés Borges y yo teníamos previsto alquilar un avión tipo «Tucano» desde el cual se bombardearían diez objetivos en Caracas, entre ellos sedes del Tribunal Supremo de Justicia, la Fiscalía General de la República y la sede del partido Acción Democrática. No hace falta ser experto en aeronáutica. Los «Tucanos» son aeronaves de adiestramiento de fabricación brasileña. Su poca autonomía de vuelo, su baja velocidad y su casi nulo poder de fuego, hacen inverosímil perpetrar ataques como el que se nos atribuye planificar a Borges y a mí. De no estar de por medio mi vida y la libertad de tantos ciudadanos, tal hipótesis despertaría carcajadas.

Otra acusación se basa en un video trucado donde unos jóvenes, Lorent Saleh, Gabriel Valles y Ronny Navarro, se refieren a mí como «Un zorro político que está recuperándose de una operación para salir otra vez a la calle a marchar, a protestar contra el Gobierno». ¿Y es que el régimen no estaba al tanto de que el suscrito lleva años luchando, marchando, protestando contra lo que estimo inconstitucional e inconveniente para mi país? ¿Es una sorpresa para este régimen enterarse de que su nuevo preso político ha dado esa lucha en el marco de la civilidad, de la legalidad, tanto así que he participado en dos elecciones en las cuales, muy a pesar del ventajismo oficialista, he logrado dos contundentes victorias electorales en la propia capital de Venezuela?

Finalmente, la publicación de un documento, que firmé conjuntamente con María Corina Machado y Leopoldo López y en el que se llama a una salida pacífica y democrática a la crisis que asola a Venezuela, pretende constituirse en un elemento de mi incriminación. No hay en esa declaración ni una sola exhortación a tomar canales anticonstitucionales. La crisis política, humanitaria y económica que desmantela en la actualidad a nuestro país, la avizorábamos con claridad. Haberme privado de libertad por haber previsto lo previsible es un grave atentado contra el pluralismo democrático y pinta, de cuerpo entero, la tiranía feroz que se ha entronizado en Venezuela.

En estos términos nos dirigimos al juez aquella tarde del 20 de febrero de 2015 mientras que la fiscal Katherine Harrington, después de hablar, se escurrió a un rincón de la sobrecargada oficina, se arrellanó en un pupitre, clavando su mirada en la tableta de formica, negándose a levantar su cabeza ante mi requerimiento de que no solo se limitara a escucharme, sino a que me viera y atendiera, tal cual como yo, serenamente, la había escuchado y mirado a su rostro en el curso de aquella audiencia.

Terminada mi exposición, el juez Graterol Maneiro se retira a hacer algunas consultas. Salgo al pasillo y me encuentro con la grata sorpresa de que habían permitido que Mitzy subiera; junto a ella nuestra hija Kity Oriette. Mitzy parecía una veta de donde se podía sacar todo el coraje del mundo, quería darme ánimo, pero se percató que no tenía que gastar energía en ese empeño porque, con mi carácter y comportamiento en esos pocos minutos que nos vimos, comprendió que nada de aquella patraña estaba corroyendo mi determinación de seguir adelante. Ella, que me conoce «como si me hubiera parido» —son palabras que suele decir—, se reconfortaba porque intuía que no estaba haciendo simulaciones, me sentía sereno, empinado ante la dificultad y preparado para lo peor. Viéndola, no pude dejar de recordar lo que me contó una vez que habían amenazado a su tío Miguel Ángel

Capriles con hacerlo preso si publicaba un titular en el diario *Últimas Noticias* que incomodaría a los policías de la dictadura de Pérez Jiménez. El editor le consultó a su progenitora, Adelaida Ayala de Capriles, sobre el riesgo al que se exponía, y la madre le respondió, en la sala donde se reunía la familia, entre ellos Mitzy con menos de 8 años de edad: «Prefiero a un hijo muerto que cobarde».

Al rato apareció el juez y *pa* Ramo Verde se ha dicho. La caravana salió a toda velocidad, colocado entre dos funcionarios en una camioneta con mis manos enganchadas a unas esposas que luego desataron a las 11:30 p. m., cuando se detuvo la unidad frente a la comisión de oficiales de la cárcel que esperaba al nuevo preso político. No olvidaré la cara de aquel funcionario tratando de expiar la pena que difícilmente podía disimular mientras, perturbado, hacía la tarea desenganchando aquellas ataduras de acero.

CAPÍTULO 4
La ROCA TARPEYA

Las obras se tienen medio termina-
das cuando se han comenzado bien.

Séneca

Desde nuestra vida provinciana en San Juan de los Morros, todos los muchachos veíamos por televisión o por fotografías, como algo definitivamente extraño, esa estructura que se iba levantando en un lugar de Caracas llamada el Helicoide. Su solo nombre era ya fascinante, extraño, algo raro. Para algunos tenía forma de caracol, o para otros era como una montaña rusa, y no faltaba el que se atrevía a jugar imaginariamente a perderse en ese laberinto que suponían era esa singular construcción que se adelantaba en la capital de nuestra Venezuela y que fue paralizada perentoriamente —eso aseguraban— en 1962.

Desde entonces se han dado muchísimos debates y torbellinos de ideas para sacar conclusiones que permitieran retomar la iniciativa, darle un uso definido al edificio y evitar lo que desgraciadamente sucedió, que fuera cediendo sus espacios por cuenta gota para que se instalaran dependencias o se cumplieran actividades no precisamente planificadas.

Sobre ese drama de la falta de continuidad administrativa hablamos varias veces los tres, Leopoldo, Daniel y yo, en la cárcel de Ramo Verde, comenzando por enterarnos de que

49

esas mismas instalaciones, ahora carcelarias, no se habían ideado para esos fines y terminaron siendo claustros o celdas para privados de libertad. Cada quien tiene una historia de los pueblos que hemos recorrido, donde nos tropezamos tanto con hospitales que «se quedan a medio camino», o sea, no son concluidos, como con escuelas que también son paralizadas porque vienen del «gobierno anterior» y por eso se pierden grandes oportunidades de dotar de iglesias, centros deportivos, teatros, aeropuertos, sistemas de riego o edificaciones singulares como, sin lugar a dudas, lo es el Helicoide.

El Helicoide les gustaba a Neruda y a Dalí

El Helicoide es una pieza única. Particular, porque nunca logró ser lo que sus creadores idearon, e insólita por lo que ha pasado entre sus paredes. Codició ser protagonista de la arquitectura moderna de Venezuela por su magnitud y singularidad, ambicionó tanto que quedó atrapado en un triángulo como el de las Bermudas, inmerso en un mar de ranchos, horror, ineficiencia y desconsuelo.

Construido sobre una colina de la que adopta su forma piramidal, estructuralmente sostiene una perfecta simbiosis con la topografía del terreno, cada una de sus rampas se adapta a la pendiente como si formara parte de ella, todo un experimento de la modernidad que no ha podido probar su efectividad. La relación de esta estructura con su entorno quedó como el proyecto, inconcluso, porque ni su uso ni las actividades de borde tienen nada que ver con el planteamiento original. Tres jóvenes arquitectos diseñarían un proyecto vanguardista, un centro comercial, que fuera conocido en todo el mundo, una atracción turística que hasta el magnate Nelson Rockefeller quiso comprar, una creación exquisita según Pablo Neruda, un símbolo al que Salvador Dalí llegó a ofrecer sus servicios para contribuir a su decoración.

Jorge Romero Gutiérrez, Pedro Neuberger y Dirk Bornhorst fueron los responsables de diseñar el complejo: un centro comercial y áreas de exposiciones para productos industriales, un hotel cinco estrellas, oficinas, parque infantil, estudio de televisión, club de propietarios, sala de espectáculos y hasta un helipuerto. Los automóviles ingresarían por medio de 4 km de rampas para encontrarse con 360 locales comerciales y estacionamiento distribuido en seis niveles. Surge como parte de la herencia de Le Corbusier en Venezuela, con una ubicación estratégica sobre la Roca Tarpeya, en la prolongación de las avenidas Nueva Granada y Fuerzas Armadas, la hoy Av. Robert Serra (antigua Presidente Medina Angarita y antes Av. Victoria). Se comunica con la urbanización Las Acacias, El Cementerio y Los Rosales, bordeando al Peaje y esa encrucijada que va hacia la cota 905. Tiene acceso directo al centro de la ciudad y si vienes desde el interior del país, se puede llegar por la autopista de El Valle, convirtiendo a la estructura en un verdadero hito en la frontera del casco central y el sur de la capital. Un entorno que mezcla zonas residenciales, comercio industrial, talleres mecánicos, sectores informales y este espacio pseudoinstitucional, de supuesta seguridad de Estado. Pero el Helicoide nunca fue completado. Su historia refleja una espiral de fracasos y abandonos que termina en la inexplicable ocupación policial actual, que transforma este edificio en un icono global de las contradicciones de la modernidad.

Su construcción se emprendió coincidiendo con el entonces presidente Marcos Pérez Jiménez en 1956 en convergencia con el plan de modernización de Caracas; la obra finalizaría su primera etapa en 1961. Sin embargo, en 1958, cuando cayó la dictadura de Pérez Jiménez, IVECA C.A. —compañía propiedad de Roberto Salas Capriles, principal accionista de la obra— abandona el país y el Helicoide queda sin financiación. En 1961, tras la finalización de los trabajos de hormigón armado, las obras se paralizaron. En ese mismo año el proyecto fue exhibido con gran éxito en el Museo de Arte Moderno de Nueva York, en la exposición «Roads», en la que consiguió una notable proyección en el debate arquitectónico internacional.

Cincuenta y cinco años después, el Helicoide sigue siendo

un desafío para la arquitectura latinoamericana y, sobre todo, para la arquitectura venezolana.

En 1965 se anunció el reinicio de los trabajos, previéndose concluirlos dos años después, incluyendo un área para aerotaxis que no llegó a construirse. En 1982 se logró concluir la cúpula geodésica de aluminio, que resultaría alcanzada en un ataque aéreo de la intentona golpista del 27 de noviembre de 1992, siendo posteriormente reparada. Las láminas que la cubren habían sido diseñadas en agosto de 1958 y, por espacio de casi 25 años, permanecieron guardadas en los locales de Almacenadora Caracas debido a la quiebra de la empresa constructora. En 1982, cuando concluyó el proceso de doblado, adonizado e instalación, la Gobernación de Caracas emprendió su rescate eliminando los ranchos y otras invasiones del singular edificio. En septiembre de 1986, el Helicoide fue asignado a la Dirección de los Servicios de Inteligencia y Prevención (DISIP). Desde 2006 una parte del edificio está ocupada por la Universidad Nacional Experimental Politécnica de las Fuerzas Armadas (UNEFA), y en la actualidad tiene allí su sede el Servicio Bolivariano de Inteligencia Nacional (SEBIN). Una de las últimas ideas consiste en darle un uso comunal, una especie de complejo cultural, deportivo, educativo y de salud destinado a las zonas populares que se encuentran alrededor. No parece viable otro uso, considerando las particularidades del entorno que lo rodea.

BIBLIOGRAFÍA:

Rosas, José y González, Iván. «El Helicoide de Caracas». En *ARQ* número 502. pp. 14-17. Pontificia Universidad Católica de Chile. Diciembre 2002.

Blog *Caracas en retrospectiva*.

Juan Carlos Díaz Lorenzo. Licenciado en Historia del Arte por la Universidad de Santiago de Compostela (USC) 2012. *El Helicoide, un icono de Caracas*.

Tres presos hablando del Helicoide...

Desde luego que a los tres también nos tentaba hablar sobre esa edificación. Apenas había estado recluido allí 24 horas cuando sostuvimos este diálogo; Daniel no sabía que el destino lo colocaría entre sus armazones de concreto.

A continuación el diálogo sobre lo que ha pasado con ese proyecto del Helicoide:

LEDEZMA: Sé que una vez, desde el Centro Simón Bolívar, se asomó un esquema en 1973, durante el primer gobierno de Rafael Caldera, que preveía colocar allí un complejo bibliotecario. No era algo simple, pretendía ser una Biblioteca Nacional, donde también operarían el Archivo Nacional de la Nación, la Imprenta Nacional, un Museo Nacional de Historia y un Museo de Ciencias. Lamentablemente eso quedó en veremos.

LEOPOLDO: A mí me relataron la historia de lo planteado, en 1975 —en el primer gobierno de Carlos Andrés Pérez—, por el arquitecto Carlos Celis Cepero. Vislumbraba en ese edificio un Centro Automotriz, un Palacio de Espectáculos, un Centro de Exposición del Comercio y la Industria, un Club de Propietarios, una central de radio y televisión, un centro comercial, un Museo Latinoamericano de Arte, un multicine, un Centro Bancario Nacional, un Centro Nacional Consular, un Centro de Turismo Internacional y un hotel de 350 habitaciones. No alcanzó a concretarse.

DANIEL: Lo que escuché los días que estuve recluido ahí es que se pensó en una ocupación «temporal» no planificada de 1979, decidida por el gobierno de Luis Herrera Campíns con el propósito de albergar, transitoriamente, a unos 300 damnificados por las lluvias. La transitoriedad se hizo permanencia para la mayoría.

LEDEZMA: Esa es la historia de que lo temporal se hace

permanente: ocupación masiva no planificada de 1980–1982. A los 300 damnificados originalmente instalados por el gobierno de Luis Herrera Campíns se sumaron algunos más.

LEOPOLDO: La verdad es que eso se convirtió en un problema que fueron reciclando varios gobiernos. Para comienzos de 1982 había en el Helicoide más de 12.000 habitantes y la estructura era zona roja de alta peligrosidad, refugio de delincuentes, área de prostitución, venta y consumo de drogas y venta ilegal de bebidas alcohólicas.

LEDEZMA: Una vez escuché al maestro José Antonio Abreu proponer un proyecto de Museo Nacional de Historia y Antropología y Complejo Cultural. También sugerido en 1982, durante el gobierno de Luis Herrera Campíns, por el gobernador del Distrito Federal, Rodolfo José Cárdenas. El Museo estaría dotado de salas de exposición, un Centro de Información y Documentación, un Centro Audiovisual, un Centro de Conservación y Restauración, depósitos y dependencias administrativas. El Complejo Cultural, por su parte, constaría de teatros, cines, salas de exposición y de conciertos, talleres para artistas y artesanos, librerías, Centro de Convenciones, plazas, restaurantes, bares, cafés y locales comerciales. Este proyecto sí llegó a iniciarse, siendo su logro más significativo el desalojo y reubicación total de las más de 12.000 personas establecidas en la edificación; limpieza total, interior y exterior, de la estructura; ubicación, rescate e instalación de la cúpula metálica que corona el edificio, la cual había permanecido depositada desde 1959–1960 en las instalaciones de la empresa Lorenzo Bustillos y Cía en Guarenas. El proyecto se paralizó en 1983.

LEOPOLDO: A partir de 1984, con mucha parsimonia y sin ceñirse a un proyecto general, se fueron apostando en la edificación unos organismos del Estado, como por ejemplo, la Dirección de los Servicios de Inteligencia y Prevención (DISIP). Por este motivo, durante el alzamiento militar del 27 de noviembre de 1992, hubo fuego aéreo contra la estructura superior y respuesta antiaérea desde ella.

LEDEZMA: Desde el año 2003 la Universidad Bolivariana de Venezuela ha entrado tomando áreas para sus actividades educativas y administrativas. Este plan parcial se halla en «pleno desarrollo». Lo cierto es que al día de hoy, dentro de las instalaciones de una obra que fue concebida como icono de la modernidad de Caracas, se asilan las más inesperadas ofuscaciones de una sociedad. Esta obra ha sido transfigurada en uno de los espacios más temidos por los ciudadanos del país.

Así lo describe uno de sus recluidos en su interesantísimo libro *Código Rojo*, que me leí estando preso:

IVAN SIMONOVIC:

«Aquella edificación, que se pensó para ser una simbiosis entre la naturaleza y la arquitectura, es ahora un muro de concreto infranqueable entre la ciudad y la realidad existente dentro de ella. Todo lo ocurrido dentro de las paredes del Helicoide son eventos completamente ajenos a la sociedad que la percibe desde la distancia. A día de hoy, el Helicoide aloja la sede del SEBIN (Servicio Bolivariano de Inteligencia Nacional), institución que no tiene como uno de sus principales valores el respeto a los ciudadanos y la protección del pueblo. Por el contrario, todas las personas que entran en el Helicoide saben que su destino más próximo es el desprecio y la carencia de los Derechos Humanos».

Ramo Verde y sus alrededores

Si te quiero es porque sos
Mi amor, mi cómplice y todo.
Y en la calle codo a codo
Somos mucho más que dos.

Mario Benedetti

Ramo Verde
La llegada a la cárcel

Desde que llegué a la cárcel, sabía que era un reto y, sin presumir de Goliat, me decía a sí mismo que iba a tener fuerzas para no sucumbir. Este carcelazo no fue sorpresivo; estábamos anímica y mentalmente preparados. Como bien se sabe, porque es público y es notorio que hago vida familiar, auténticamente familiar, no en la exposición postiza para aparentar mediante una foto que hay familia, Mitzy no es la típica mujer que está detrás del esposo, ni la que se distrae con el ramo de flores que la distingue como primera dama, mención que nunca la ha seducido. Mitzy ha sido la compañera siempre a mi lado, como yo junto a ella tanto en los momentos difíciles como en los placenteros; como cuando, por ejemplo, nacieron nuestras hijas.

Hemos hecho campaña juntos, cantamos victoria en procesos electorales o lloramos tras bastidores las derrotas que las circunstancias nos infligieron. Solemos jugar a «qué leíste» porque todos los días, antes de dormirnos, intercambiamos opiniones sobre lo que ella leyó durante el día o el libro que me había correspondido manosear en la oficina o el que ojeaba mientras me desplazaba en el carro o simplemente al llegar a la casa; somos una pareja que nos hacemos compañía, por eso, de la eventual detención mía, hablábamos a diario. Nos respetamos los libros que tenemos distribuidos en varios puntos de nuestro apartamento. Son inamovibles. El de la mesa de noche, al lado de la cama de cada quien; el que tenemos en los distintos espacios, en el sofá que da al jardín del edificio o el que tenemos dispuesto para ser repasado o consultado en la biblioteca. Era inevitable hablar de los riesgos. De que en cualquier momento tronara el timbre del apartamento y se apareciera un comando policial a detenerme. Eso lo hablamos varias veces, durante todos estos años en los que nos han seguido, allanado la oficina, intervenido los teléfonos, hostigado, amenazado con imputaciones que van desde «traidor a la patria» por haber asistido a un acto con alcaldes de Estados Unidos o simplemente por cometer el «delito» de haberles ganado en el patio electoral más significativo desde el punto de vista político, la ciudad de Caracas.

Siempre nos repartíamos patrones a la hora de una eventualidad: los teléfonos a la mano, a quién llamar, los abogados de confianza, los periodistas, tener evidencias de atropellos como el que quedó en las filmaciones de la torre Exa y que «voló» por todo el planeta como la noticia espectacular que televisoras y medios impresos dieron a conocer, mostrando a un pelotón de más de 100 hombres, fuertemente armados, secuestrando al alcalde de la capital de Venezuela. Pues bien, se dio lo que tantas veces habíamos presentido, se perpetró el zarpazo autoritario, aunque confesamos que esperábamos un procedimiento ruin, pero no el más torpe, atrabiliario y emulando los tiempos de La Sagrada o de la Seguridad Nacional, como este. Como ya he relatado, de la torre Exa fui trasladado al SEBIN, en la Roca Tarpeya o Helicoide, y al siguiente día, a los tribunales.

Del Tribunal Sexto de Primera Instancia en lo penal, a cargo del juez Miguel Graterol Maneiro, me trasladaron a la cárcel de Ramo Verde. Antes de confirmar el sitio de traslado había como una suerte de apuesta entre los funcionarios: «¡A que se va para Ramo Verde!», decían unos, mientras que otros esperaban retornarían conmigo, otra vez, al Helicoide. Antes de que se despejara la incógnita, veamos este itinerario y sus episodios:

Como ya he referido, fue un viaje donde los frenazos provocaban desbocamientos y choques entre nuestros cuerpos dentro de la unidad en la que iba esposado, mientras se escuchaba a todo volumen una emisora comunitaria que promocionaba el «sensacional regreso» a las pantallas de Venezolana de Televisión de un portavoz que meses atrás había sido execrado de ese canal como consecuencia de las reveladoras denuncias formuladas, meses antes, por el diputado Ismael García. Por fin llegamos a las puertas de la cárcel y el policía que tenía las llaves de las esposas, reconozco que cabizbajo, las desató, y con mis manos libres descendí de la camioneta para encontrarme de frente con un grupo de uniformados dirigidos por el coronel Homero Miranda, director del recinto carcelario. La verdad sea dicha, sus primeras palabras fueron en tono respetuoso, incluso me facilitó su teléfono celular personal para que me comunicara con Mitzy; estaba seguro de que esperaba, intranquila, saber de mi suerte. Horas antes ella me había dado un gran abrazo, junto con mi hija Kity, en los pasillos del tribunal.

Sentí el frío, porque la cárcel fue levantada en una colina donde se cruzan los vientos. Tuve que atravesar una, dos, tres rejas de metal, luego entrar a un recinto donde están instalados dos cubículos —uno para hombres, otro para mujeres— donde me requisaron, y después traspasar tres rejas de acero más para llegar a lo que sería, a partir de ese momento, mi celda, que contaba con un sanitario, dos ventanas pegadas al techo con los barrotes de rigor y una cama cuyo colchón posteriormente sustituí con lo que me suministró diligentemente Mitzy. La puerta de mi celda era totalmente negra, no tenía ventanilla, era una gruesa lámina de acero hecha tranquera. Esa celda era cerrada entre 7:30 y 8:00 de la noche, y ahí quedaba aislado hasta que la volvían a abrir a las 6:00 de la mañana.

Para mí, la política siempre ha sido una pasión que se incrementa porque para quienes la tomamos con devoción resulta insaciable, y la cárcel debe estar siempre en la ruleta de un dirigente político, mucho más cuando tiene que confrontarse con realidades en las que, descarnadamente, hay que asumir los riesgos propios de esta disciplina, que no admite vacilaciones.

CENAPROMIL

Centro Nacional de Procesados Militares de Ramo Verde

Clemencia para los vencidos, curad a los heridos, respetad a los prisioneros.

José Gervasio Artigas

Contemplando la neblina y con el frío de los atardeceres tequeños de principios de año, medité y reflexioné sobre muchos temas, entre ellos el ambiente. Y es que en la cárcel podía ver poco hacia afuera pero mucho hacia adentro, a mí mismo. Estar privado injustamente de la libertad de acción no significa que mis pensamientos no pudiesen sobrevolar y visionar cómo se nos está yendo entre las manos una ciudad que puede ser muy bella, como Caracas.

Es difícil concebir cómo sitios que apenas 50 años atrás eran un verdadero paraíso tropical, un vergel, como Los Altos Mirandinos, se han ido poblando a una tasa que al menos debe ser cercana a la de El Hatillo, que ronda el mil por ciento para los últimos 20 años. Y esta cárcel ha sido testigo mudo de ello, como silentes pretenden que estemos sus ocupantes. Es como la crónica de un desastre construido, poco a poco, con cada árbol talado o quemado en la sequía que se avizoraba en marzo, con cada cerro rebajado para construir todo tipo de edificaciones y que en los alrededores de la cárcel luce como mezcla incoherente y desordenada de barrios, galpones y edificios. En verdad estas reflexiones comenzaron antes de emigrar a Caracas. Mientras por mi parte contemplaba el imponente paisaje del alto llano guariqueño, Los Teques y sus alrededores, Caracas toda estaba siendo víctima de un crecimiento urbano desordenado y violento. Me imaginaba estar dentro de las aves libres. Así, a través de los ojos de los gavilanes, que se van adueñando día a día de los cielos, me percataba del vuelo sobre la muerte de los zamuros; verlos en grandes bandadas era comprender que lo muerto estaba cerca, estaba debajo. Ya con el calor de

59

marzo y principios de abril, las corrientes de aire invisibles se hacían perceptibles como corredores del tráfico aéreo de los zamuros. Paradójicamente, ver a los gavilanes, solitarios, me hablaba de la vida. Estos cazadores de iguanas, ratones y otros vertebrados eran una señal de esperanza, de que todavía la vida existe y de que el daño hecho a esta ciudad, al país que hemos ido destruyendo, todavía tiene un ADN vital. Todavía —pero cada vez con menos frecuencia— podía ver a los gavilanes. Zamuros y gavilanes, maestros del alto vuelo, admirables creaciones de la aerodinámica natural, la que miles de años tomó a la humanidad comprender para poder volar.

En esta lucha denodada por lo ambiental, me dio satisfacción saber que ese estudio de corredores ecológicos que estamos impulsando desde la Alcaldía Metropolitana no es otra cosa que identificar caminos para todas esas aves, especialmente las cantoras, como los canarios criollos, los cristofués, los azulejos, las reinitas, aves que con su canto conjunto armonioso nos daban alegría en el amanecer, especialmente en los últimos días de marzo, cuando el sol despuntaba temprano en el horizonte.

Qué decir de las guacharacas, verdaderos despertadores naturales en las mañanas, pero que en las tardes, junto con el tictac de los carpinteros y variedad de loros, particularmente los loros reales y los cara sucia, me recordaban lo sabroso que es tomarse un café negro antes de caer la noche, especialmente en las densas jornadas de trabajo que mi cargo me impone. La contemplación de las montañas cada vez más urbanizadas que rodean a Ramo Verde me aclaró que, así como los barrios y urbanizaciones tienen caminos y carreteras que los unen, los parques y las islas verdes en que se van convirtiendo las montañas del sur de Caracas son ecosistemas que necesitan caminos también verdes que los unan. El último mes de estadía en Ramo Verde vi florecer apamates y sebucanes, a no dudarlo, sombra de los antiguos cafetales de los altos mirandinos.

Y cómo no recordar el caleidoscopio de colores del alto llano en esos mismos primeros meses de este año, cuando entre El Sombrero y Villa de Cura florecen a finales de marzo los apamates, los araguaneyes, y muchas pequeñas y aromáticas plantas como el amaranto reverdecen al caer las primeras lluvias. Los apamates se visten en tonos de morado lila, cual nazarenos en Semana Santa, y fueron un consuelo durante mi ausencia este año de la Basílica de Santa Teresa, cuando llegó el primero de abril, Miércoles Santo que no pude asistir a la conmemoración del Nazareno de San Pablo. Una tradición que, junto a Mitzy, hemos respetado impecablemente. Ahí nos recibían, con sus bendiciones, el padre Adan y el respetado cardenal Urosa Sabino, lamentablemente fallecido en el mes de septiembre de 2021.

Con la caída de las hojas y el desvestir del bosque en este año seco, vi perezosos, esos señores de la media montaña, trepados en yagrumos, el árbol de grandes hojas y ramas flexibles que es su favorito y uno de los más comunes en Los Teques. Estos lentos y parsimoniosos mamíferos del trópico lluvioso habitan, sin el estrés que los caraqueños viven, casi a salvo de depredadores a esas alturas, ya que los cunaguaros en la zona son ahora unos esporádicos turistas. Pero los enemigos no son siempre depredadores naturales. Los animales cada vez más se están quedando confinados en los grupos de árboles aislados y, cuando quieren avanzar, corren el mismo destino de los rabipelados y de los cada vez más abundantes perros y gatos callejeros: mueren atropellados por los carros que recorren las oscuras —cuando no nubladas— carreteras tequeñas, o son cruelmente quemados junto con las ardillas y los reptiles en los incendios forestales que se van haciendo frecuentes desde finales de marzo, provocados para ganarle terreno al bosque. Una guerra asimétrica de la barbarie contra la civilización. Sí, porque en la forma que hemos construido nuestras ciudades, estamos del lado de la barbarie; es la naturaleza la que, con sus impecables leyes, puede llamarse, paradójicamente, civilización.

Así que, desde la prisión, vi la ciudad luchando contra la biodiversidad. Incluso especies importadas que, como los esclavos de los siglos XVII al XIX, fueron traídas en contra de su voluntad a nuestras prósperas tierras, como el mango, el ciprés y el eucalipto, especies que se ven mezcladas en una relación de sana convivencia con nuestros vernáculos jobos, majaguas, magueyes y una que otra palma. Basta ver un guamo para que mi mente evoque nuevamente al llano; esos sombreros pelo *e'guama* que seguramente inspiraron la pluma de Rómulo Gallegos, nuestro excelso escritor devenido en presidente de la República. Educación Ambiental, me dije para mis adentros, así como leer *Doña Bárbara, Oficina Número 1* o *Casas Muertas* me permitió de joven comprender cómo nos formamos como país, como pueblo, y con *País Portátil* entendí nuestras ciudades, recordé los libros que publicaba en los años 60 el Gobierno del Distrito Federal, de la mano de lo más granado de la ciencia y las humanidades de aquella época, en alianza con las universidades y los centros de investigación. Es que, a fin de cuentas, nadie más escribe sobre lo local, y la educación ambiental es local. Hay que redimensionar la educación ambiental para producir nuevamente esos materiales que les permitan a los caraqueños comprender el lugar donde viven. Después de todo no ha sido mala idea crear los gabinetes metropolitanos de gestión de riesgos ambientales y adaptación al cambio climático como lugar de encuentro de las voces científicas y académicas de la ciudad.

Pero una educación debe ser integral e integradora. Estar aquí no ha sido solo contemplación. Cada vez que podía, me dediqué a trabajar con Leopoldo y Daniel en los huertos. No podía desperdiciar el silencio impuesto para aprender a hacer un uso sustentable de los pocos recursos y objetos de que puede disponer alguien privado de libertad solo por discrepar. Pensando en una ciudad sustentable, practiqué la elaboración de pequeños huertos de hortalizas. Aprendí a cultivar en cajones esas maticas que son imprescindibles en la cocina, como el cilantro, la albahaca, el llantén, el romero, el cebollín, el laurel o el orégano.

Y fue así como «extasiado en mis recuerdos, contemplando la lluvia caer» —como versa la canción de Luis Guillermo Sánchez, quien en los atardeceres andinos veía los celajes de su natal tierra zuliana, el lejano azul del lago—, me di cuenta de que la lluvia en estas montañas y en Caracas no es la lluvia del Guárico; allá una dura sequía es seguida de algunos meses de intensos chaparrones. Ceje no es lo mismo que la garúa que cae en febrero por estos lares, aunque se parecen...

Recuerdo que me tocó afrontar, durante mi gestión, las lluvias de los años 2010 y 2011; ahora veo el carácter local de la lluvia. En esta ciudad que por mandato de su pueblo me ha tocado gobernar, la lluvia es de lo más diversa y uno entiende que no puede ser lo mismo la lluvia del llano que la lluvia de Caracas, donde las montañas en cierto modo guían a las nubes. Caí en cuenta de que cada sector de esta diversa ciudad tiene su clima, hay que monitorearlo. Y eso no lo está haciendo nadie. Esa tarea, y llevarle esa información a la colectividad caraqueña, es una deuda pendiente que la adversidad política, y por ende económica, no me ha permitido cumplir. Uno se da cuenta de que no hay riesgos naturales, ni desastres naturales; todo es directa, o indirectamente, la obra humana. Viendo con detenimiento las montañas que rodean a Ramo Verde, las casas que en sus laderas han sido construidas, comprendí que la gestión para la reducción de los riesgos ambientales es una tarea urgente. Hemos permitido como sociedad, como país, que la gente viva en laderas inestables o muy cerca de los cursos de agua.

El daño está hecho, la ciudad se construyó desafiando a la Naturaleza, a sus leyes y a las leyes y normas que promueven el desarrollo urbano. Es por ello que una Auditoría Ambiental Permanente, como la propuesta en Río +2, debe ser implantada en la gestión ambiental urbana. No queda de otra, tenemos ya una Ordenanza Ambiental Metropolitana, las normas Covenin, las normas ISO, pero debemos tener un personal altamente cualificado para aplicar dichas normas. Es nuestro reto, nuestra palabra de honor, llevar a Caracas a ser una ciudad segura ambientalmente. Es evidente que se producirán nuevos derrumbes, hundimientos, epidemias o incendios forestales, pero uno se da cuenta de que para comprender los procesos de la Naturaleza hay que pensar como la Naturaleza. Y la Naturaleza piensa con el agua, que es el único elemento que podemos ver a simple vista en sus tres fases: sólida, líquida, gaseosa.

El dibujo que hacen los ríos en la topografía orienta a nuestros ingenieros en el diseño de la vialidad, los colectores y hasta los tendidos eléctricos. Estamos en lo correcto cuando pensamos que la ciudad hay que organizarla en cuencas hidrográficas, eso que estamos llamando «ecomunicipios» o mancomunidades de cuencas, para coordinar el uso de los servicios públicos, especialmente para una adecuada recolección y procesamiento de los residuos sólidos. De allí mi esfuerzo por la planificación ambiental, la planificación con y por la naturaleza, pero sin excluir al ser humano. Para eso el impulso que le he dado al Plan Metropolitano de Reducción de Riesgos Ambientales y Adaptación al Cambio Climático.

La Tumba

«Del desarrollo científico a una tumba de estudiantes».

La zona rental de la UCV y la sede del SEBIN

—Aló, aló, soy yo, mi amor, ¿dónde estás?

—Aquí, en La Tumba, estamos aquí, centenares de personas solidarias contigo.

—Pero yo no estoy ahí, me trajeron al Helicoide.

—¿Cómo?

—Sí, sí, en el Helicoide, vente para acá.

Así fue la breve conversación con Mitzy, a quien habían desviado mediante un señuelo hacia el sitio equivocado. Una vez que me secuestraron en mi oficina, a la que ingresaron después de derribar a mandarriazos la puerta de vidrio colocada en la entrada del despacho 606 del piso 6 de la Torre Exa, en El Rosal, Caracas, me trasladaron a la sede policial conocida como el Helicoide. Los policías tenían todo preparado, entre otras cosas, impedir que alguien distinto a ellos siguiera la caravana de patrullas, motos y tanquetas movilizadas por el SEBIN; trancaron las vías, detuvieron a ciudadanos y dejaron correr la voz de que me habían trasladado a La Tumba.

DE LA FERIA DEL LIBRO A LA TUMBA

La Ciudad no es solo el espacio en el que coinciden millones de personas, y mucho menos un espacio de consumo y producción, es mucho más que eso, la ciudad son más bien lugares, son espacios con significado. El ámbito donde se potencia esta capacidad de transformar el ambiente o, más bien, de apropiarse del espacio, son los espacios públicos. Mientras más espacios públicos haya en una ciudad, más comunicación se establecerá y más capacidad de apropiarse y transformar el entorno tendremos. Eso justamente pretendía ser el proyecto de transformación urbana de la Zona Rental de la Universidad Central de Venezuela.

No muchos la conocen, de hecho, para la generalidad de los que pasan por Plaza Venezuela es otro de los muchos terrenos abandonados de esta ciudad, baldío y sin identidad. Pero la realidad es que encierra un inmenso potencial de desarrollo, sueños de ciudad de primer mundo y lugares oscuros que tergiversan su objetivo original. Es un espacio extraordinario, ubicado en el corazón de la ciudad, propiedad de la Fundación Fondo Andrés Bello para el Desarrollo Científico de la Universidad Central de Venezuela (FFAB), con quienes desde sus inicios mantuve estrecha relación interinstitucional.

Durante los años cincuenta, el entorno de la hoy Plaza Venezuela constituía parte esencial de la expansión de la ciudad, y hoy día se ha convertido en uno de los centros empleadores y generadores de tráfico más representativos de la capital del país. Caracterizado por una emblemática fuente ornamental que ha cambiado su forma y diseño según el gobierno de turno, alberga reconocidos valores arquitectónicos como el Edificio Polar, el Centro Capriles, las Torres Phelps, la Previsora, Domus, Lincoln y uno de los más recientes, el Centro Teleport. La autopista Francisco Fajardo y el río Guaire lo separan del complejo cultural conformado por el Teatro Teresa Carreño, los museos de Ciencias, de Bellas Artes, de Arte Contemporáneo de Caracas Sofía Ímber, la Galería de Arte Nacional y el Ateneo de Caracas. En las proximidades se encuentra, además del Parque Los Caobos, donde instalamos en nuestra gestión al frente de la Alcaldía del Municipio Libertador un museo al aire libre, y entre el Parque Jardín Botánico y la Ciudad Universitaria de Caracas, declarada Patrimonio de la Humanidad por la UNESCO, en cuyos muros dejamos para la posteridad el gran mural del ingenioso artista venezolano Zapata.

La Venezuela democrática de los noventa mantuvo siempre un gran respeto por la Academia, y siendo alcalde del Municipio Libertador, conocí en el año 1997 al profesor Marco Negrón, presidente para la época de la Fundación Fondo Andrés Bello. La Alcaldía tenía previsto destinar algunos recursos para mejorar la vialidad que circundaba Plaza Venezuela, y fue entonces cuando Negrón me mostró la propuesta de desarrollo de la Zona Rental Norte. Con elocuente justificación, me convenció de realizar un estudio de movilidad con Eduardo Vila de la empresa URVISA, a los fines de demostrar técnicamente la viabilidad de desmontar el elevado que opacaba la plaza y destinar los recursos previstos para conectarla con la avenida Casanova, tal y como lo preveía el Plan Maestro de Desarrollo y Diseño Urbano de la Zona Rental Plaza Venezuela, perfeccionado por INSURBECA, empresa adscrita al Instituto de Urbanismo de la Facultad de Arquitectura de la UCV.

Me informaron que aquel Plan Maestro contaba inclusive con una ordenanza de Zonificación para las Zonas Rentales de la UCV, donde se definían las variables urbanas de un proyecto único en el Área Metropolitana de Caracas: el desarrollo por alianza público–privada de un lote de terreno de 10,3 hectáreas, destinado al proyecto urbanístico más importante de las últimas décadas: el mayor complejo comercial y empresarial de la ciudad, con más de 600.000 m^2 de construcción destinados a oficinas, comercios variados, hotel cinco estrellas, centros de recreación y cultura, plaza pública y lugar de espectáculos y eventos, para convertirla en el principal centro cívico-cultural-comercial caraqueño.

Si bien, la Ingeniería Municipal del municipio Libertador no tenía mayor poder de decisión sobre los trámites del proyecto, ya que habían sido aprobados en su oportunidad, la voluntad política del alcalde del ámbito en cuestión significa un respaldo importante para impulsar la factibilidad del proyecto en términos de gestión urbana y financiera, que se concibe como un desarrollo urbanístico inmobiliario que convertiría la parcela en un polo de actividades económicas, financieras y, sobre todo, un espacio público por excelencia. Nunca consideró usos relacionados con la «seguridad nacional» y menos con la represión de la sociedad civil.

Su desarrollo estaría fundamentado en tres grandes temas: las edificaciones de borde con imagen unitaria continua, las torres como hitos referenciales y la Gran Plaza Central como espacio de encuentro con la ciudad. Para ello, el terreno fue dividido en cuatro unidades territoriales, factibles de ser adjudicadas en usufructo total o parcial, de desarrollarse individual e independientemente y de subdividirse nuevamente de acuerdo a las condiciones que establezcan la propietaria (FFAB) y el mercado.

Estas unidades fueron denominadas, según su localización dentro de la Zona Rental, en:

Unidad NORTE, donde se prevén, además de comercios, oficinas en edificios de desarrollo continuo al borde de la avenida Casanova y una torre de oficinas en el extremo oeste que debía albergar la sede del CAMETRO.

La Unidad SUR, donde hoy se encuentra el fallido proyecto «ÉXITO», un supuesto centro comercial y de entretenimiento de aproximadamente 100.000 metros cuadrados de construcción, con hipermercado, feria de comida y 18 salas de cine de alta tecnología. Adjudicado al Consorcio Desarrollos Cativen, CA., conformado por los grupos empresariales Casino de Francia, Éxito-Cadenalco de Colombia y Empresas Polar de Venezuela, y expropiado por el Ejecutivo Nacional para que hoy solo exista un deteriorado Mercado «Bicentenario».

La Unidad ESTE, donde se prevé la construcción de hotel, comercios y oficinas, juntamente con un centro de convenciones, espectáculos y eventos metropolitanos con capacidad para 4000 personas.

Y finalmente la Unidad CENTRAL, ubicada inmediatamente al sur de la avenida Casanova, entre las unidades Norte, Sur y Este; con una superficie de 23.000 m² que incluye la estructura de los sótanos del antiguo Edificio Rental, con algo más de 12.000 m² de construcción en cuatro plantas.

La propuesta de Diseño Urbano del Plan Maestro surgió del reconocimiento de las variables físico-ambientales, socio-económicas y normativas del propio terreno y de su contexto urbano, del programa y de los criterios de diseño exigidos por la Fundación Fondo Andrés Bello y la interpretación de importantes consultoras de arquitectura y diseño urbano nacionales e internacionales que acudieron al Concurso Público de Ideas. El desarrollo de cualquiera de sus estructuras debía sin excepción considerar el cumplimiento del programa, los esquemas generales normativos y los criterios de diseño, el impacto visual y su inserción en el paisaje urbano, la flexibilidad y capacidad de adaptación en el tiempo al conjunto urbano Zona Rental Norte, los accesos vehiculares y peatonales, las condiciones climáticas y la calidad paisajística y ambiental, el tratamiento de la iluminación —diurna, nocturna— como elemento determinante de la seguridad y, por ende, de calidad de vida del conjunto y, finalmente, el reconocimiento de las condiciones de la población y del empleo y el valor agregado a las inversiones derivado de la mejora de la calidad urbana del sector.

Así se construyó lo que hoy sería el edificio corporativo sede de CA Metro de Caracas (CAMETRO) y que hoy conocemos como la cárcel «La Tumba»:

Un edificio que Sergio Lillo describe en su artículo del 29/04/2015, en *El País/El Espectador* de España, como «una estructura con una luz blanca omnipresente. Un frío aire acondicionado constante. Un espacio donde los días se confunden con las noches y las noches no permiten descansar del encierro. Ahí funciona, contradiciendo todas las consideraciones normativas y de diseño, la sede del Servicio Bolivariano de Inteligencia (SEBIN), traicionando en lo más profundo lo que debió ser un espacio público de encuentro. Así es La Tumba, siete celdas bajo cinco plantas de sótanos en plena plaza Venezuela de Caracas en las que se recluye a opositores al régimen y líderes estudiantiles».

Los trámites legales se prolongaron durante varios años, pero finalmente se llegó a un acuerdo entre las partes y CAMETRO convocó un concurso interno para el diseño de la sede. Sin embargo, sin previa consulta ni notificación a la Fundación Fondo Andrés Bello y con el edificio en construcción, el presidente Hugo Chávez utilizó el programa *Aló Presidente* para anunciar el cambio de destino del edificio, que pasaba a ser sede del Servicio Bolivariano de Inteligencia (SEBIN). Se había engendrado «La Tumba».

El cortometraje *La Tumba* de María Eugenia Morón, realizado gracias al operativo de *crowdfunding* y de sus creadores, ilustra lo que se vive en una de las estructuras más emblemáticas de la ciudad. El video, descargable en YouTube desde el 21 de noviembre de 2015, crispa los nervios, porque una vez que te encierran, el frío te llega a los huesos y la angustia se multiplica cuando no escuchas sino pisadas de botas, voces lejanas y ningún ruido que te identifique con el mundo real. Es ahí donde Gerardo Carrero, Gabriel Valles y Lorent Gómez Saleh, tres estudiantes venezolanos, pasaron meses confinados desde agosto-septiembre de 2014. Ahí, a 100 metros bajo la bulliciosa plaza Venezuela, donde los mototaxis, los perritos calientes y la gente que va y viene a sus trabajos transita sin darse cuenta de la crueldad que se vive justo debajo de sus pies. Es la narcotiranía de Nicolás Maduro, quien los retiene y los acusa de conspiración, manteniéndolos recluidos sin luz natural en celdas de tres metros de largo por dos de ancho. «Gloria, libertad y dignidad al bravo pueblo» es la dedicatoria que se lee sobre fondo negro al principio del filme. Se asemeja a una de las frases de nuestro himno nacional «Gloria al bravo pueblo». El film es una pequeña muestra de las consecuencias que sufren quienes, en nombre de la libertad y la democracia, se manifestaron entre el 2014-2015 por las mismas razones que hoy siguen protestando millones de venezolanos: inseguridad, impunidad, desabastecimiento y disminución de la calidad de vida. Un país donde resulta cotidiano mendigar y hacer colas infinitas para obtener los productos más básicos. Un país donde la inflación supera los tres dígitos, descompone tu poder adquisitivo y te hace miserable. Un país en efervescencia, a punto de estallar, donde se transforma el objetivo y la razón de un proyecto para mejorar la calidad de vida en un antro de poder donde tres estudiantes luchaban día a día por sobrevivir. Sin tener noción del tiempo. Sin colores. Sin libertad.

La Torre de CAMETRO pasó a manos del Servicio Bolivariano de Inteligencia, pero Venezuela entera se encuentra sumergida dentro de la más inescrupulosa cúpula de facinerosos, corriendo el riesgo de transformarse toda en ella en una inmensa tumba social, ambiental, cultural y políticamente hablando. Venezuela se desmorona. Escasez, delincuencia y hambruna son escenas de la vida cotidiana de un Estado fallido.

1 http://www.bicitekas.org/espaciospublicos/index.html

2 La FFAB es una institución de derecho privado, por lo cual no está obligada por la Ley de Licitaciones. Sin embargo, su Consejo Directivo consideró oportuno proceder por esa vía por dos razones fundamentales: garantizar los mejores resultados económicos en un tipo de operaciones no comunes en nuestro país, y asegurar la mayor transparencia. Igualmente acordó exigir que los proyectos arquitectónicos a desarrollar sean seleccionados por medio de concursos. Eso decía la teoría, pero ya con la primera etapa del proyecto prácticamente concluida, Hugo Chávez personalmente decidió la expropiación del 86 % de Desarrollos Cativen, con lo cual la edificación pasó a manos de la depreciada Red de Abastos Bicentenario.

3 Además del local de la Zona Rental Plaza Venezuela, esa empresa era propietaria

de la cadena de supermercados CADA y de otro inmueble destinado a hipermercado en la Zona Rental de la Universidad Metropolitana.

«DE LA TUMBA AL CUARTO DE LOS LOCOS»

Otra cárcel de la ignominia es la que dirigen militares venezolanos al servicio de la narcotiranía. Se trata de la Dirección General de Contrainteligencia Militar (DCGIM) en donde igualmente se le aplican a los detenidos tratos crueles e inhumanos. Esas torturas las ejecutan los custodios preparados para cumplir esas tareas en las instalaciones de esa ergástula ubicados en una zona de Caracas conocida como Boleita. Molly De La Sotta, hermana del preso político militar, capitán de navío Luis De La Sotta, ha recorrido el mundo relatando que su hermano es el caso #13 de los 48 presentados en el informe de la Misión Independiente de Determinación de los Hechos de las Naciones Unidas sobre Venezuela. Detalla la Sra. Moly De La Sotta que de los 38 militares mencionados en el informe, se identificaron patrones de violación de DDHH que incluyen desaparición forzada de corta duración, detención arbitraria, torturas, tratos crueles, inhumanos y degradantes. Un hecho significativo es que La Misión solicitó la liberación de su hermano y, sin embargo, casi un año después del informe, siguen prisioneros en manos de sus torturadores, sin respeto a sus derechos humanos ni al debido proceso, y sin la protección de las Naciones Unidas. Para la denunciante, el caso de su hermano refleja la situación por la que pasan los militares que son detenidos arbitrariamente en Venezuela por el único delito de defender la Constitución y las leyes.

La Sra. De Sotta cuenta que el 18 de mayo del 2018, el capitán Luis De La Sotta fue detenido en su lugar de trabajo en la Bahía de Turiamo, sin orden de aprehensión, por ocho hombres fuertemente armados que lo trasladaron a los sótanos de la sede de la Dirección de Contrainteligencia Militar llamada DGCIM, en Caracas. Entre 4 torturadores le taparon la cabeza con una capucha, le esposaron las manos hacia atrás, apretando fuerte sus muñecas hasta romper su piel, y durante 4 días estuvo en el piso de un cuarto de tortura que llaman «el tigrito», lo golpearon con palos de madera, le aplicaron gas lacrimógeno en el rostro, le aplicaron asfixia mecánica con bolsa plástica y electricidad, le restringieron alimentos, agua potable y acceso al sanitario. Lo torturaron para que se declara culpable de conspirar e involucrara a la dirigente política de la oposición, María Corina Machado, en un golpe de Estado que evitaría las elecciones presidenciales.

El capitán De La Sotta fue presentado ensangrentado con sus ropas sucias ante la juez militar Claudia de Mogollón, quien le asignó un defensor público pues no se le permitió comunicación con su abogado ni con su familia. Allí se declaró inocente y, mostrando sus muñecas ensangrentadas y el cuerpo golpeado, denunció haber sido torturado. La juez dijo que eso no era de su competencia, y los fiscales militares Keyla Ríos e Israel Echenique nunca iniciaron una investigación. La juez lo regresó de nuevo a la DGCIM con sus torturadores. Durante los 32 días siguientes estuvo en una celda de castigo llamada el «Cuarto de los Locos», un cuarto oscuro donde permaneció aislado en el piso, como un animal, entre sus excrementos y miccionando en un envase de plástico. Cinco meses y medio tardó la juez en aceptar la defensa privada. En ese tiempo, el defensor público solo lo visito una vez y para decirle que se declarara culpable, lo cual él no aceptó.

El 1 de enero del 2020 lo sacaron de su celda, lo encapucharon y esposaron junto con aproximadamente 50 militares y fue trasladado a un nuevo sótano, en la misma sede de la DGCIM, al que llaman «La Casa de los Sueños». Permaneció en ese infierno durante un año. Es un lugar con 16 celdas pequeñas, con puertas de láminas de hierro que permanecen cerradas, con una pequeña ventanilla por donde pasan los alimentos. Son celdas con espacio para dos personas y a veces estuvo con 3 y hasta 5 detenidos, donde tenía que evacuar, dormir y comer en el mismo lugar. Permaneció sin aire natural, y a veces sin aire acondicionado, por semanas, provocando crisis hipertensas. En la DGCIM no tienen actividades recreativas, deportivas ni religiosas; tampoco visitas conyugales. Pueden pasar varios meses sin ver la luz del sol y hasta les restringen el aseo personal, visitas y llamadas telefónicas.

La Oficina de la Alta Comisionada en Caracas logró ingresar a la DGCIM después de un año de estar en Venezuela, y entrevistó a 13 personas de un total de 140. Algunos militares sufrieron retaliación por haber sido entrevistados y por aparecer en el informe de la Comisión Independiente. Durante 4 días mantuvieron al capitán De La Sotta en su celda con la luz prendida día y noche para que perdiera la noción del tiempo, y después fue ingresado en un cuarto de tortura, llamado el ATAUD, con las manos esposadas hacia atrás, de medidas 60cm x 60cm x 12.75 de alto, donde permaneció de pie, durante 12 horas, con restricción de alimentos, agua, sueño y aseo personal. Varios militares, inclusive mujeres, han sido llevados a ese cuarto de tortura.

En el año 2020 solo recibió 9 visitas familiares y 8 visitas de su abogado. El 15 de marzo del 2021 fue trasladado a Fuerte Tiuna, a unas celdas insalubres de una casa vieja que llaman «La Venezuela de Antier», donde permanece aislado, sin atención médica, sin actividades recreativas ni deportivas y solo sale al sol media hora una vez por semana; la visita familiar es restringida a una vez al mes y dos veces la visita del abogado, a pesar de encontrarse en pleno proceso de audiencia preliminar que fue anulada en el 2020. El capitán de la Sotta, en las audiencias anteriores y en la actual, ha denunciado torturas, tratos crueles e inhumanos y, sin embargo, nunca se ha iniciado una investigación ni se le ha brindado protección.

En Venezuela hay 124 militares prisioneros políticos, en sótanos y celdas infrahumanas, en diferentes centros de reclusión. El 84 % de ellos no tienen sentencia firme. Muchos de los cuales permanecen en privación preventiva de libertad sin juicio desde hace 3, 4, 5 y hasta 6 años, como es el caso del Coronel Gámez Bustamante, quien desde el 2015 no tiene juicio pero continúa detenido en una cárcel común de alta peligrosidad como es la 26 de Julio en el estado Guarico. Otros militares han permanecido detenidos hasta un año después de cumplirse su sentencia. También hay varios casos en los que, habiendo anulado el juicio, los mantienen detenidos hasta esperar un nuevo juicio hasta por 6 años, como el caso el Cap. Alarcón Camacho o los comandantes Igbert Marín Chaparro, Deibis Mota Marrero, Víctor Soto y Juan C. Peña Palmintieri, quienes tienen 3 años y 5 meses de prisión, y a pesar de anularse su juicio, siguen detenidos. Ninguno de los militares que han salido en libertad ha sido objeto de reparación por parte del Estado por las torturas y sus consecuencias en la salud física y mental, por el daño moral, la pérdida familiar, las pérdidas económicas y la pérdida de su carrera profesional.

Para los militares no hay beneficio de las decisiones del Grupo de Trabajo de detenciones arbitrarias de las Naciones Unidas, pues desde hace un año el Gral. Héctor Hernández Da Costa y el Coronel Juan Pablo Saavedra, quienes han permanecido detenidos desde hace 3 años sin juicio, el GDT decidió que su detención había sido arbitraria y solicitó su libertad inmediata. Esto no se ha cumplido. La alta comisionada Michelle Bachelet no ha exigido al Gobierno venezolano cumplir con los procedimientos especiales en el caso de los militares y prefirió ocultar esta situación en su informe anual ante el Consejo de DDHH de las Naciones Unidas cuando dijo: «Durante el período que abarca el informe, cuatro personas que el Grupo de Trabajo sobre la Detención Arbitraria consideró detenidas arbitrariamente fueron puestas en libertad, y a una se le concedió el arresto domiciliario».

El asesinato por torturas del capitán de corbeta Rafael Acosta Arévalo:

El 100 % de los militares detenidos ha sufrido torturas físicas o psicológicas, el 95 % ambas, en los sótanos de la DGCIM se construyeron celdas de torturas conocidas como el Cuarto de los Locos, el Tigrito, el Ascensor, la Nevera, el

Ataúd, La Casa de los Sueños, etc., donde son torturados. Desde el año 2017, estas torturas se han ido incrementando en crueldad e intensidad hacia militares y civiles que manifiesten cualquier tipo de inconformidad. El asesinato por torturas del capitán de corbeta Rafael Acosta Arévalo refleja el patrón de conducta de un Estado que actúa con total impunidad. El 21 de junio de 2019, estando de visita en Venezuela la alta comisionada Michelle Bachelet, el capitán fue detenido por la DGCIM, sin orden de aprehensión. Durante los 8 días siguientes, lo torturaron hasta presentarlo en el tribunal en silla de ruedas, casi sin respirar, donde murió a las 8:30 de la noche frente al juez militar Amezquita Pion, el cual mandó a retirar el cuerpo con la misma DGCIM, y continuó con la Audiencia de presentación hasta la madrugada de los 5 militares detenidos junto con el capitán, quienes también estaban visiblemente torturados. Hasta ahora no se ha denunciado al juez, el fiscal y todos los funcionarios públicos que presenciaron la muerte del capitán. Según su viuda, Waleska de Acosta, los dos únicos imputados por el homicidio y torturas del capitán se pasean libremente por la ciudad de Caracas, sin que haya habido justicia para tan brutal crimen y mucho menos reparación para su familia. Desde el 2014 en adelante, de las 20 causas abiertas a militares como Golpe Jericó, Golpe Azul, Escudo Zamorano, Transición del Pueblo, Armagedón, Sargentos de Cotiza, operación Libertad o Drones entre otras, la DGCIM ha involucrado a los militares con dirigentes políticos, sin embargo, en estos 7 años, ha sido poco o nada el apoyo que se le ha dado a los militares y sus familias para visibilizar, ante el mundo, su prisión, sus torturas y exigir su libertad. Los militares de la Operación Libertad del 30 de abril de 2019 fueron detenidos y torturados; aún permanecen detenidos 10 militares que están en medio de un juicio que podría sentenciarlos a 30 años de prisión por traición a la patria.

Tipos de torturas

Entre las torturas que han recibido los militares, se han denunciado: alzamientos con las manos hacia atrás o en forma de bulto, golpes con palos, bates, cadenas de metal, asfixia por inmersión, asfixia con bolsa plástica, electricidad en genitales, electricidad en partes blandas del cuerpo, aplicación de polvo lacrimógeno en el rostro, cortes en las plantas de los pies, acostados boca abajo para caminar sobre su espalda, aplicación de agua con ácido en la piel, amenaza de muerte con pistola dentro de la boca, desnudez forzada en ambientes fríos, amenazas de violación, en algunos casos violaciones con fusil o un palo, restricción de alimentos, agua potable y sueño por más de 24 horas, permanecer por más de 24 horas en posiciones de estrés, aislamiento prolongado en lugares oscuros e insalubres, confinamiento prolongado, restricción de aseo personal y falta de atención médica.

En cuanto al estado de salud, algunos presentan hipertensión, cálculos renales, problemas respiratorios, infecciones urinarias, prostatitis, hongos en piel y en las uñas. Otros presentan cambio de color en la piel (verdosa) por la falta de sol y la humedad, problemas cardiovasculares, pérdida paulatina de la visión, pérdida de cabello, pérdida de memoria, pérdida de la movilidad en las manos, pérdida de dientes por falta de atención odontológica, insomnio, insuficiencia renal, sarna, dermatitis, desnutrición, debilidad muscular, problemas en la columna, envejecimiento prematuro, cáncer, depresiones con tendencia al suicidio, algo que varios ya han intentado.

La Sra. De La Sotta precisa que su hermano también tiene nacionalidad peruana, y a pesar de las numerosas notas diplomáticas enviadas nunca le han permitido visita consular. Así mismo tiene medidas cautelares de la Comisión Interamericana de Derechos Humanos desde octubre de 2018, su caso ha sido denunciado ante la Corte Penal Internacional, la Oficina de la Alta Comisionada, el Secretario General de la OEA, la Cruz Roja Internacional, Los Grupos de

Trabajo Sobre la Detención Arbitraria y el Relator contra la Tortura de las Naciones Unidas, la Asamblea Nacional de Venezuela, el Ministerio Público, la Defensoría del Pueblo en Venezuela, la Defensoría del Pueblo en el Perú, medios de comunicación nacionales e internacionales y ahora es el caso #13 del informe de la Misión Independiente de Determinación de los Hechos de la ONU, y a pesar de todo, sigue siendo torturado.

Andreina Baduel: «Mi hermano rogó para que atendieran a mi papá y no les dio la gana»

«Mi hermano comenzó a hacer énfasis en la atención médica desde el mediodía. A las 4:58 p. m. fue que llegaron, y mi papá falleció a las 5:00 p. m.», indicó Andreina Baduel, hija del general Raúl Isaías Baduel, quien acusó al gobierno de Nicolás Maduro como el responsable de la muerte de su papá. En una crónica de prensa presentada en el portal El Nacional el día 24 de octubre de 2021, Andreina Baduel dijo lo siguiente: «Mi hermano, el día que mi papá falleció, rogó una y otra vez que lo atendieran y no les dio la gana». Aseguró que por más de 12 años su padre sufrió de tratos crueles, inhumanos y degradantes. Además de ser sometido a vejaciones y encontrarse en un limbo jurídico con la finalidad de que se desgastara progresivamente. «Fueron aproximadamente cuatro años en La Tumba, en el SEBIN de Plaza Venezuela. Eso dejó lamentablemente graves secuelas en lo físico. Fueron 12 años solicitando atención médica especializada y oportuna, y no hicieron caso», relató la joven doliente de su padre asesinado. Andreina Baduel también mencionó que durante los últimos días en los que el general compartió celda con su hijo, insistieron en obtener atención médica y no se la dieron. «Mi hermano comenzó a hacer énfasis en la atención médica desde el mediodía. A las 4:58 p. m. fue que llegaron y mi papá falleció a las 5:00 p. m.», indicó, mientras recordó que «a Isaías Baduel lo trasladaron de La Tumba al Helicoide el 29 de septiembre». Por lo que sus familiares solicitaron una fe de vida porque sabían «que sus males estaban aumentando». «El 2 de octubre tuvimos la fe de vida, filmada, monitoreada y custodiada. Ahí mi papá expresó a viva voz las dolencias que tenía», comentó Andreina Baduel. Sobre esto último, aseguró que se debían a una operación clandestina que le realizaron el 23 de diciembre de 2020. Pues tenía dos hernias inguinales y pese a que sus familiares insistieron para que lo operaran oportunamente, lo sometieron a una operación tardía y clandestina.

CAPÍTULO 5
Dos almas fundidas

Un verdugo se dice después de sus masacres que el pasado no existe. Corre una cortina que lo separa de los desmanes cometidos y comienza un hombre nuevo, mutando siempre en el vacío. Es de suponer que salen de esos escondites macabros para sacar cuentas de los crímenes acumulados como el coleccionista de estampillas, sus víctimas son la galería de su muestrario que pesarán sobre sus conciencias por más fríos que sean a la hora de ejecutar a su presa.

Los funcionarios que se desplazaban, tanto por las instalaciones del SEBIN, de La Tumba, de la DIGCIM, de los tribunales como de la cárcel de Ramo Verde, caminaban con propensión a lo patético porque de verdad llegaban a pensar que sus actos no los descubriría nadie, por la invisibilidad que les prometía la revolución. Pero son seres humanos al fin y al cabo, y llega la impronta en que la vida los coloca en el disparadero de ser chantajeados por el gusano de la felicidad.

Es verdad, para vivir y ser felices no hay que ser perfectos, pero para dormir la conciencia controla el reloj despertador. Estoy convencido de que quienes han servido a las miserias impuestas desde los comandos de este régimen desembocan en esas madrugadas catapultados de la cama por una pesadilla que te descubre, que llega el momento en que no te puedes levantar en la mañana y seguir viviendo como que si no ha pasado nada, como que si los daños perpetrados a seres inocentes, el dolor y el sufrimiento infringido a las familias de las víctimas de la persecución o del linchamiento político no impiden que disfrutes de un amorío, que salgas a caminar por las colinas del cerro Ávila o tomados de la mano como un par de tórtolas y te distraigas viendo las vidrieras de cualquier centro comercial, pensando, «¡Aquí no ha pasado nada!».

La realidad ha comprobado que esos episodios siguen viviendo en la memoria aunque los pretendas taponar como una bóveda. En cualquier momento, el menos inesperado, se escapará de sus paredes de acero y un escalofrío arruinará la inmerecida felicidad y percibirás los pensamientos que te harán casi imposible sobrevivir equilibradamente. Los que dan las órdenes, los de alta jerarquía, los jefes, pues, se empinan frente a su escritorio con el encantamiento de carácter que tienen siempre los inspiradores de una leyenda. Hablan en nombre del proceso, de un líder inmortal; todo lo que hay que hacer, aunque se sepa de antemano que es injusto e inmoral, se justifica.

Así ha sido en cada tiempo. Los esbirros controlados por Pedro Estrada solían simplemente mostrar la cacha del revólver, esa era la ley y había que obedecerla o desconocerla a costa de la libertad o de la vida. Allanar un recinto privado saltando barreras legales, encañonar a un ser humano para hacerle sentir el imaginario silbido de un disparo, apalear o asfixiar a un sospechoso que se niega a decir la verdad que ellos quieren escuchar, aunque sean mentiras, pasan a ser actos rutinarios y mecanizados en el trapiche que muele la dignidad de quienes se prestan para tal vileza. Lanzarte a los claustros sórdidos e inhumarte en las sábanas profanas donde tantas veces se había derrumbado la libertad de un ser inocente, dramatizaban el encierro y ese olor de suspiro debilitado por el jadeo de gente que realmente se cree invisible ante la injusticia que te acalambra la dignidad. Acostumbrarse y habituarse con las miserias de una obstinación infinita es entrecortada por los genes del decoro que brotan de cualquier hueso en el momento menos inesperado.

En el SEBIN, los pasillos con luces nimias y retraídas,

viendo caminar a gente aislada siempre actuando como inexistentes. Otros ásperos. Más que saludar hacían señales aristas como indicando que son esquivos. Desde un principio te atacará la nostalgia pensando en el tiempo que llevas sin tener como tuyo: tu familia, tus amigos, tu ciudad y tus luchas se harán notar lejanas y es cuando debe surgir el antídoto contra la depresión para que siempre esté alineado con tu causa el espíritu de lucha infatigable. Tener la sensación de no existir. Es como presentir que te va consumiendo el aire que respiras, el roce con la gente que transita y que te ves forzado a saludar. Y el dolor de los ausentes que recuerdas o extrañas. Es como que si el tiempo se envejece apresurado cuando tienes expectativas por un mensaje que no llega, cuando nada acontece o el teléfono repica y no se concreta la llamada porque nadie atiende.

La noche que mi destino fue ese claustro de la cárcel de Ramo Verde presentía que se apagaba la luz de una ciudad desamparada ante tantas miserias, y es cuando piensas en todo lo que has querido hacer por tu país. Es cuando la responsabilidad no se deja encarcelar y más bien forcejea para que esté libre la preocupación por esa urbe que dejas atrás por razones perversas como las que vivía. Llegabas a un lugar donde no quieres estar, porque sabes que el compromiso es no llegarle retrasado a la ciudad a la que te debes porque así lo decidió soberanamente un pueblo. Y antes de poder vencer el insomnio virginal te sales imaginariamente y recorres cada recoveco de esas parroquias, y es cuando sientes más fuerzas que nunca en tus piernas para escalar las callejuelas de Antímano o bajar con los frenos naturales de tus pantorrillas adiestradas para no resbalar en las bajadas de vértigo de El Junquito. Es cuando los abrazos atesorados de esa gente de los sectores más humildes y las bendiciones y los aplausos de los vecinos que te escuchan en las Asambleas de Ciudadanos de las urbanizaciones El Cafetal, de La California, de El Paraíso o de Los Magallanes son la melancolía que no le regatea debilidades a la integridad que te mantiene incólume diciéndote a ti mismo, «De aquí saldré para volvernos a encontrar otra vez».

Un líder debe tener algunas condiciones y cualidades, algunos las llaman virtudes. Una de ellas es el coraje. Sin valentía no se saca avante ningún proyecto, valga decir ambición, que siempre se anida en el pecho de cualquier luchador político. Javier Cercas, el autor de *Anatomía de un instante*, concluye que «La ambición en un político no es ni un defecto ni una cualidad, ni mucho menos una virtud; es, simplemente, una premisa». Anota también como fundamental «la inteligencia natural que debe poseer un político», también cita la serenidad y la garra para defender sus puntos de vista, sin perder la capacidad para conciliar lo inconciliable. «Es el empaque de un político puro», como lo describía Ortega y Gasset, para quien la virtud del oficio de un político era su «intuición histórica», mientras que para Isaiah Berlin —sigue narrando Cercas— no es más que «sentido de la realidad». «Son condiciones que no se aprenden en una academia ni porque te hayas leído mil libros», para el escritor precitado «se necesita de una cierta familiaridad con los hechos relevantes que permite a ciertos políticos y en ciertos momentos saber qué encaja con qué, qué puede hacerse en determinadas circunstancias y qué no, qué métodos van a ser útiles en qué situaciones y en qué medida, sin que eso quiera decir necesariamente que sean capaces de explicar cómo lo saben ni incluso qué saben».

En una cárcel siempre serás manipulado por los sentimientos encontrados que provocan los que buscan detectar tus puntos débiles; así te puede hallar la furtiva languidez o te inflamará la ebullición de una pasajera euforia. Es entonces donde juega un papel fundamental en tu estado de ánimo la serenidad sin enajenar tu valentía. Es saber mezclar inteligencia con coraje y que la vitalidad de alma no colida con tu natural hiperactividad. Los custodios tratarán de que te reduzcas a un desconsolado somnámbulo que acata órdenes. Si apenas puedes reconocer la dicción desagradable de quien pretenderá actuar como tu patrón. Más si tu estoicismo inmóvil, que te hace fingir ser un objeto desdeñado en una celda, acaba demoliéndote si crees que puedes rehuir el duende de la vergüenza que ronda y te va musitando que existes, tienes vanidad, orgullo y un compromiso con una causa. Siempre tendrás presente que te juzgan por ser un político. Siempre estará ahí el custodio, con sus ademanes de bonachón y, con una pícara cordialidad, te pasmará con una sonrisa guasona, y es donde tienes que ripostar con una imperturbabilidad extravagante. Seguir luchando desde la cárcel es un juramento que se hace con las manos atadas mientras viajas en esa patrulla a «*full chola*» y con la ensordecedora sirena que grita como si fuera la voz de los que integran la caravana. En ese minuto es que nos aferramos a los valores aquilatados de la épica que le da existencia y realismo a nuestros sueños e ideales para no deponer la voluntad de seguir luchando ni mucho menos que la menoscaben con nostalgias de luchador derrotado de antemano.

Es cuando no se puede ser indolente con uno mismo negando lo que hemos hecho y la validez de las razones que van reverberando en mi cabeza, convertida en una computadora de datos registrados. Empieza una vida absolutamente diferente; una cosa fue la noche del día anterior, 18 de febrero de 2019, en la que solidariamente acudimos a la plaza José Martí a recordar que se cumplía un año de la detención de Leopoldo López, y otra la que comenzaba al día siguiente, ese 19 de febrero, en las dependencias del Helicoide. Sin hablar, escuchas en silencio y con mesura tu propia voz, que son las reflexiones que te asaltan ante lo que pasa y sus consecuencias.

La verdad, jamás sentí miedo, en los momentos en que para los custodios lucía absorto, no hacía otra cosa que conversar con mi conciencia inclinando mi cabeza sobre mis manos, que movían el balancín en el fondo de ese yacimiento de recuerdos donde brotan las siluetas de los seres más queridos. Porque no se puede menospreciar el destino de esas personas que, a la par con este juicio político, sobrellevarían una carga de dolor inconmensurable. Ni los estrafalarios uniformes, ni la algazara de los ejecutores del secuestro, ni el pasillo siniestro por donde te llevan como si fueras a presenciar una película de terror, ni la celda roñosa donde una profunda oscuridad te esconde de la vida que mereces llevar te entristece como cuando se estremece la fibra que se requiere para no flaquear midiendo el dolor que disipa tu partida dejando en un escenario encendido de pasiones a un ser querido. Por eso se cruzaban en mi mente, como ráfagas, los rostros inolvidables de tantas personas y la ciudad de la que me arrancaban con la amenaza de que sería para siempre. Es cuando quieres escrutar todo lo que puedas ver sabiendo que puede ser la última vez. Porque no hay que confundir las cosas ni malinterpretar los sentimientos. Se necesita ser valiente para sostener un oficio como la política, pero eso no nos hace inmunes al dolor. No perdemos el pudor ni arriesgamos el orgullo confesándolo en cada abrazo en el que desearías entreverarte con la persona que amas.

Por eso, aquella noche del 20 de febrero, cuando me despedía de Mitzy en el callejón del «matadero judicial» antes de ser trasladado para ser enclaustrado en la cárcel de Ramo Verde, nuestros huesos se confundieron en una enredadera de yedra difícil de desamarrar. Fue un amasijo de corazones que palpitaron con delicadeza diciéndose entre sí que no existía ni el más vago sentimiento de culpabilidad. Vivimos el uno para el otro y la causa es compartida a plenitud, y las consecuencias las asumíamos sin dejar que a partir de ese momento declinara un milímetro el optimismo. Esa es una gran fortaleza, ni siquiera sospechar que te abrumará la orfandad. Entrar a una cárcel con la comprensión y el apoyo incondicional de tus seres queridos es una sensación de alivio que te ayuda a sentirte libre en medio de ese brete.

Las promesas mentirosas de «un juicio justo» lanzadas a la arena de aquel circo con acelerada frialdad y posteriormente salir de ese «patíbulo» para observar en las esquinas de las calles, entre penumbras, una que otra persona que indagaba con curiosidad instintiva qué llevaban en esa camioneta de la policía, tan escoltada, con aquel carrusel de luces multicolores, mientras que otras contemplaban como una estatua puede mirar el árbol de una plaza. Lo cierto es que nunca me sentí un forastero en el corazón de la gente que me prodiga amor, afecto, solidaridad y respeto. Mitzy fue crucial para comenzar este ciclo presentido y discutido entre ambos con la franqueza con que siempre nos hemos hablado para no llegar a la cárcel con el peso extra de lo que no se ha debido hacer.

Cuando ella ingresó a Ramo Verde por primera vez, me llevó en sus mejillas un arrebol de exuberancia que me embriagó de fortaleza para soportar ¡hasta una cadena perpetua! Comenzamos a trabajar evitando recuerdos que pudieran terminar siendo facturas. Había que mirar hacia adelante y fue cuando redacté mi primer mensaje al país, no para pedir apoyo para mí, sino para solicitar respaldo a la fórmula unitaria. Esperar cohesión, sentido de responsabilidad y grandeza de alma de todos los dirigentes comprometidos con la unidad para saber conducir a la oposición democrática a una gran victoria el próximo 6 de diciembre. Cuando la vi subiendo las escaleras que daban de frente a mi celda su pelo rasguñaba sus hombros y sus ojos se abrían en una órbita de fulgor radiante. Era la primera vez que nos veíamos después de aquel abrazo en el pasillo del tribunal, la noche del 20 de febrero. Sentirme alumbrado por esa mirada venturosa era su particular y resuelta manera de asumir esa tragedia. Esto parece una contradicción, porque por lo general las miradas de los visitantes de los presos son desencajadas, con rasgos cadavéricos; en el caso de Mitzy, tal cual como ella suele decir para argumentar mi decisión de no huir ni someterme a una vida clandestina, acompañarme sin inventariar lo que pudo haber sido y no fue, «es su decisión de vida».

No era la rendición calculada ante una tribulación, sino la determinación de compenetrarnos y luchar afanosamente por esos ideales en que se fundieron nuestras almas. Por eso sus ojos inmutables, su palabra oportuna con tono de rumor para que nadie más escuchara la estrategia que esa mañana articulamos en la cárcel de Ramo Verde, fueron cruciales en esta etapa de resistencia compartida. La escuchaba sin dejar de mirarla con ternura, mientras nos caía el atardecer empujado por un tiempo indolente que nos mostraba las manecillas del reloj que nos campaneaban la hora de salir. Ya en el patio fingíamos que disfrutábamos ese cielo púrpura que arrebujaba crepúsculos sobre aquel contraste de árboles, fauna, colinas, casas apretujadas y cárceles.

Cuando partía me tenía que conformar con ese aire de devastación que sopla siempre en las cárceles de cualquier parte del mundo. Mientras tanto, los custodios a cargo de las requisas, a pesar del agotamiento que acusaban después de cumplida una labor nada grata, no dejaban de extender esa mirada de ausencia para no ver la verdad que escondían y hacer creer que sentían orgullo de todo lo que habían hecho durante ese día de visita. Se habían pasado varias horas continuas entrando a los cubículos como el que ingresa a un museo de provincia, inspeccionando todo, con un designio de reprobar o dar el visto bueno a la persona requisada. Las camisas, el tanteo de los cuellos, los ruedos y pretinas de los pantalones, las botas, zapatos casuales, cinturones, lo que trae en los bolsillos y la mirada escudriñadora de la ropa interior derrocada hasta las rodillas. Luego la infaltable expresión fingida de disculpa.

El señor Agripino nunca se las aceptaba, intuía que eran postizos esos alegatos de que «solo cumplimos órdenes superiores». Agripino no fallaba nunca a las visitas. Tenía a su hijo preso allí, acusado de sustraer unas armas de fuego de su comando de la Guardia Nacional. Agripino se engalanaba invariablemente con aspecto funeral. Era retaco, de baja estatura, resistiéndose a ser visto como un ser enjuto estiraba su cuello y sacaba el pecho en donde brillaba enmogotada en su vellosidad una cadena dorada. Cada requisa implicaba quitarse sus anillos de fantasía que, por ser de precaria joyería, desataban la burla de los requisadores. Siempre fruncía su ceño, no faltaba su cara adusta mientras parsimoniosamente se desabrochaba su camisa negra con largos cuellos bordados de carabelas. Lo que más lo enfadaba era cuando le hacían descalzar e intentaban removerles los largos tacones que hacía adaptar a sus botas. Cuando se retiraba dejaba un halo mortuorio entre los asustadizos custodios que temían a esos ojos de sepulturero con que se desplazaba hacia la calle.

¡AGUANTA TU PELA!

Nuestra mayor gloria no reside en no caernos,
sino en levantarnos después de la caída.

Confucio

Así es el grito de bienvenida en Ramo Verde, diría que en cualquier recinto carcelario. Mientras caminaba a la zona donde sería otra vez requisado, escuchaba una mezcla de gritos y bisbiseos con la que recibían en ese ambiente carcelario al que varias veces había acudido, primero, a visitar a presos políticos emblemáticos como Carlos Ortega, y más recientemente, a formar parte de las vigilias en sus alrededores, como una forma de solidarizarnos con Leopoldo López, Daniel Ceballos, Simonovic y sus compañeros PM, con Luchesse, Baduel y con Enzo Scarano. En cada una de esas oportunidades no me habían dejado entrar; ahora lo hice escoltado por una caravana extravagante de efectivos policiales fuertemente armados que me entregaron al mismísimo director del Centro Militar, coronel Homero Miranda.

CORONEL: Buenas noches, alcalde, aquí estaremos a sus órdenes.

LEDEZMA: Gracias, coronel. Estoy preparado para lo que sea.

CORONEL: Si necesita hablar con su esposa, aquí tiene mi celular a la orden.

Sin dudarlo un instante, lo agarré, marqué el número de Mitzy y la tranquilicé, informando de que estaba vivo, sano, que aún no conocía la celda, pero que supiera que, fuera lo que fuera, estaría bien, estaría con Dios y con sus bendiciones. Le devolví el teléfono al coronel mediante natural y cortés palabra de agradecimiento.

—¡Aguanta tu pela, Ledezma! —me gritaba uno de los presos.

—¡Estamos contigo, hermano, fuerza, fuerza y fe, hermano! —esta vez era la voz de Daniel Ceballos.

LAS REJAS

Se abrió la primera reja, luego, después de un corto espacio, se abre otra cerca y avanzamos por un pasillo que da a la prevención. Otra requisa. Salimos, se aparta otra reja para cruzar un pequeño patio donde apenas das seis pasos y debes detenerte para separar otra reja, accedes a un pequeño pasillo, luego las escaleras, en cuyo último peldaño escalado debes aguantarte para que abran otra reja y queda libre el pasillo donde, al frente, está una puerta negra como una funeraria de la que desabotonaban un vigoroso candado para que la portezuela de acero se rinda al cancerbero y se me ofrezca ese espacio como mi sitio de reclusión a partir de esa hora.

Los primeros minutos fueron para evaluar el sitio, cada milímetro, saber dónde estaba, cómo era el lugar, qué características tenía, qué había en cada uno de sus rincones y recovecos. Ya sabía del barrio desde donde comenzaba a llegar el remolino bullicioso de las serenatas, era viernes, ya entrada la noche, por lo que apenas comenzaban las fiestas de rutina de cada fin de semana. Ladridos de perros, bufidos de cabras, disparos esporádicos, gritería confundiendo en su eco risas e insultos desafiantes. Luces titilando y amenazas de apagones. Suponía que, para adecuar mi pequeño espacio, tenía que hacer un trámite esporádico. Retraído y silente, así aparentan de buenas a primeras ser los custodios. Sin embargo, luego sale el estoque. Caverna, sí, en el fondo les gustaría que esas grutas con escalinatas terminaran siendo eso para nosotros, covachas. Un claustro de culpación. Esa noche parece que nadie durmió bien, al amanecer las ojeras delataban su insomnio. El tedio por leer. Resoplar quejándose por los libros fue continuo hasta que salí a ser intervenido quirúrgicamente. Ante los textos, los periódicos y las cartas, había un prejuicio e irreflexivo comportamiento. Es verdad, teníamos luz, pero es bueno decir que la luz en una cárcel es opaca, no tiene fulgor, es una luz prisionera de la oscuridad de las sentencias aviesas. La sombra de un árbol en una cárcel no es placentera, es como un escondite que te saca sin liberarte del recinto donde te cubren las sospechas que te aturden. Los cánticos con que los evangélicos entonaban el misterio de cada salmo implantaban un contraste de pasiones que electrizaba nuestros espíritus. Eran estrofas repetidas con una secuencia mecánica que estropeaba el sonido celestial que los afinados coristas lograban expandir en los alrededores de la cárcel. Y terminábamos cantando a la tristeza.

En la misa católica, como zombis, algunos presenciaban la homilía, se les notaba ausentes y era un reto comenzar a suponer dónde estaban sus pensamientos en ese instante. El padre José Antonio da Conceicao, capellán de la cárcel, muy intuitivo, estaba consciente de que lo escuchaban, pero no asimilaban, ni mucho menos tramitaban, sus responsos, simplemente la voz del padre recorría el recinto rodeado de estatuillas de cerámicas a cuyos pies se ofrendaban las flores que olían a mazmorra donde el montón de colchonetas, sábanas sudadas de trasnochos, almohadas sin funda y ropa usada con rutinaria frecuencia, eran aceptadas por los santos que no esperan milagros de gente que sufre tanto. Hay días en que uno se levanta con más ganas de querer, porque extraña lo que tanto se ha querido y nos despertamos con la medida del tamaño de esos sentimientos que se valoran justamente cuando se tienen lejos.

CAPÍTULO 6

El crepúsculo les apaga la luz a las colinas... La lucha que vale la pena

La libertad obliga a la prudencia:
los mutuos deberes al respeto.

José Martí

Los tres —Leopoldo, Daniel y yo— estábamos vigilados las 24 horas del día. Si nos sentábamos en el patio, nos seguían con sus miradas y mostraban sus armas los gariteros. Si permanecíamos en el interior de la torre se nos «pegaba» el funcionario adscrito a DGCIM con su teléfono activado filmando cada uno de nuestros pasos; si salíamos a la cancha para hacer algo de deporte o a realizar una llamada telefónica, éramos requisados, saliendo y retornando a nuestras celdas. Las cámaras internas en el edificio donde estaban nuestros calabozos habían sido desactivas durante el motín que ocurrió días antes de mi ingreso a esa cárcel. Pero en la parte del patio sí funcionaba la cámara, igual entre los pasillos que comunicaban el locutorio, el gimnasio y lo que se llamaba casino, lugar donde se podía comer algo y hacer las llamadas telefónicas según los turnos asignados.

Cuando me sumé a los compañeros presos en Ramo Verde, en cuestión de minutos me pusieron al tanto de la mecánica. Todo tiene una manera de funcionar. Un pro-

91

ceso, un rito, si se pudiera decir de ese modo. La primera vez que entré a lo que llamaban «casino», Daniel me narró la trifulca que se presentó por la llamada telefónica que Leopoldo estaba haciendo, declarándole a Fernando Del Rincón para una entrevista en su programa *Conclusiones*, que trasmite la cadena de televisión CNN. Leopoldo había cuadrado la hora para comenzar la conversación con el periodista, simulando con la mayor naturalidad que conversaba con su madre Antonietta. Mientras tanto, la capitana Salazar y Daniel se encargarían de distraer al custodio que estaba obligado a procesar, palabra por palabra, lo que cualquiera de nosotros conversáramos vía telefónica. Esa primera vez que entré a ese «casino» a llamar a Mitzy, el aparato telefónico que había utilizado Leopoldo días antes para darle la exclusiva a Fernando Del Rincón reposaba como un cadáver tecnológico en el piso del recinto: había sido arrancado con una furia inusitada por uno de los custodios que se dio cuenta de que Leopoldo lo menos que estaba haciendo era hablando temas familiares.

Poco a poco me fui enterando del temperamento y de las peculiaridades de cada quien en todas las áreas de la cárcel. Hacíamos el perfil de cada uno porque, en una cárcel, la psicología vale mucho.

Analizando a los custodios

Daniel: No te preocupes, Leopoldo, que apenas te ven con ojos de ausencia. Además, ese custodio solo gime con voz afligida y flemática.

Leopoldo: Su mirada es indecisa, son dos fosas de un ser noctámbulo al que lo empujan a un cauce en donde le ahoga su sed de dignidad.

Ledezma: Pero tratemos de meterlo en el límite de nuestras ansias de verdadera patria, estoy seguro de que su dolor es infinito, como la bala que dispara sin saber a qué blanco va.

DANIEL: Apuntan sin tener destino porque tienen fatigada la ilusión y el día que pasaron de insomnio era su futuro.

LEOPOLDO: Por eso el nuevo día es la renovación de la pena, están más presos que nosotros. Están envueltos en una nube negra del martirio que los pone a girar en un sentimiento de culpas. Tienen pálida su conciencia.

LEDEZMA: Fíjense que ni miran ni ven, están absortos porque los rodean los escombros de lo destruido. Tampoco sienten el peso del cielo que se les cae encima. Tampoco se hunden más porque no tienen raíces. No saben de sol porque no tienen alma ni espíritu que calentar.

CUARTA: Pero peor es la casa a la que regresan. Porque la convierten con furia en otra cárcel de sus frustraciones. La venganza y el resentimiento tienen más calibre que el fusil que odian.

CAPITANA: Y el teléfono que lo recoja él, que de nada le sirvió arrancarlo de la pared porque ya todo estaba dicho.

LAS PELUCHES EN EL PATIO ANTES DE SER LLEVADAS AL INOF

> *La ocasión hace al ladrón.*
>
> (Anónimo)

LAS PELUCHES

Dos jóvenes de 18 y 20 años respectivamente estaban recluidas acusadas de agredir con armas blancas a unos centinelas en una residencia ubicada en el Fuerte Tiuna. Ocupaban la planta baja de la torre. Cada una ya había traído a este mundo 3 hijas respectivamente. Marisol y Lindy son expresión nítida de las madres adolescentes, de «las niñas que prematuramente paren niñas», hijas de la violencia en donde los cruentos combates entre madres y padrastros llegan a ser sanguinarios. La historia de esas pobres muchachas está escrita con sangre. Otro joven crecido en la pobreza, Juan Carlos Cuarta —iría a cerrar filas en La Fuerza Armada Nacional Bolivariana—, ocupó la celda ubicada al frente de la mía en el mismo pasillo. Sin ofuscaciones, pero con mucho arrepentimiento, me narró su pecado de sustraer ilegalmente armas —fusiles, granadas y pistolas— para atender «un pedido de la cárcel de Tocorón».

Nuestro diálogo:

Marisol: ¡Cómo huelen esos eucaliptos! Sabroso, sabroso, qué diferencia a los pedos de Cuarta, que son verdaderamente atómicos, dejan el aire jediondo. Sabes, es bueno oler algo bueno, no siempre olor a sangre, porque eso es tufo de muerte. Me siento como en las novelas rosas de Corín Tellado, donde la muchacha buena dice «¿Por qué necesito perfume?». Y ahora entiendo que ese rumor de viento oloroso me cura, más bien me alivia, los quebrantos. ¿Será posible ser feliz en una cárcel? ¿Podría ser que me guíe esta «luz vespertina», como dice el alcalde, en vez del brillo del cuchillo con que tasajeé al centinela?

Lindy: Te vas a quedar como campana solitaria, sonando solita. Sigue pajareando con esos aromas que te marean pretendiendo olvidar quién eres y de dónde vienes. Ahora quieres hablar como el pure de Ledezma, con esas frases bonitas. Déjate de esas *pajuatadas*, seguirás siendo la misma desalmada que acuchilló a su propia madre. Por más que espabiles, en tus ojos no hay muñecas; lo que salta y brilla es la sangre que bastante has hecho derramar.

Cuarta: Es verdad que uno comete disparates, pero porque uno haya robado no quiere decir que me quitaron mi esperanza, esa que me empuja a querer huir de esta desgracia. Si pensamos en algo bueno, ese pensamiento puede treparse en esas ramas y escuchar desde ahí, encaramado en ese árbol, que la tierra nos cante buenas nuevas.

MARISOL:¡Ay, papá!, ahora este se metió a poeta, se le olvidaron los fusiles que se pilló y está influenciado por el alcalde. ¡Te jodiste, Cuarta!

CUARTA: Se joden si siguen pensando en los «metales», mientras yo me olvido de los fusiles que me han perseguido. Eso fue solo un momento, una ocasión en la que dejaron abierta la puerta donde estaba el parque de armas y pasó lo que ya saben que pasó. Quiero volver a nacer, allá ustedes, que se resignan a seguir muriendo en lo sucio de ese mundo que las atrapó.

LINDY: ¿Y qué vas a hacer con los fusiles?

CUARTA: Superarlos, están entregados al pasado, descargarlos de mi memoria, doblándoles el cañón como se quiebran las espigas con el viento de mis arrepentimientos.

CAPITÁN: Miren, muchachas, vamos, salgan, que les falta firmar unos papeles de la entrevista de esta mañana. La cosa va bien, creo que se van pronto.

Las Peluches, animosas, salieron con lo que cargaban puesto, calzando unas cholitas; se abrió la reja uno, luego la dos y posteriormente la tercera. Segundos después, escuchamos una gritería: eran las Peluches que habían sido engañadas con el señuelo de que «firmarían un papel y saldrían», pero estaban siendo introducidas a una unidad de transporte del penal para ser trasladadas al recinto penitenciario donde están detenidas centenares de mujeres: el Instituto Nacional de Orientación Femenina (INOF).

«Las Peluches» eran un par de muchachas acusadas de haber agredido a dos centinelas militares. Con ellas me entendía a través de la lírica carcelaria y pude confirmar el drama de las adolescentes convertidas en madres prematuras, ambas tenían menos de 20 años y una y otra ya habían traído 3 hijos cada una a este mundo.

El contenido social de las protestas

> *Grito que no creo en nada y que todo es*
> *absurdo, pero no puedo dudar de mi grito*
> *y necesito, al menos, creer en mi protesta.*
>
> Albert Camus

«Esas protestas no tienen contenido social», esa frase era parte de las ráfagas lanzadas sin contemplaciones contra los estudiantes o cualquier activista comunitario, o dirigente político que patrocine protestas o quejas en cualquier lugar del país; frente a un hospital cuyos quirófanos no funcionan frente a la Redoma de La India de Caracas; porque mataron a un transportista o un muchacho de la orquesta infantil en las puertas de un abasto; protestas porque la gente se cansa de las colas y de alguna manera desahoga su malestar; protesta la mujer que no consigue trabajo o simplemente lo que gana no le alcanza para nada porque la inflación devora su pírrico salario; protestas porque no hay gasolina para hacer encender el motor de los vehículos; protestas porque no funcionan bien los servicios de agua potable, ni de gas doméstico, ni de electricidad. Eso es una lucha con contenido social. Y es un esfuerzo, una lucha principista que ha despertado en toda Venezuela sentimientos que se escenifican, pacíficamente, como ocurrió el pasado 30 de mayo de 2015, no solo en las calles de Caracas, sino en casi toda la geografía nacional.

Con estas informaciones que muestran las razones de las protestas cívicas que se desarrollan en el país, confirmábamos que hay un pueblo que padece, sufre y espera al mismo tiempo soluciones, porque lo peor que le puede suceder a un pueblo es perder la fe, perder la esperanza de abrirse camino en medio de tantas dificultades... Los apagones, la inseguridad, la escasez de alimentos, de repuestos para los vehículos del taxista o del camionero que transporta materiales de construcción o víveres; la falta de agua, la crisis de servicios hospitalarios, pero también la penosa situación de adolescentes, convertidos de la noche a la mañana en padres y madres prematuras como es el caso de este par de muchachas, conocidas como «las Peluches», con las que el destino nos quiso juntar en la cárcel de Ramo Verde. De jóvenes que deben hacer cualquier cosa para sostener a una criatura que traen a este mundo en medio de las más insólitas y espeluznantes carencias.

Por ellos son las protestas, las luchas que tienen sentido y que no buscan ni derrumbar ni conspirar contra un régimen, simplemente darle alternativas democráticas a un pueblo que tiene derecho a pensar que sí hay posibilidades de producir cambios en la forma como se desgobierna a Venezuela. Por esos millones de jóvenes y niños involucrados en este drama nacional. Estamos hablando de una tasa altísima, de 101 embarazos por cada mil. Veamos este dato: 94 de cada mil entre 15 y 19 años estuvieron embarazadas en el dpto. Capital y Miranda en el curso del año 2011, esta cifra supera con creces el promedio de 79 por cada 1000 en América Latina y el Caribe. Las protestas están reclamando más educación, porque eso se enfrenta con prevención.

CAPÍTULO 7

Conversación... sobre lo que pasa en Venezuela

> *En esta vida hay que morir varias veces para después renacer. Y las crisis, aunque atemorizan, nos sirven para cancelar una época e inaugurar otra.*
>
> Eugenio Trías Sagnier

Ya era una rutina iniciar debates sobre la situación económica del país. Hacíamos diagnósticos, previamente delineados en la pizarra instalada a un costado de mi celda, en cuya pared, guindada en su cúspide, habíamos colocado una fotografía de Rómulo Betancourt, símbolo del comedor que nos atrevimos a instalar con el nombre del expresidente venezolano. Leopoldo colocaba sus conclusiones en orden numerado, otro tanto hacía Daniel y lo mismo me correspondía a mí. Así teníamos a veces tres versiones distintas, con hipótesis confrontadas, pero que buscaban producir una solución concertada a la crisis que dibujábamos con guarismos y términos en la pizarra. Siempre nos veía, oía y grababa el funcionario de la DIGCIM que tenía la responsabilidad de no dejarnos a solas ni un instante. Anotaba, movía su cabeza, pelaba sus ojos como queriendo confesar que muchas de las cosas que hablábamos, o no las entendía, o le resultaban muy latosas. Por instantes se fugaba de la disciplina y hacía preguntas o soltaba como autómata frases hechas.

La economía y lo social

LEDEZMA: Está claro, eso es lo que pienso, que este régimen ha tenido un Plan de la Nación: un plan para destruirla, porque eso es lo que se refleja de esos datos colocados por ustedes. Veamos cómo están disparatados los equilibrios macroeconómicos, lo que los técnicos llaman variables; esto es un verdadero desastre, más débil no puede estar el aparato productivo y, en consecuencia, se ha desmejorado la calidad de vida de la ciudadanía.

Hoy los sectores más frágiles socialmente hablando son los pobres, que se ven acorralados en semejante desastre económico. Días antes de que me detuvieran fui a Valle de la Pascua y a Zea, Guárico y Mérida respectivamente. Lo de mi estado es desolador, no solo ya por el drama de la tenencia de la tierra, que están arrancándosela a sus legítimos propietarios, es también la carencia de semillas: productores que no encuentran cómo sembrar simplemente porque las semillas desaparecieron del mercado. Lo mismo pasa con los pesticidas, no hay Potreron, los potreros están desérticos, las carreteras destartaladas, el rebaño venido a menos, y las bandas, forradas con armas de alto calibre con las que asaltan y dominan las carreteras. La proeza del alcalde Pedro Loreto para lidiar con semejante panorama es realmente encomiable. En Mérida, me contaba el alcalde Carlos Rondón que todas las haciendas expropiadas «lo que dan es lástima», son un trofeo a la injusticia.

DANIEL: Pero ellos insisten en vender su Plan de la Patria, la propaganda es feroz. Y hablan del desarrollo endógeno. Lo de Táchira es peor, porque el gobierno les compra la carne a los colombianos a precio de oro, aquí les regulan el precio a los ganaderos venezolanos, pero afuera la pagan a costo dolarizado, luego esa carne entra por la vía legal a territorio nacional y, días después, los mafiosos la sacan de contrabando para la misma Colombia.

TENIENTE: Pero esos son los enemigos de la revolución...

DANIEL: Entonces ustedes los militares son los grandes enemigos de esa revolución, porque usted sabe, teniente, que esas gandolas cargadas de carne pasan por los caminos verdes escoltadas de piquetes de efectivos militares, entonces, ¿cómo es la vaina? ¡Hablemos claro, teniente!

TENIENTE: Pero por la televisión pasan las cadenas donde el presidente Maduro cuenta cómo es la guerra económica.

LEOPOLDO: Es cierto, pasan imágenes trucadas, desarrollan una narrativa tratando de ocultar la verdad, pero la realidad les desmonta todo. Es evidente el colapso de la gestión estratégica del Estado y el retroceso en las áreas económicas. Lo menos que pueden mostrar es desarrollo productivo. Ya no pueden seguir engañando a la gente con el mismo truco, ya ese truco se agotó, la gente no cree ese cuento de la guerra económica. La gente recuerda lo que pasó con la comida que se pudrió en los patios de los puertos, en esos contenedores repletos de alimentos que los importaron con dólares de Cadivi no para abastecer los mercados, sino para llenarse los bolsillos de dólares a costa del hambre de los pobres.

LEDEZMA: Es imposible que haya competitividad del entramado productivo, porque lo desmontaron; hasta la industria petrolera está en declive y las instituciones del Estado debilitadas. Hoy más que nunca dependemos de la renta petrolera, y a eso agreguen los disparates de la llamadas políticas macroeconómicas que han desbancado las reservas internacionales y los programas de ajustes detenidos en el mamotreto ese que llaman gabinete, al que le cambian el nombre todas las semanas porque no saben qué hacer, no tienen, ni capacidad, ni coherencia ni autoridad moral para pedirle sacrificios al pueblo.

TENIENTE: ¡Pero tenemos patria!

DANIEL: Esas son tocherías, teniente, vaya al Táchira para que vea a la gente haciendo colas para llenar el tanque de gasolina, o en los abastos donde los bolívares se derriten frente al valor del peso colombiano. Eso no es patria, teniente, entiéndalo, eso es fracaso, eso es ruina, eso es devaluación y escasez de alimentos.

TENIENTE: Pero mis jefes dicen que todo eso es mentira, que responde a una propaganda de los enemigos de la revolución.

LEDEZMA: ¿Propaganda? Eso es pura realidad, teniente, abra los ojos, pregunte en su casa si a usted le alcanza ese sueldo que gana para nada más comprar la comida. ¿A ustedes, en los cuarteles, no les dicen la verdad de lo que hacen con nuestro petróleo, que se lo regalan a gobiernos extranjeros, mientras que aquí la gente no tiene cómo resolver sus necesidades básicas? Vea la pizarra, esos números son el resumen de lo que técnicamente se llama déficit fiscal, dicho de otra manera, estamos gastando más de lo que recibimos. Además, nos endeudamos y los irresponsables que les mienten a ustedes hablándoles de un Plan de la Patria lo que pretenden es monetizar ese déficit. Están además endeudando a sus muchachos, sí, a sus hijos, porque cada vez que salen a China o a Rusia a buscar dólares, están entregando de antemano el petróleo de sus hijos y futuros nietos, el recurso energético que pertenece a las nuevas generaciones, esa es la verdad, teniente.

LEOPOLDO: Y lo más grave, teniente, es que ese déficit se hace cada día más crónico porque estamos produciendo menos petróleo y sacando billetes devaluados de las bóvedas del Banco Central de Venezuela. Entiéndalo, teniente, estamos frente a un régimen que maneja desordenadamente las finanzas públicas, y eso es como un cuartel sin disciplina, se pierden las batallas.

TENIENTE: Pero ahora el petróleo es nuestro, así dicen en las cadenas de radio y televisión. Además, estamos ayudando a nuestros hermanos del Caribe, eso explicaba anoche mi coronel Miranda.

LEDEZMA: El petróleo venezolano hoy menos que nunca en la historia es realmente de los venezolanos, es de los gobernantes que disponen de ese recurso a su antojo, caprichosamente y respondiendo a estrategias de orden político. Fue calculado (año 2014) en el presupuesto a 60 $/B y cerró a 77 la semana pasada (2014), una gran baja respecto a los 100-110$ en que estuvo los últimos meses, pero aún 18 $ sobre el cálculo presupuestario. El petróleo puede bajar aún más o mantenerse alrededor de 70-80 $/B, porque ese nivel está en el interés de los grandes productores del Medio Oriente, dotados de grandes reservas y, por lo tanto, interesados en que el petróleo siga siendo fuente predominante de energía y no sea reemplazado por otras fuentes cuyo aprovechamiento se estimula con precios muy altos. Esos grandes productores pueden además sobrellevar bien sus economías a esos niveles de precios porque durante los tiempos de precios muy elevados tuvieron la sensatez de acumular grandes volúmenes de reservas internacionales, bien sea en fondos anticíclicos (tal como se pensó en Venezuela en la idea del FIV desde la década de los 60) o directamente en reservas internacionales en poder de sus Bancos Centrales, institucionalmente fuertes y autónomos.

TENIENTE: Pero mi comandante Chávez creó el Fonden.

LEDEZMA: Eso es algo diferente, eso fue un «fondo sin fondo», donde todo lo que entraba se iba al abismo del derroche, de los regalos, de las compras inútiles, del gasto improductivo o parasitario, o lo más delicado, teniente, eso se lo tragó la corrupción. Además, es una manera de administrar tras corrales los dineros públicos, lo que se llama opacidad, presupuestos paralelos, esconder el verdadero caudal de ingresos para disponer de esos recursos sin rendirle cuentas a nadie. Por eso lo que se ha debido hacer es ahorrar, tener reservas para los tiempos difíciles, para cuando se desplomaran los precios del petróleo, como está ocurriendo ahora.

TENIENTE: ¿Entonces, qué es lo que hay que hacer según lo que usted está diciendo?

LEDEZMA: Para citar solo algunos ejemplos, que nos relata Daniel en la pizarra, vea este cuadrito aquí, lea bien este caso de Noruega que ha sido muy, muy diligente en los tiempos de altos precios del petróleo y el gas para organizar el que se supone el mayor fondo de ahorros de país alguno en el mundo (Gobernante Pensión Fund of Norway). Aunque la cifra no es precisa (entre otras cosas porque crece día a día con rendimientos y nuevos aportes), hoy se estima que tiene 800.000 millones de dólares y que en 2020 llegará a un millón de millones de dólares.

LEOPOLDO: Y vea este otro dato, teniente, el de Los Emiratos Árabes Unidos, que han acumulado en tiempos de la bonanza petrolera recursos, según la más reciente estimación, por 630.000 millones de dólares en su Abu Dhabi Investment Authority.

LEDEZMA: Y aquí tiene otra demostración de saber ahorrar en los tiempos de «las vacas gordas», Arabia Saudita tiene reservas internacionales acumuladas por 532.000 millones de dólares, además de haber financiado un acelerado proceso de modernización de su economía, su infraestructura y su aparato estatal.

DANIEL: Y dónde me dejas a Kuwait, que ha acumulado recursos por una cifra superior a 349.000 millones de dólares que administra con sentido de desarrollo e inversión a través de su Kuwait Investment Authority.

TENIENTE: Pero mi comandante sigue el ejemplo de Rusia.

LEDEZMA: Rusia (hoy uno de los 3 principales productores mundiales de crudo y el país que mejor aprovechó la política de cuotas de OPEP para incrementar su producción y tomar posiciones de mercado abandonadas por otros productores), si bien no usó la modalidad del fondo anticíclico, también acumuló gigantescas reservas internacionales ($465.000 millones). Que Putin las use para rearmarse, invadir vecinos y soñar con restituir la URSS es otra cosa. Rusia lo que sí ha hecho es venderle armas a Venezuela.

LEOPOLDO: Lo de México, un país de producción y exportación petrolera decadentes por una política cerrada que los mexicanos intentan cambiar, también ha acumulado importantes reservas internacionales ($192.000 millones) aprovechando los altos precios del petróleo y su crecientes exportaciones de una economía cada vez más diversificada.

DANIEL: Y al lado de nosotros, Colombia y Brasil, que ahora son productores crecientes de petróleo, aprovecharon la decadencia petrolera venezolana y los altos precios para incrementar fuertemente sus producciones en zonas que no eran rentables y hasta inexplorables y también han acumulado gigantescas reservas internacionales. ($375.000 millones Brasil y $ 48.000 Colombia), una vergonzante cachetada al lado de nuestro desfalcado BCV que araña menguados millones, casi todo en los viejos lingotes de oro revalorizado.

TENIENTE: Bueno, ya vengo, déjenme dar una vueltica por el patio.

CONVERSANDO CON EL SARGENTO

Todos los fanatismos se ahorcan unos a otros.

Thomas Jefferson

El fanatismo estaba sustituyendo la disciplina militar. Ya no se trataba de ver en orden cerrado a los efectivos de diferentes rangos, simplemente veíamos una aglomeración de personas que se mostraban dóciles ante las arengas que diariamente escuchaban. Conversar con un efectivo no era fácil, teníamos que aprovechar cualquier instante para hacerlo, sacar a relucir un tema bajo algún pretexto y estar preparados para perforar la roca que tenían en la cabeza esos efectivos con ideas mineralizadas. Lo cierto es que el esfuerzo que hacíamos daba sus resultados: en la mayoría de los casos los funcionarios quedaban desarmados de argumentos, refunfuñaban o se refugiaban en un áspero soliloquio para tratar de justificar lo que racionalmente era imposible. Otras veces se retiraban sin dar respuestas porque no las encontraban en lo más íntimo de su sinceridad.

Un sargento fanático

SARGENTO: A mí no me interesa la política, alcalde, eso no va conmigo.

LEDEZMA: Pero lo que a usted lo ponen a cantar son estrofas de cánticos políticos, eso nada tiene que ver con la disciplina militar, más bien está usted incurriendo en actividades partidistas, con signos de fanatismo. Y sí quiero que sepa que la política que me inspira es la que me lleva a preocuparme por usted, por su familia, por el pueblo, por mi país en general, porque para que uno se comprometa y preocupe por la ciudadanía a la que se debe, no es menester que ustedes se muestren interesados por la política.
SARGENTO: Yo lo que hago es cumplir con las órdenes que me imparten y de esa manera servirle a la patria.

LEDEZMA: Pero no se da cuenta de que lo que está es sirviendo a un grupo que pretende usar la Fuerza Armada para un proyecto político que nada tiene que ver con lo que dice la constitución nacional.

SARGENTO: Claro que sé lo que está escrito en mi Constitución, esa la impulsó mi comandante y es una ley excelente.

LEDEZMA: Pero de nada sirven las leyes excelentes si no contamos al mismo tiempo con gobernantes excelentes. ¿Dígame, sargento, en qué parte de esa constitución, que usted juró hacer cumplir, dice que nuestro Estado es socialista?

SARGENTO: Bueno, eso lo interpreta mi comandante y tiene que ver con la justicia que él propone.

LEDEZMA: Pero, sargento, ¿de dónde se puede interpretar en la Constitución que somos socialistas y qué justicia puede significar que se tiene derecho a atropellar a los demás simplemente por la manera de pensar?

SARGENTO: Bueno, usted está preso precisamente por cometer el delito de contrariar la revolución.

LEDEZMA: Prefiero sufrir esta injusticia, que no lo es, que cometerla violando la Carta Magna como los ponen a hacer a ustedes dándole vivas al comunismo y venerando caudillos. Entienda, sargento, que lo que quiero hacerle entender es que todos somos iguales ante la ley, que todos debemos ceñirnos a lo que dice fundamentalmente la Constitución, pero cuando ustedes se ponen a cantar consignas haciéndoles loas al comunismo, están dándole la espalda a lo que históricamente y constitucionalmente significa esta Constitución que dicen respetar.

SARGENTO: Pero es que ustedes critican al gobierno y llaman a una rebelión.

LEDEZMA: Para nada, sargento, lo que hacemos es llamar las cosas por su nombre. Aquí hay corrupción, todos los días aparecen denuncias que relacionan a altos funcionarios con hechos de corrupción, y todos esos delitos se efectúan en nombre de esa revolución que pretenden venderles a ustedes como la salvación de la patria, cuando la verdad de los hechos es que la están descuartizando. Lea lo que han declarado exministros (en diciembre de 2013) de este régimen que admiten cómo desaparecieron más de 20 mil millones de $ de las dependencias de CADIVI y no hay presos porque el régimen ampara esas vagabundearais. Sargento, nosotros queremos una Fuerza Armada profesional, que se apegue a lo que dicta el artículo 328 de la Constitución, que indica claramente que no pueden nuestros oficiales y soldados estar al servicio de parcialidad política alguna; nosotros creemos en la figura del ciudadano-soldado al servicio solo de la nación, protegiendo nuestras fronteras, nuestra plataforma marina, nuestros cielos, no contrabandeando gasolina ni coludiendo con el narcotráfico como lo han denunciado ya varias fuentes.

Sargento: Esos son inventos de los gringos enemigos de la revolución.

Ledezma: Más bien las denuncias las han hecho personas calificadas que comenzaron a trabajar con el presidente Chávez; mire, por aquí tengo este libro, se lo voy a dar en préstamo, si se lo dejan leer, ahí se va a enterar de cosas escandalosas que nada más y nada menos narra la Dra. Mildred Camero, quien fue designada por el mismísimo comandante Chávez presidenta de la Comisión contra el Uso Indebido de Drogas (Comecuid). Ella relata hechos muy delicados que lo comprometen a usted.

Sargento: ¿A mí?

Ledezma: Sí, a usted, porque usted lleva ese uniforme y esas presillas que están obligados a hacer respetar. Además, sargento, no se puede gobernar un país basado en los odios. El que se deja dominar por el rencor termina ladrando como un perro con mal de rabia y mordiendo a la gente que invita a dialogar. Es imposible concertar esfuerzos en un país tan fracturado si la promoción de los eventuales encuentros está precedida de insultos, adjetivos descalificatorios, vejámenes y amenazas de que vas preso o vas a perder tu trabajo o la empresa que te pertenece.

SARGENTO: Fíjese que el problema es que a Maduro también lo odian.

LEDEZMA: Pero la virtud de un estadista es no dejarse llevar por los odios de los demás, porque así definitivamente no servirá para gobernar a un país, menos si ese país que se pretende liderar está en crisis.

SARGENTO: ¿Pero él llamó al diálogo el pasado 10 de abril de 2014?

LEDEZMA: Partió de una premisa falsa porque dio por sentado que ahí estaban todos los factores y eso no era así. Además, se inspiró en la idea autoritaria de que por la fuerza su poder se haría sentir, cuando más bien, haciendo un esfuerzo para sostener viva la palabra de diálogo, era posible avanzar demostrando que se tenía más poder y autoridad persuadiendo que amenazando.

SARGENTO: ¿Por qué ustedes no fueron?

LEDEZMA: Leopoldo y Daniel estaban presos, María Corina, inhabilitada, y yo estaba en una conferencia de alcaldes en Medellín, pero dispuesto a regresar y participar, juntos, si se acordaba una agenda que fuera la médula del diálogo que queríamos promover de manera sostenida para que verdaderamente diera frutos y eso no terminara como lamentablemente sucedió, como una puesta en escena para distraer a la opinión pública y desmovilizar a la ciudadanía, como acertadamente lo denunció el monseñor Diego Padrón.

CAPÍTULO 8
Las redes sociales

Al dar a las personas el poder de compartir, hemos hecho del mundo un lugar más transparente.

Mark Zuckerberg

Cuando se está preso, se complican las posibilidades de comunicar nuestras ideas a los demás. La gente tenía que saber de alguna manera las razones de nuestros esfuerzos. Para eso eran limitadísimas las formas de dar a conocer los cambios que proponíamos al país. Logré escribir una noche un mensaje a la nación que, como narré en párrafos anteriores, fue posible publicar en diarios de circulación nacional y otros portales que tienen alcance internacional. La significación de las redes sociales cuenta mucho para un preso político, por interpuestas personas es posible que la ciudadanía se ponga al tanto de lo que estamos pensando, de los cambios que proponemos y de cómo cada quien puede contribuir. Esa es una de las desafiantes sesiones de trabajo: por lo general, pensar cada quien en su celda, aislados, suponer que hacemos sesiones espiritistas y que nos estamos comunicando, sin que caigamos en la locura.

Nuestras esposas han sido muy eficientes para divulgar lo que pensamos. Sus giras internacionales se han trasformado en plataformas comunicacionales de gran alcance. Con una destreza que muchos jamás llegaron a suponer que serían capaces de desarrollar, articularon una red mundial que mantiene al día, en caliente, todas las motivaciones de nuestra causa. Esto permite que el mundo sepa qué es lo que realmente ha ocurrido, cuál es el verdadero talante democrático de nuestros esfuerzos, cuáles son las salidas constitucionales que estamos reiteradamente proponiendo, cómo marcha la unidad dentro de Venezuela y cuál es la relación de unos con otros, porque siempre privilegiamos la preponderancia de la base unitaria como fórmula que se contrapone al poderío arbitrario y abusivo del régimen.

La unidad es la fortaleza y para los que somos presos políticos es muy importante la presencia del cuadro unitario en cada uno de nuestros movimientos. Los pocos minutos que podíamos disponer para hacer llamadas telefónicas, los aprovechábamos al máximo; contactábamos previa discusión, y codificando los mensajes, con diferentes líderes de la oposición. Eran conversaciones relancinas, una manera de decirnos simplemente «estamos juntos», sin mayores detalles porque las grabaciones eran cantadas, además de los escuchas en carne viva que nos colocaban prácticamente pegados de nuestras espaldas. Escribiendo estas líneas, en mi casa por cárcel, nos despertamos, Mitzy y yo, en mayo de 2015 con la mala noticia del brusco y sorpresivo traslado de Daniel Ceballos a la cárcel de San Juan de los Morros. Estos datos simples, elementales, explican por sí solos los riesgos que desataban los medios de comunicarnos que implementábamos en la cárcel. Un simple papelito en un bolsillo encontrado en las requisas ameritaba un castigo, aunque no fuera una cosa distinta a la petición de un par de zapatos de penados que andaban con sus pies descubiertos porque carecían de qué calzarse.

Los medios internacionales han sido esenciales, al igual que los estrados de parlamentos, alcaldías, ONG… Toda tribuna hay que activarla, en el más apartado rincón del mundo, para dar a conocer que en Venezuela se persigue la libertad de expresión, que estamos presos por opinar, por proponer cambios, cambios concebidos e inspirados en el marco de la legalidad; informar eso es una de las médulas de la estrategia que impulsamos desde la cárcel.

Renovar la rutina

Nuestro destino nunca es un lugar,
sino una nueva forma de ver las cosas.

Henry Miller

Evitábamos quedarnos estancados en una rutina. Desde luego que había pautas a cumplir que se reciclaban semanalmente, pero siempre estábamos ganados para renovar actividades y para eso siempre surtíamos la mesa de análisis con nuevas iniciativas. Innovar era avanzar; lo contrario era caer en depresiones, estancarse, paralizarnos frente a la arremetida constante de un régimen que trataba de estrecharnos en las parcelas cerradas por las telas metálicas y los amenazantes filosos alambres en forma de concertinas.

Las atemorizantes garitas con sus gariteros armados y sus escandalosos pitos. Todo eso forma parte de la táctica de paralizarte de miedo, para que no pienses, para que no te atrevas a innovar ni imaginar cómo salir de esa ergástula en la que te reducen a un número que encierran cada noche en una celda donde no tienes más compañía que la sola soledad. Te etiquetan con la identidad de preso, regateándote incluso la distinción de preso político con el cambalache injurioso y despectivo de «político preso». Quieren que seas siempre esclavo de esa denominación, para que te reduzcas al culpable sumiso y arrepentido de lo que nunca hiciste.

Por eso la idea de cambiar pensando en lo que era necesario hacer para defender nuestra verdadera identidad y condición era irrenunciable. La mente de un preso siempre está relacionada con los pensamientos de la libertad. Eso es imposible negarlo, no tenemos por qué hacerlo, es parte de la naturaleza misma de una persona que, estando encerrada, a la que le pasan cerradura de su reja todos los días, que tiene limitado su desenvolvimiento en un recinto, además supervigilado, no piense en la libertad. Pero lo sublime en estos casos que nos atañen es que no dejamos de pensar en la libertad grande, la del país, sabiendo, como nos consta, que Venezuela está secuestrada, que a la gente la acorralan con medidas extremas de intimidación para limitar su voz, para que su natural capacidad de protesta sea contenida.

PRESERVAR LA VIDA

Preservar la vida es un objetivo fundamental y para eso cuenta mucho el espíritu fortalecido, no dejarse «quebrar» el ánimo. No renunciar a la idea de luchar todos los días para que esa lucha traiga consigo en algún momento la llave que te abra la reja de la libertad. Hay muchas maneras de preservar la vida. Ya me he referido a una esencial: el espíritu de lucha incesante. No decaerse, no desanimarse y no desplomarse para evitar reducirse al taciturno que ni siquiera es capaz de mirar lo que circunda, a limitarse a esperar que se oculte el Sol, que le cierren la reja y se postre en un sillón, simplemente se eche a la cama a darle vueltas a la cabeza, mientras el insomnio le da alguna oportunidad de dormir después de no haber pensado en nada útil para organizar su mente.

Saber construir su agenda de trabajo para el día siguiente porque eso es un esquema vital para preservar la vida en una cárcel. La rutina de los ejercicios elementales para mantenerte en forma, que se muevan los músculos de tu cuerpo, que circule la sangre, que sudes, que puedas hacer alguna actividad deportiva mientras vas pensando qué es lo que está pasando a tu alrededor y qué es lo que te propones hacer. Mirar el cielo, lo que está en el norte, en el sur, oeste o simplemente lo que tienes más próximo a tu paso. Debes mapear tu área, mentalizarla, eso no significa que tienes un plan oculto para escaparte, es simplemente un mecanismo de defensa de tu vida si presupones que algo pudiera pasar en ese recinto en el momento más inesperado.

Si algo nos distinguía e identificaba a cada uno de nosotros era que jamás acusamos miedo, ni temores, a los cambios que soñadoramente nos planteamos en cada debate, más bien nos levantábamos entendiendo que algo había cambiado, que no había sido en vano lo soportado el día anterior ni las reflexiones que habíamos trillado en nuestras cabezas durante la madrugada que había transcurrido momentos antes. Cada instante es propicio para imaginar y empujar un cambio, porque la vida es eso, un cambio permanente.

He dicho que en la cárcel se hacen amistades, se establecen relaciones con seres de distintas tendencias, estratos sociales, seres que ingresan por motivos distintos; a ellos también era posible incorporarlos a la búsqueda de esos pequeños cambios, en sus propias vidas, con sus respectivas familias; pudimos cerciorarnos de que ya leían uno que otro libro que les prestábamo y hablaban también de Mandela. El joven Paraco cumplía condena en esa cárcel y me ayudó en la refacción de mi celda, un día se me apareció con un papelito donde había escrito un pensamiento mandeliano que se refería a «dejar la ira y el odio al traspasar la puerta de una prisión». Nos hablaban de las batallas de Bolívar y los próceres de la patria, asistían a las misas, cantaban con las religiosas, juraban dejar la violencia y sus maldiciones. Eran cambios trascendentes en la vida de esos jóvenes. Esa derivación, ese cambio, revelaba una gran verdad: todo es capaz de fluir. La cárcel puede destilar a un ser humano; como los motivos de un delito no perduran, las emociones se mueven, se desplazan y toman otros sentimientos.

En nuestro caso lo que manaba era más fuerza para defender nuestras causas, sabiéndonos absolutamente inocentes y por lo tanto víctimas de un acoso politizado. Se nos incriminaba una gran patraña para aislarnos y desde luego para colocarnos como espantapájaros ante los ojos de la ciudadanía, a la que estaban interesados en asustar para que ni se les ocurriera protestar por todos los casos de corrupción que se conocen en Venezuela, por la escasez que mata de vergüenza y enerva a las personas forzadas a hacer largas colas para conseguir lo indispensable para sobrevivir.

La cárcel está dirigida por funcionarios fanatizados, y con esto no trato de desprestigiar a nadie, simplemente decir la verdad. A la tropa la colocaban en orden cerrado y se oía el canto de estrofas «Chávez vive, la patria sigue», recuerdo uno de tantos estribillos que coreaban los soldados. Nunca caímos en provocaciones, manteníamos la mesura, la calma, ante la irritación que encerraban aquellas marchas politizadas en donde el trato de un militar con otro era de «camarada, patriota, socialista, chavista», sin que faltaran las loas a Fidel Castro.

CAPÍTULO 9

Diálogo... diálogo...

El mejor punto de partida para la resolución de un conflicto es que sus partes principales adquieran conciencia de que la perpetuación del conflicto solo puede acarrear la devastación del país y de que no existe una esperanza real de ganar la «guerra».

F.W. de Klerk

VERDADES QUE HACEN TEMBLAR

La idea de un diálogo estuvo flotando en la cabeza de Nicolás Maduro desde antes de las elecciones del pasado 8 de diciembre de 2013. Supongo que sus asesores cubanos, matizando las básicas recomendaciones de sus más cercanos consejeros criollos, han debido persuadirlo de que la situación económica y social del país no daba mucho juego, por más cañones que mostrara en sus presentaciones públicas, casi que siguiendo al pie de la letra los esquemas comunicacionales de su «padre político» Hugo Chávez Frías.

La verdad es que un régimen tan precario como el que encabeza se veía forzado a reconocer —aunque sea a regañadientes— a un adversario que tenía en sus alforjas, cuando mínimo, la mitad del electorado nacional. Maduro, viéndose su propio ombligo, en la intimidad de sus meditaciones, tenía que admitir que con todo el poderío comunicacional, más las arcas repletas de recursos mostrando a PDVSA como el «buque insignia» de sus finanzas y un control inescrupuloso de los poderes públicos, no había sido capaz de arrinconar a una oposición que más bien salía respondona en cada esquina donde era retada.

La Operación Daka...

Ayudó a pasar el Rubicón de una crisis multidimensional que comenzaba en la escasez que ponía o forzaba a millones de ciudadanos a hacer colas para buscar, desesperadamente, alimentos indispensables con un salario devaluado por obra y gracia de una implacable inflación aliada de una caída del poder adquisitivo de los bolívares venidos a menos, lo cual representa un desengaño para los que recuerdan las campañas publicitarias para darle la bienvenida al bolívar fuerte concebido por el exministro Jorge Giordani.

DAKA es una empresa comercial que importaba con dólares preferenciales todo tipo de artículos para el hogar. Días antes de las elecciones municipales fijadas para el mes de diciembre del año 2013, Maduro montó todo un espectáculo, obligando a esa, y otras tantas más del país, a vender los bienes que tenían en inventario a precios muy bajos, lo que desató una ira colectiva para adquirir esos artefactos.

Aún nos preguntamos si la adelantada del régimen para ese final electoral estuvo en los lucros proselitistas de una maniobra bien calculada, como esa de llamar a la gente a participar en esa «operación golilla» —que consistía en comprar, a precios regalados, televisores, lavadoras, secadoras o cualquier electrodoméstico—, o más bien en las debilidades de una dirección opositora cuya argucia electorera no estuvimos en capacidad de enfrentar. El régimen era culpable, en cualquier terreno, de este desastre, pero nos colocó en la duda de responder con sentido de la oportunidad a esa maniobra de la operación DAKA, en el instante en que había que hacerlo, sin prejuicios diseñados en los laboratorios de la alianza cubana-madurista, para arrinconarnos en el disparadero de «defender a los pobres o amparar a los ricos explotadores».

Falso dilema ese, porque los que en la realidad, tras armazones de corruptelas, los que han servido de alcahuetes y tramitadores de órdenes de pagos, por montos fabulosos, a los representantes de empresas fantasmas en las oficinas de CADIVI, no fueron otros que los que han tenido vara alta en esas dependencias del régimen, además de la evidente triangulación entre los sectores dirigentes, empresariales piratas, las oficinas del Servicio Nacional Integrado de Administración Tributaria (SENIAT) y desde luego la precitada subordinación en la que se autorizaba la entrega de las gigantescas remesas de dólares.

La reunión del 18 de diciembre

En una de las improvisadas conversaciones que sosteníamos Leopoldo, Daniel y yo con los custodios, en una oportunidad, un teniente adscrito a la DIGCIM nos sacó en cara que nosotros (Daniel, Leopoldo y yo) no acudíamos a dialogar con Maduro. Se refería, sin lugar a dudas, al diálogo televisado por cadenas de radio y televisión el pasado 10 de abril de 2014. Eso me dio pie para rememorar uno de los encuentros en los que se puso toda la esperanza de inaugurar un tiempo de racionalidad política que permitiera reajustar el funcionamiento de las instituciones de la nación. El teniente escuchó pacientemente mi relato.

Aquí resumo lo que dijimos y hemos venido sosteniendo públicamente ante el país y los ciudadanos. Sin insultos, sin desplantes guapetones y sin falsas posturas. Tal como seguramente lo observaron muchos ciudadanos a través de la televisión. Dicho con temple pero sin enajenar la necesaria serenidad con que debemos actuar los hombres y mujeres que tenemos responsabilidades mayores con la nación. Conscientes de que, para transitar por la vía del diálogo, hay que contar con paciencia, tolerancia, perseverancia y grandeza de alma. Esa noche del 18 de diciembre de 2013, cuando me correspondió hablar en lo que se conocía como el Salón de Los Espejos, en el Palacio de Miraflores, frente a Maduro, escoltado por Jorge Arreaza, vicepresidente de la República y Rafael Ramírez, aún al frente de PDVSA, desarrollé los siguientes aspectos:

1. No asistimos a un duelo, a ver quién «dispara más rápido desde la cintura», acudimos a un diálogo y eso nunca, jamás, es para claudicar de nuestros principios. Es hora de protagonizar un diálogo crítico, franco, sin poses y sin hipocresía.

2. Aquí no acudimos a conjugar el verbo «reconozco». Podemos darle a usted (a Maduro) los apellidos, bautizarlo, y hasta partida de nacimiento de venezolano, eso no resuelve la crisis. Porque la crisis es de gobernabilidad. Si esa crisis no se disipa, se hace más difícil avanzar por el camino hacia la paz. Y también se dificulta alcanzar la eficiencia como servidores públicos.

3. La Constitución nacional, ese es el plan de todos, el plan que nos une a los venezolanos. Creo en el Estado de derecho, para que todas las instituciones y los ciudadanos dependamos de las leyes vigentes, de claras reglas del juego y no del «estado de ánimo» de un gobernante circunstancial. Creo en la separación y autonomía de los poderes; creo en la descentralización acompañada de transferencia de recursos y competencias; creo en la libertad de expresión y en el derecho de propiedad apoyado en un ambiente de seguridad jurídica que potencie las inversiones para impulsar el desarrollo económico y humano del país.

4. Hay que respetar lo que establece la constitución en los artículos 4 (Estado federal, descentralizado y democrático), 168 (reconoce al Municipio como la unidad política primaria del Estado) y 178 (principios de equilibrio, territorialidad, solidaridad, cooperación, concurrencia). Está claro entonces que nuestra Carta Magna habla del

municipio, no de las comunas. No nos dejaremos someter a un proyecto ideológico ajeno a nuestra naturaleza democrática. No somos comunistas y tenemos muy claro, tal como lo definió Fidel Castro públicamente, que «el socialismo es el comunismo». Esa es la columna vertebral del Plan de la Patria que ustedes pretenden imponer.

5.   Respeto a las competencias de las autoridades electas soberanamente. Caso de los alcaldes de Valencia, de Barquisimeto, de Puerto Ayacucho en Amazonas, en Caracas y Sucre, Petare o Maracaibo. No se pueden ni deben seguir arrebatando recursos para adjudicarlos fraudulentamente a «parapetos paralelos» inventados de la noche a la mañana. Del mismo modo, exigimos que se asigne el situado que les corresponde a las regiones y municipios, sin los subterfugios de calcular sobre bases falsas el real precio del petróleo.

6.   Un gobierno para todos, sin «*apartheid* político» en el que se incurre cuando se fomenta la división de la sociedad democrática venezolana. Es dañino calificar y descalificar a gobernadores y a alcaldes según su posición política. ¡Basta de odios! ¡Basta de insultos!

7.   Es una realidad que no se puede dejar de reconocer, como son la predominante escasez, prácticamente de todo, y la devaluación e inflación, factores sociales y económicos que se suman a la gravísima corrupción de La Comisión Nacional de Administración de Divisas (Cadivi). Por lo que mal puede el Gobierno nacional pensar o aspirar a que la gente asimile resignadamente los anunciados aumentos del precio de gasolina y de servicios como la electricidad, en medio de tanto derroche y sin aclarar qué pasó con los 20 mil millones de $ que se entregaron a «empresas piratas» a través de CADIVI (tal como lo han declarado y confesado ministros de este régimen) y que se continúe regalando nuestro petróleo a gobiernos amigos de la actual Administración venezolana.

8.   Decretar la amnistía para presos políticos y exiliados. Es una solicitud latente en el alma de las mayorías del país que claman por convivencia y que presuponen que esa aspiración no se concretará si no se administra justicia con verdadera y auténtica voluntad de superar las diferencias que nos separan.

Saquen ustedes, estimados lectores, sus propias conclusiones.

Preguntas para Maduro:

En medio de estos escarceos para formalizar los encuentros entre la oposición y el gobierno, Nicolás Maduro insistía en denunciar un plan golpista en el que supuestamente estaríamos involucrados los líderes de la alternativa unitaria. Esa estridencia oficialista, que contradecía abiertamente la invitación a dejar de lado las ofensas para darle cabida a un ciclo de diálogo respetuoso que contribuyera a apartar la violencia y nos situara en la línea de trabajar mancomunadamente, más allá de las naturales diferencias que se mantendrían, porque la controversia no se iba a zanjar con una simple tertulia, eso sería el punto de partida para que, por una parte, el régimen admitiera que existe una parte del país, diría con argumentos que mayoritaria, de Venezuela que debe ser escuchada, respetada y que tiene en nosotros interlocutores legitimados. Y desde luego un régimen con una legitimidad electoral en entredicho (año 2013) en razón de que el propio Gobierno cerró las puertas para cumplir una auditoría electoral que despejara las dudas sobre la veracidad del resultado que fue cuestionado la misma noche que el Consejo Nacional Electoral dio a conocer los números asignados a cada uno de los candidatos que optaron por la presidencia en esas histórica elección del 14 de abril de 2013.

Entrando y saliendo de Miraflores sobran las razones para interrogar a los voceros del régimen que desenfundan desde la cintura sus explosivas acusaciones para relacionarnos con acciones golpistas; todavía esperamos las respuestas de Nicolás Maduro, o de la ministra de la Defensa, a estas preguntas: ¿Por qué habla de la marcha de un golpe de Estado? ¿Ustedes saben quiénes son los militares involucrados en ese movimiento golpista? ¿Por qué no dicen los nombres de los efectivos que están en esas maniobras?

Pero además, vale la pena destacar que otro flanco del régimen que atacaban sin contemplaciones y que vinculan con el supuesto movimiento sedicioso es el de los estudiantes. Por eso señalamos que es de suponer que los grupos de inteligencia activados por el régimen deben saber que los estudiantes no son precisamente los que están en condiciones y con ánimo de propiciar un golpe de Estado.

Otra táctica de distracción del régimen que se utiliza continuamente es la de denunciar «la invasión del imperio». Ahora bien, preguntamos directamente a Nicolás Maduro: ¿Por qué si lo amenazan con invasión desde el imperio gringo, le seguía vendiendo nuestro petróleo a EE. UU.?

Lo que está a la luz de cualquier observador elemental, incluso, es que esta pregunta enerva al régimen. ¿Por qué, en vez de reprimir al pueblo con balas, perdigones y gas lacrimógeno, no resuelve el problema de la escasez de alimentos y medicamentos y de la inseguridad? ¿Por qué si usted propone El Plan de la Paz, cuando habla insulta y difama? Porque esa es también una de las grandes contradicciones que descalifican a los voceros del régimen. Proponer la paz, la convivencia y, simultáneamente, a través de los medios de comunicación, soltar todo tipo de improperios que desatan ira, rencor, esos sentimientos llenos de furia que terminan siendo inútiles, y una corriente llena de malezas que cierran las vías para lograr la estabilidad emocional de un país cada día envuelto en las llamaradas de la violencia que se ha convertido en una política propia que los identifica.

Uno de los puntos que se subrayaba en la agenda previa que se le presentaba a los señores del régimen y que discutimos en el seno de la Mesa de Unidad Democrática para tratar de articular una posición que nos permitiera una posición coherente y así evitar fracturas ante la opinión pública que seguía nuestra deliberaciones —y ante el propio régimen, que buscaba sembrar contradicciones en nuestro propio terreno—, era precisamente la de exigir el desmantelamiento de los llamados colectivos armados, nombre que desfigura la verdadera condición de esos grupos comunitarios, culturales, grupos de larga tradición en el país que llevan adelante una tarea de beneficio a sus comunidades. Porque una cosa son los auténticos colectivos que se identifican con esas agendas civiles, y otra los grupos paramilitares, de naturaleza violenta, relacionados con acciones que los comprometen con la legalidad que más bien desconocen. ¿Por qué, si no quiere la violencia, no desarma a los grupos paramilitares armados? Pero no fue así, más bien, con todo el descaro del mundo, colocaron en la escena de la reunión celebrada en Miraflores el pasado 10 de abril de 2014, a uno de los actores relacionados con esos grupos caracterizados por ser el brazo armado de la «revolución». Ese encuentro que fue, reitero, trasmitido en cadena de radio y televisión, levantó muchas expectativas en la colectividad nacional. Fue una demostración que puso a prueba la voluntad del régimen de querer tramitar soluciones a la conflictividad que mantenía en un estado de crispación al país. Pero lamentablemente, no fue así. Veamos por qué:

Esa misma noche, el diputado Andrés Velázquez, en nombre de la oposición, presentó a consideración del alto gobierno un proyecto de Ley de Amnistía. La idea era procesar sin mayores trámites burocráticos la liberación de los presos políticos y garantizar el retorno de los venezolanos desterrados. Esa misma noche fue negado ese petitorio, maliciosamente se dejó en el aire la posibilidad de proceder en el sentido de lo que era una de las fórmulas prioritarias en la agenda del diálogo oposición-gobierno, que tenía como bandera fundamental el caso del Comisario Iván Simonovis y desde luego la libertad de Leopoldo López junto con los recién detenidos alcaldes Enzo Scarano Y Daniel Ceballos, un punto de honor igualmente, la libertad de los centenares de estudiantes encarcelados y sometidos a régimen de presentación ante los tribunales.

Constantemente defendí la idea táctica de exigir condiciones afianzadas porque sospechábamos que el régimen buscaba la foto de esa noche, tal como ocurrió, para luego dejar plantados a los que, de muy buena fe, apostando a la vía del diálogo, dieron el paso de acudir a esa histórica reunión. Siempre hubo mala fe por parte de Maduro; se desarrollaba un doble discurso. Por una parte una seguidilla de reuniones con los sectores económicos, culturales, y una insistencia en realizar un encuentro con los estudiantes, mientras que paralelamente se desataba una ventolera para descalificar a esos mismos sectores, destacando, como está más que comprobado, los ataques feroces contra alcaldes y gobernadores de la oposición, sin que la intensidad de los adjetivos para descalificar fuera menor cuando también se embestía a los estudiantes.

El régimen no escatimaba medidas que incluían castigar a los ciudadanos, directa e indirectamente, tal como lo hacía cuando ordenó suspender el servicio de Metrobús, sabiendo que perjudicaría a residentes de todos los sectores de la ciudad, conscientes, como seguramente estaban las autoridades gubernamentales, de que no solamente castigaban a los vecinos de Chacao o de Baruta, sino también a las familias que habitan en los sectores populares de Petare y de Catia, que utilizan para desplazarse de un destino a otro esas unidades que sirven de movilidad. La contradicción, como hemos dicho, era notoria, a la vez que celebraban reuniones en La Cancillería venezolana, teniendo como testigos de buena fe a los Cancilleres de Ecuador, de Colombia y de Brasil y al nuncio apostólico en representación de su santidad el papa Francisco, hablando de convivencia, no ponen en libertad a los presos políticos y a las decenas de estudiantes detenidos, sino que más bien se incrementaba la represión y con ella el número de ciudadanos agredidos, torturados y presos.

En las reuniones con los empresarios, Nicolás Maduro reincidía en acusarlos de ser puntales de una «guerra económica», a causa de la escasez de alimentos y de medicamentos, en una sinuosa forma de evadir la responsabilidad de rendir cuentas, por eso no terminan de aclarar por qué se les asignaron recursos a empresas fantasmas y se favorecieron con asignaciones multimillonarias con base a sobrefacturaciones —según Jorge Giordani— los más de 20 mil millones de $ que se robaron en CADIVI. Tampoco zanjaba otra importante pregunta en el acontecer nacional: ¿por qué, si le preocupa la situación económica del país, siguen devaluando nuestra moneda? Y otra interrogante que sigue sin explicación convincente: ¿por qué, si les alarma tanto la soberanía nacional, siguen sometidos a las órdenes de los hermanos Castro desde Cuba?

Vemos que la historia no ha cambiado, los problemas se agudizan porque las causas que engendran esas variables económicas y sociales están intactas. Se continúa manejando el Banco Central y PDVSA como un «casino financiero». Después del «Dakazo» los estrategas del régimen han tratado de montar otra táctica que llegó a tener un experimento en la creación de un «Estado de excepción» en la frontera con Colombia. Se desencadenó una ruidosa confrontación que traspasó las fronteras de Colombia y las nuestras, se levantó una batahola en escenarios internacionales, y lo cierto es que siguen el contrabando, la escasez, la devaluación, la corrupción, el tráfico de drogas y las acciones delincuenciales que dejan escenarios sanguinolentos con su estela de secuestros, robos y asesinatos por encargo.

CARTA A MADURO

Frente a Nicolás Maduro siempre he sido claro, no simulo mis puntos de vista, propios de un luchador democrático que ha ejercido este oficio por décadas y que no le saca el cuerpo a la confrontación para dirimir diferencias. Por eso acudí a Miraflores ese 18 de diciembre de 2013 y dije lo que tenía que decir, no a título personal, sino en nombre de la unidad y de mis compañeros alcaldes preocupados por el destino de sus comunidades y la amenaza de desmantelar el proceso de descentralización.

Posteriormente, antes de una reunión que precipitadamente montaba el régimen con alcaldes y gobernadores de la que fui excluido, envié esta comunicación, que además hice pública el domingo 22 de febrero de 2014:

Caracas, 23 de febrero de 2014

Carta pública a Nicolás Maduro:

Le envío esta misiva pública como respuesta a los agravios que constantemente recibo de usted. La calle no se negocia. Mientras el régimen usurpe al Estado, manipulando las instituciones que están llamadas a defender a los ciudadanos, las luchas cívicas y pacíficas son un derecho legítimo a la defensa. En tal sentido, me permito las siguientes consideraciones:

1. No hay dos oposiciones, sino una alternativa democrática congregada en la Mesa de la Unidad, una institución en la que una parte muy importante del país ha confiado la conducción política de los últimos años. No es cierto que haya una porción de esa alternativa que pueda descalificarse como «neoliberal» y mucho menos cierto que otra parte pueda ser descalificada como fascista. Por esa misma razón es que no se puede aceptar un diálogo en el que pretenda hablar con nosotros como representantes de una parte y no como lo que somos, la expresión de la unidad del universo social que adversa una forma de ver la política en la que una mayoría contingente descalifica al resto del país.

2. La alternativa democrática tiene la obligación moral de ser la voz del pueblo. Y el pueblo quiere seguridad ciudadana, respeto por la ley, cese de la impunidad, una economía que trabaje para la prosperidad, libertades garantizadas sin condiciones ni restricciones, y detener cuanto antes el enfrentamiento y sus perversos fines. Esa es la agenda de la protesta. Los venezolanos queremos salidas a un régimen que se ha concentrado en cerrárselas y que prefiere reprimir antes que buscar alternativas al deterioro social, político y económico que vivimos todos por igual. La gente ha salido a la calle porque el régimen está negado a cualquier oportunidad de buscar soluciones, ha envilecido el parlamento y el resto de las instituciones del Estado han sido confiscadas por el sectarismo más atroz. Por eso un pueblo cívico no

negocia la calle desde donde lucha, porque las instituciones del Estado no lo defienden de los atropellos de los que somos víctimas.

3. El pueblo está diciendo no a aceptar un sistema político que no ofrezca condiciones mínimas para construir consensos. Tampoco acepta una democracia de fachada, con elecciones viciadas y poderes públicos que dejaron de trabajar para el ciudadano y que ahora es notorio que solo trabajan para imponernos una «revolución» sobre la cual tenemos dudas más que razonables sobre su viabilidad. En los últimos días el régimen ha demostrado que la factibilidad de la mentada «revolución socialista» solo es posible con el incremento de la represión y la exclusión social, y ha olvidado que la violencia solo reproduce la violencia. Que las manifestaciones públicas son parte de nuestros derechos ciudadanos y que la represión brutal de las mismas ha incrementado la indignación del país. El mundo mira con asombro cómo el gobierno prefiere la represión y el uso del terror de Estado antes que un llamado al diálogo sereno, confiable y productivo. El mundo mira con asombro cómo el régimen pretende aniquilar a quienes disienten de él cuando lo realmente democrático es parlamentar y dialogar.

4. Se ha llamado a un diálogo. Pero el diálogo no es un espectáculo. No puede formar parte de un teatro televisado del régimen. No puede formar parte de las relaciones desiguales y sectarias a las que nos tienen sometidos. No puede tener como intención la capitulación de la sociedad democrática. El diálogo debe tener la intención de construir un nuevo modelo de relaciones, inclusivas, productivas, serenas y que restauren la pretensión de que todos somos iguales ante la ley. Y que la ley no puede ser el mazo que aplaste, sino la palanca que mueva. El diálogo tiene una agenda de urgencias que se tienen que resolver satisfactoriamente, pero que debe tener como punto de partida el compromiso del régimen de entender que el país no acepta imposiciones, ni estamos para que el saldo sea que unos ganaron y que otros perdieron. Su Administración debe tener la disposición espiritual para abrirse a todas las posibilidades y entender que no es posible gobernar solo para una parte del país y obligar al resto a acatar las decisiones que toman y que anuncian como irreversibles.

5. El diálogo tiene una agenda de puntos urgentes que se deben atender:

a. Que no haya ni un solo preso político. ¡Que retornen los exiliados ya!

b. Que se libere inmediatamente a Leopoldo López y a Iván Simonovis.

c. Que cese de inmediato la persecución judicial contra nuestros estudiantes y se les exculpe de cualquier proceso judicial en curso.

d. Que empiece de inmediato el desarme supervisado de todos los colectivos paramilitares armados por el Gobierno.

e. Que se garanticen el fuero y la autonomía de los gobernadores y alcaldes electos y que se eliminen los gobiernos paralelos, al margen de la ley, que son solo una expresión más de la persecución política y la no aceptación de los resultados electorales.

f. Que haya una investigación supervisada por veedores independientes de los crímenes ocurridos en el transcurso de las manifestaciones de calle.

g. Rendición de cuentas de los dineros públicos distraídos irregularmente, especialmente los dólares entregados a través de CADIVI.

h. Garantizar el abastecimiento de alimentos, material médico-quirúrgico y medicinas, cuya escasez obliga a las familias venezolanas a padecer de múltiples penurias.

6. El diálogo es un proceso de aprendizaje. Supone un reconocimiento sereno de la diversidad y exige que nadie se sienta dueño de la verdad. El diálogo que exige Venezuela no puede ser un montaje con resultados preelaborados. Los venezolanos están cansados de una forma de hacer política en la que los que ganan, ganan siempre, y los que pierden, pierden siempre, aunque hayan ganado. Estamos dispuestos al diálogo constructivo, pero antes el régimen debe dar señales de que acata estas condiciones y está dispuesto a la construcción conjunta de una versión de la realidad en la que impere la justicia y rija la inclusión. Si no es así, el diálogo no lo es, y nos envilece a todos.

Escribo estas líneas en medio de los insultos e infamias que usted, Nicolás Maduro, suele utilizar para referirse a mi persona. Hay ocasiones en que «el insulto enaltece, según sea quien lo profiere, y el elogio desmerece y avergüenza».

Antonio Ledezma
Alcalde Metropolitano de Caracas

Quién provoca las protestas

Tarea delicada la de apaciguar muchedumbres,
porque hacer mucho puede ser tan
funesto como no hacer nada.

Thomas Carlyle

Los jefes de este régimen deben admitir, aunque sea en privado, que son ellos mismos los que provocan estas protestas que se desencadenan diariamente en todos los estados del país. Esa es la verdad, y deben aceptarla, aunque les duela. Porque si a eso nos atenemos, los que no deberían sufrir todos estos tormentos somos los venezolanos, víctimas de esta seguidilla de errores que nos mantiene en el propio limbo para no reiterar la descripción del abismo por donde nos ha lanzado esta locura gubernamental.

Son muchos años de improvisaciones, incapacidad y corrupción. Como bien ha dicho Pompeyo Márquez, «es un ciclo que se cierra, una etapa de años continuos de autoritarismo queriendo burlar la máxima constitucional que indica en su artículo 6, que "el gobierno de la República Bolivariana de Venezuela y de las entidades políticas que la componen, es y será siempre democrático, participativo, electivo, descentralizado, alternativo, responsable, pluralista y de mandatos revocables"». Con esta sentencia, declarada por Pompeyo Márquez, siempre nos ha alertado de ser consecuentes con nuestros valores y principios, que es de obligación moral encarar las intenciones continuistas del régimen cuya caracterización no da lugar a dudas, cuando constatamos la maniobra de querer imponer el modelo antidemocrático, llamado Plan de la Patria, denominando nuestro estado como socialista, fincándose en una llamada revolución que tampoco aparece referida en ningún artículo constitucional.

Cada vez que los capos del régimen se ven contra la pared, vuelven con el «temita» de las expropiaciones que solo han provocado la quiebra de empresas agrícolas y el cierre de miles de industrias, arrebatándoles, en consecuencia, sus empleos a millones de venezolanos. Confiscaron los centrales azucareros y ahora importamos más toneladas de azúcar; asaltaron las fincas ganaderas en la Costa Oriental del Lago, en el estado Zulia, y ahora producimos menos leche y desde luego importamos más carne de ganado vacuno.

Hay que activar la memoria para no olvidar todos los *shows* montados por este régimen —llevamos 22 años con esta puesta en escena— para invadir, violando las más elementales normas que garantizan el derecho de propiedad, fincas que estaban en plena producción de maíz, de sorgo y parcelas donde se cosechaba arroz en abundancia, o plátano, frutas y café, que ahora están en una situación deplorable. ¿Con qué cara les piden entonces a nuestros trabajadores del campo que no se quejen?

Los ganaderos y agricultores que han sido víctimas de estos asaltos han sufrido por años esta barbaridad, junto a sus familias, esperando que algún día se haga justicia. Entonces nos van a manipular con esa estrategia de acusarlos de «conspiradores». ¡Ya está bueno! Ya basta de tantas argucias desgastadas. Por eso el régimen «siembra» falsas pruebas para acusar a los jóvenes que terminaron presos por supuestos ataques a los peloteros de la delegación cubana que fueron recibidos con el respeto que se merecen en el estado de Nueva Esparta.

Maduro pretende relacionar las protestas populares y pacíficas con la violencia que no está en el ánimo de quienes consideramos que nos asiste todo el derecho del mundo a decir la verdad de todo cuanto acontece en este momento en nuestro país. Los estudiantes protestan porque les cuesta un mundo conseguir cupo en una universidad, los jóvenes en general reclaman mejores oportunidades de trabajo, de educación, de seguridad. Los venezolanos no soportamos «llevar la cruz» cuando se nos tilda de «acaparadores domésticos», o que se nos pretenda hacer ver que fuimos los venezolanos —raspando una tarjeta bancaria— los que despalillamos la colosal fortuna de miles de millones de dólares procesados en las oficinas de CADIVI. La verdad que se pretende desvirtuar es que en estos 22 años de narcotiranía se han despilfarrado miles de millones de dólares, a la par que otros miles se los han robado y otra porción, no menos significativa, la han dispuesto para financiar las operaciones del Foro de São Paulo.

CALLE Y DIÁLOGO

La idea de dialogar no está reñida con la lucha cívica de calle que lleva adelante el pueblo venezolano. Además, es una vía que permite el encuentro de diferentes sectores y dirigentes de la vida nacional para que el diálogo no se reduzca a las cúpulas o cogollos, sino que tenga como protagonistas a los mismos ciudadanos que interactúan buscando soluciones a los problemas del país.

Como lo hemos reiterado, especialmente los líderes estudiantiles, se puede dialogar y protestar cívicamente al mismo tiempo. También es una artificial conjetura decir que la lucha no tiene contenido, una manera sibilina de expresar que todos estos esfuerzos no apuntan a objetivos ni obedecen a la búsqueda de salidas y soluciones a la crisis múltiple que sufre nuestro país. El régimen miente descaradamente cuando dice que «la oposición se niega a dialogar». ¡Mentira, falso de toda falsedad! Basta con recordar, otra vez, que el pasado 18 de diciembre de 2013 acudimos a Miraflores más 50 alcaldes y allí expusimos, en nombre de la Venezuela democrática, nuestras razones para cuestionar las políticas de Nicolás Maduro.

Es suficiente con acordarse de que solicitamos la magnánima liberación de Iván Simonovis y de las docenas de presos políticos y la facilitación del retorno de los exiliados, además de propuestas muy concretas para darle viabilidad a la gobernanza del país. La respuesta ha sido con insultos, burlas y ataques para descalificar las vocerías de la alternativa democrática. Posteriormente a esa fecha se produjo un encuentro con gobernadores, exactamente el día 8 de enero del año 2014, y ¿qué pasó? La misma receta: la arrogancia de Maduro. Porque ellos no reconocen que la mayoría del país no acepta ese modelo identificado con la intervención cubana, porque la ciudadanía no se resigna a que sigan regalando nuestro petróleo, mientras se preparan para aumentar el precio de la gasolina y la gente anda zanqueando harina, arroz, leche o papel sanitario. Esa es la triste realidad. ¿Y qué quiere Maduro?, ¿que los venezolanos nos reventemos aguantando, soportando esta barbaridad? ¿De cuándo acá este pueblo es sumiso y lo imaginan resignado ante semejante descalabro? ¡Están equivocados de banda a banda! Venezuela está en la calle, con sus estudiantes en la vanguardia, alzando banderas de libertad, de justicia y soñando con el país que realmente nos merecemos. Eso es lo que verdaderamente nos une, luchar por la Venezuela con mejores oportunidades para todos los ciudadanos.

La comida que no se consigue, la luz que se le va de repente y a cada rato en su casa, la medicina que desapareció de las farmacias son resultado del atraco que se ha cometido contra la riqueza del país. Este modelo político y económico fracasó, lo comprueba la propia ciudadanía, tal como lo declaró a los medios Jorge Camperos, vecino de la parroquia Altagracia, mostrando fotografías de abastos del mismísimo centro de Caracas, a pocas cuadras del palacio de Miraflores, asegurando además que «los Consejos Comunales entregan números dirigiendo la distribución de alimentos, pasando por encima de comerciantes y vecinos que quieren comprar comida». Está cada día más claro que con tanques de guerra y fusiles no se le gana a la inflación, ni mucho menos al desabastecimiento. El pueblo tiene manos arriba a este gobierno hambreador.

Pero Maduro se defiende con su artillería mediática, que es inmensa, apabullante, y al mismo tiempo siguen desarrollando lo que ellos llaman «gobierno de calle», para lo cual montan todo tipo de tinglados desde donde proclaman «las grandes victorias de la revolución». No cesan en echar sus cuentos, sus propias historias, esas que van amoldando a sus intereses y que pretenden venderle como barajas de béisbol a nuestros muchachos, pero no con las figuras de nuestros peloteros, sino con el rostro maquillado de una revolución,

133

con la aviesa intención de ocultar sus verdaderas pretensiones.

¡Hay que ver la millonada que se gastan en cada uno de esos saraos! Sumarían miles de millones en costos de tarimas, en sonidos, gorras, franelas, pancartas, pendones, expendios de transporte y logística para la elemental alimentación e hidratación de las personas que acarrean de un extremo a otro del país. Eso sin contar la «bagatela» que representa la ruidosa campaña publicitaria que busca trastocar las mentiras en verdades revolucionarias. Se la pasan haciendo sus actos de calle, hasta ahora piensan que han logrado distraer la atención de la gente en focos «convenientes» que no les permiten ver las causas reales del desabastecimiento, de la escasez, de la devaluación de la moneda o para que la gente, obnubilada, no detecte la verdadera catadura de los culpables del latrocinio que desaparecieron miles de millones de dólares en las oficinas de CADIVI. No, para Maduro es posible lograr que la ciudadanía admita su culpabilidad, confesando en la calle, pero eso sí, solo y nada más que desde las tarimas que monta el Gobierno en la calle.

La gente debe declararse culpable de acaparamiento, así mismo, como lo leen. Culpables por comprar harina, papel Toalé, café y azúcar. También culpable de «raspar las tarjetas de crédito» y provocar la devaluación y además por calumniar a esas «inocentes criaturas» que manejaron CADIVI a sus anchas. Pero además, cuando un ciudadano pretende participar en actos de calles diferentes a estos —a los que organiza el propio régimen— corre el riesgo de ser acusado de culpabilidad por instigar a delinquir. Por agitador, pues. La protesta es parte de la hegemonía de la revolución. Controlan los medios, controlan las policías, controlan los tribunales, controlan las divisas, y también controlan la calle y desde allí controlan la protesta. Si algo hemos hecho los venezolanos es tratar de encontrar soluciones pacíficas a la tragedia que padecemos, por eso se han agotado esfuerzos en más de 12 diálogos, como los escenificados en República Dominicana, o los promovidos por el Vaticano en el 2016 y 2017, respectivamente, o los que se consumaron en Oslo y en

Barbados en el año 2019 o en el más reciente diálogo montado en México, en septiembre de 2021, del cual el régimen entra y sale como le venga en ganas, evidenciando que no es por esa ruta como realmente será posible desembarazarnos de esa tremenda conflictividad que asfixia a los venezolanos.

CAPÍTULO 10
El Día de la Juventud

Los deseos del joven muestran las futuras virtudes del hombre.

Cicerón

Siempre he mantenido una inclinación unitarista. Y la sigo conservando. Creo que la unidad es esencial para avanzar en el terreno electoral, indispensable para que se desarrolle la transición fáctica que se nos presenta al borde de cada institución del Estado, y fundamental para trajinar esos derroteros en los que hay que sumar fuerza y talento para sacar adelante al país de estas ruinas en que está postrado. Cuando conversamos Leopoldo y María Corina junto con los estudiantes representados, entre otros, por Juan Requesens —en ese momento presidente de la Federación de Estudiantes de la UCV—, sobre el acto del 2 de febrero en la Plaza Brion de Chacaíto, convinimos en apuntalar la unidad, pero con contenido y definidos propósitos. Estimábamos que la unidad no debería reducirse a la unidad electoral. Era indispensable una unidad estratégica con mucha organización, disciplina y coherencia. También advertíamos, entonces, la imperiosa necesidad de cuidarnos de los infiltrados del régimen que, temiendo a la poderosa fuerza que trae consigo la unidad, buscarían inocular veneno divisionista en nuestro seno. Lo lograron a partir del año 2016 desarrollando una política de penetración que estalló con la creación de la figura vergonzosa de «los alacranes», mote para definir a los tránsfugas que de la oposición pasaron a ser aliados serviles del régimen de Maduro.

Esa conversación se dio en tres tandas en el cafetín de la clínica Urológico de San Román, porque tenía a Mitzy convaleciente de una enfermedad que superó satisfactoriamente. Mis condiciones a manera de consejo fueron admitidas sin remilgo alguno y, en efecto, en ese acto, celebrado con un contagioso entusiasmo, se pronunciaron diversas intervenciones en las que se hacía énfasis en los graves problemas que azotan al país. Una de las conclusiones de la asamblea de ciudadanos —realizada en Plaza Brion el 2 de febrero de 2014— fue respaldar la iniciativa de los estudiantes por boca de Juan Requesens (actualmente preso en Caracas desde el mes de agosto de 2018), de convocar una manifestación para el próximo 12 de febrero con ocasión de celebrarse el Día de la Juventud. Ese debate se llevó al seno de la Mesa de Unidad Democrática del año 2014; fueron varias horas de discusión. Al final la unidad asumió como suyo el evento dejando la responsabilidad de tramitar los permisos y de definir la ruta a los estudiantes, tal cual como se hizo.

Mientras se especulaba sobre una fractura del eje unitario, más bien el equipo central aprobaba documentos fijando posiciones que aglutinaban distintos pareceres, era lógico que brotaran contradicciones en el seno de un ente plural, donde cohabitan partidos con líderes que tienen diametrales enfoques o interpretaciones de los fenómenos políticos, económicos y sociales del país. Eso era lo que en la vida real nos colocaba como la antítesis del partido único, monolítico, jefaturado por caudillos, donde disentir es causa de execración.

La marcha del 12 de febrero se realizó pacíficamente, hasta que fue desatada la violencia una vez que asesinaron a Bassil Da Costa, a Juan Montoya y posteriormente, en un sector de Chacao, al joven estudiante Roberto Redman. En ese evento hicieron acto de presencia todos los líderes de la MUD. Después dictan las medidas de privación de la libertad de Leopoldo, Carlos Veccio, Fernando Gerbasi e Iván Carratu. La MUD se reúne en las oficinas del partido Un Nuevo Tiempo y, después de varias horas de debate, se acuerda organizar una concentración en Parque Cristal, en la Av. Francisco de Miranda, para el domingo 16 de febrero. La participación de la gente fue masiva y todo se desarrolló con absoluta paz. Mientras tanto, Leopoldo seguía en la clandestinidad. Lilian Tintori me había pedido en su nombre que, en la concentración del domingo 16 en Parque Cristal, anunciara que «Leopoldo se entregaría el martes 18 de febrero»; quedamos en que solo informaría que Leopoldo no se marcharía de Venezuela y que en las próximas horas daría la cara a la embestida dictatorial. Estimé que no era recomendable dar precisiones de día y hora; en este tipo de circunstancias «la dinámica mueve las velas de la embarcación» y se termina recalando en una posición distinta a la que se espera de la brújula que se muestra.

El martes 18 de febrero, a partir de las 8 a. m., nos volvimos a encontrar en la oficina de Henrique Capriles en Bello Monte. Se hizo un debate en el que se vertieron aprehensiones, se destaparon conjeturas y, con cada intervención de los dirigentes presentes, se fueron desatando los nudos de las interrogantes que despertaban suspicacias y sembraban incomodidades en nuestra relación. Ramón Guillermo Aveledo es un hombre muy organizado y disciplinado. Llevaba meticulosamente su agenda, todos los debates y cada una de las intervenciones eran asentadas en actas que llevaba rigurosamente José Miguel Cartaya. Ese día Aveledo presentó un borrador de comunicado que entregaríamos a los medios y que fue corregido —cada quien, según sus argumentos, le quitaba o le agregaba al papel de trabajo— hasta que por fin se moldeó una cuartilla que recogía todos los puntos de vista sin que perdiera su esencia ni mucho menos la coherencia del mensaje. Mientras discutíamos nos llegaba información de que en las vías públicas adyacentes a Plaza Brión no cabía ni un alfiler. ¡Eso estaba a reventar!, sentenciaba Andrés Velázquez. Pasadas las 10 a. m. salimos juntos del edificio de Bello Monte y caminamos a confundirnos con la multitud en la Av. Francisco de Miranda; fue toda una temeridad franquear aquella multitud abigarrada y eufórica, dispuesta a todo. Un torbellino de comunicadores esperaba la versión de la MUD, que había sido encargada a Ramón Guillermo Aveledo, quien se limitó a leer el comunicado para que nada quedara sujeto a interpretaciones. Lo cierto es que nuestra presencia testimoniaba la solidaridad que no se le podía regatear a un compañero de luchas que estaba a pocos instantes de ser sometido a un linchamiento judicial, tal cual como lo confesó posteriormente el fiscal Franklin Nieves.

Continuaron las movilizaciones, se acordó celebrar un encuentro con rostro indubitable desde el punto de vista unitario, y me encargaron de organizar y difundir el evento, que se pautó para el sábado 22 de febrero en un sector del municipio Sucre, en La California. El formato se diseñó para que habláramos todos los voceros de la oposición que, al estar encadenados en la tarima, se proyectaba la sensación de que la estrategia de lucha de calle cívica y pacífica era asumida colectivamente. El acto resultó una concentración gigantesca, sin alteraciones del orden público. Miles de personas se retiraron sosegadamente con un mensaje trasmitido por todos en el sentido de que las protestas tenían que ser pacíficas, que la violencia era fruto de las provocaciones del régimen, que buscaba de alguna manera justificar la brutal represión que habían desatado desde los primeros días de enero del año 2014 y que fueron el detonante de las manifestaciones estudiantiles en los estados Táchira, Mérida y Nueva Esparta.

Una anécdota. El viernes habíamos convocado una rueda de prensa para dar detalles de las rutas y características del acto unitario del día siguiente. La cita con los periodistas se había acordado a las 11 a. m. en la sede de lo que fue mi comando de campaña para la reelección como alcalde metropolitano situado en Las Palmas, Municipio Libertador. Cuando estábamos listos para iniciar la presentación de los mapas con las rutas y puntos de concentración de cada una de las marchas previstas a los medios, me pasan una llamada del vicepresidente de la República Jorge Arreaza; al principio temí que fuera un «mamador de gallo», aunque lo natural es que este tipo de conversaciones se produzcan entre autoridades con responsabilidades significativas, en este régimen es una excepción, una rareza que un alto funcionario se comunique con otro, pero de la oposición. Atendí la llamada, en efecto era el vicepresidente, quien, cumplido un áspero saludo, se limitó a decirme que «tenía un mensaje del presidente Maduro para mí».

—Ajá, dígame, ¿cuál es el mensaje?

—¡Bueno, que tiene que redoblar su seguridad porque tenemos informaciones de que lo quieren asesinar, le van a hacer un atentado!

—¿Quién? ¿El gobierno? —le dije.

—No, cómo va a pensar eso, se trata de los paramilitares, los mismos que tenían planeado matar a Leopoldo López.

Después me enteré de que la misma llamada se había reciclado porque igual advertencia le hicieron a Ramón Guillermo Aveledo, a Julio Borges, a Henry Ramos, a María Corina Machado y otros más. Lo cierto es que se fueron cumpliendo varias actividades monitoreadas por la MUD, con diferencias, no hay por qué negarlas, la diversidad siempre la siento como una fortaleza más que como una debilidad, a menos que desemboquemos en la intolerancia o tozudez. En el transcurso de los meses de marzo y abril se concretaron una seguidilla de movilizaciones avaladas por la unidad, y al mismo tiempo se buscaba un esquema que nos permitiera hacerle ajustes a su estructura para dinamizarla, hacerla más compenetrada con las regiones y abrir sus puertas para favorecer nuevas incorporaciones. Lo fundamental era contar con una estrategia compartida para evitar las dobles agendas, una organización que fuera capaz de canalizar las angustias de la ciudadanía y formular un proyecto concreto de país que permitiera revelar que no estábamos improvisando ni jugando con la crisis para ver qué pasaba y dejarnos sorprender por hechos fortuitos, sino que éramos capaces de garantizar la conducción de un movimiento político y social de las dimensiones de la gente que nos veía como una alternativa frente al cada día más fracasado régimen madurista.

La salida ¿cúal es?

En los tiempos de crisis, solo la imaginación
es más importante que el conocimiento.

Albert Einstein

Las protestas que comenzaron en los estados Táchira, Mérida y Nueva Esparta se expandieron por todo el territorio nacional. La marcha protagonizada en Caracas el 12 de febrero, movilización que fue acompañada por miles de personas solidarias con los estudiantes, impactó a todo el país y fue noticia de primera página en los medios de todo el mundo. Esas fotografías no solo mostraban la multitud que colmó las calles de la capital venezolana, también, desgraciadamente, los cuerpos sin vida de tres ciudadanos asesinados una vez que se había cumplido el objetivo anunciado por Juan Requesens, presidente de La Federación de Centros de la Universidad Central de Venezuela.

La marcha había comenzado y terminado en santa paz, pero factores que perseguían otros fines incendiaron la zona para desnaturalizar el carácter pacífico con que había sido desde un principio concebida. Las razones de esas protestas ya han sido articuladas en páginas anteriores, motivos que seguiremos consolidando, agregando a este trabajo de investigación muchos testimonios y evidencias. Nunca esta jornada estudiantil fue un salto al vacío, ni sobre la mesa se colocaron cartas marcadas ni se escondieron naipes, porque sencillamente no había ningún juego siniestro, tal como perversamente han querido presentarlo los equipos policiales del régimen. La ruta siempre era constitucional, legal, pacífica. Así lo proclamaban los estudiantes, maduramente conscientes de que la salida hacia el progreso, de cualquier país del mundo, está en su respectiva Constitución Nacional. No hay que estar inventando, ni pretextar simulaciones para esquivar el verdadero argumento que nos permite defender el camino a seguir para no perdernos en refriegas que solo oscurecen el derrotero. Si Maduro cumpliera la Constitución, si la respetara, si la acatara, no estaríamos en medio de esta crisis institucional, que se origina cuando los que tienen la responsabilidad primaria de dar el ejemplo, observando las leyes vigentes de la república, lo que hacen es pisotearlas y utilizarlas como mejor les venga en ganas.

Esa es la verdadera e inocultable razón o causa principal de los problemas que tenemos en el país. Querer imponer un modelo de régimen que, contrario el espíritu democrático de los venezolanos, se convierte en motivación con suficiente combustible para encender las protestas que están en plenas calles del país. Los ciudadanos que sabemos dónde estamos parados con relación a la búsqueda de la salida al desbarajuste que vivimos los venezolanos, no nos dejamos imponer una falsa historia, pues bien concluimos que los problemas económicos y sociales, como la devaluación, inflación, déficit fiscal, deuda externa, etc., se agudizan cuando este régimen hace lo que se le ocurre, aplicando cuanto plan le pasa por la cabeza, sin reparar en el daño que todos esos «inventos» van a derivar en males que a la postre, termina pagando el ciudadano de a pie. Como ejemplo le muestro lo que han hecho con el Banco Central de Venezuela, venido a menos como una «caja chica» de los operadores del régimen. O miremos lo que ha quedado de PDVSA, una empresa de prestigio internacional, reducida a un aparato «rojo, rojito» que produce menos petróleo, con una nómina casi cuadruplicada si la comparamos con el número de trabajadores que tenía para finales de 1998.

La situación económica y social del país es cada día más delicada. Así lo reconocen y manifiestan la inmensa mayoría de los venezolanos, los que viven en las zonas rurales, en las áreas urbanas, los que se acuestan y levantan en las urbanizaciones de clase media alta, intermedia y baja; igual los que sobrellevan la vida en medio de grandes penurias en los barrios más humildes del país. Los que tienen que valerse de lo que sea menester para conseguir una bombona de gas doméstico, los que tienen que cuidar, arriesgando sus vidas, para proteger la vida de sus muchachos acechados por la delincuencia, los que tienen que hacer magia para estirar los pocos recursos que tienen para comprar la comida y costear los estudios de sus hijos, en definitiva, mujeres y hombres que se levantan y se acuestan en medio de un ajetreo que les desgarra el alma. Así es la vida de los venezolanos.

Esos venezolanos a los que se insulta cuando se les reduce a títeres de políticos manipuladores, que a su vez siguen instrucciones de factores extranjeros para que se perturbe el orden interno. Porque cada vez que los voceros del régimen esgrimen ese argumento para descalificar las protestas iniciadas a principio del año 2014, la gente que habita en los sectores más populares del país y las familias que circundan las urbanizaciones se preguntan: «¿Y la falta de agua potable, esta sequía que nos mata, los apagones, la escasez de alimentos, la inseguridad que nos azota, no son razones más que suficientes para que salgamos a protestar pacíficamente?». ¡Desde luego que sí lo son! Es más, en todos los sondeos de opinión pública así se corrobora. La inmensa mayoría de los venezolanos auscultados responden que están inconformes con la situación del país; hasta ciudadanos relacionados con el PSUV afloran su malestar y responsabilizan directamente a Nicolás Maduro de su desencanto.

Estamos leyendo en las más recientes encuestas de cobertura nacional, las razones de la gente para protestar, para quejarse, para acompañar a los estudiantes en esta lucha que sobrevive a la persecución más feroz que se haya aplicado en Venezuela en las últimas décadas. Una represión brutal, ejecutada por grupos parapoliciales comprometidos con el actual régimen, sirviendo de brazo de apoyo a los efectivos militares que se exponen a ser denunciados como autores de crímenes de lesa humanidad, delitos que, como se sabe, no prescriben, menos ahora que se ha instituido el Tribunal Penal Internacional. Y ya son varios los dictámenes de organismos internacionales como los que trabajan para la Organización de Naciones Unidas, ONU, y para la CIDH de la OEA, que califican de arbitrarias las detenciones de decenas de ciudadanos venezolanos y concluyen que tanto Maduro como los integrantes del equipo de mando a su orden son responsables de perpetrar crímenes de lesa humanidad.

El 3 de septiembre de 2015 el Grupo de Trabajo Sobre Detenciones Arbitrarias del Consejo de Derechos Humanos de Las Naciones Unidas presentó un informe en el cual se decidió: «Solicitar la inmediata liberación de Antonio Ledezma y que se le otorgue una reparación justa, integral y adecuada, conforme a lo dispuesto en el artículo 9.5 del Pacto Interamericano de Derechos Humanos y Políticos». También ese organismo tan calificado concluye en «identificar un patrón sistemático de detenciones arbitrarias en la República de Venezuela».

Sentencias similares se han dado a conocer en beneficio de Leopoldo López y de Daniel Ceballos, lamentablemente se da la paradoja de que un régimen que se ufana de ser miembro del Consejo de Seguridad de la ONU se da el tupe de burlarse y desconocer sus resoluciones.

Las voces agoreras que se dejaban escuchar para descalificar pragmáticamente las protestas diciendo que «Esa locura terminará beneficiando a Maduro», se han «caído de platanazo». Busquen las encuestas, pero además salgan y hablen con la ciudadanía en sus propios sectores donde tienen que bregar durísimo para salvarse del acecho del hampa, de los malandros que acosan a las muchachas para terminar en muchos casos abusando de niñas, asesinando a adolescentes, atracando a trabajadores, como acontece con los conductores de unidades de transporte que están hastiados de ser víctimas de la delincuencia. La gente sabe que la lucha de los estudiantes fue legítima, porque descubre las mentiras del actual régimen que manipuló la verdad para esconder en una trama denominada «Guerra Económica» el desastre en el que ha metido a Venezuela, tanto, que somos campeones mundiales en inflación y en inseguridad. La gente tiene pillado a este régimen que sigue con la campaña mentirosa por televisión vendiendo la figura del «bolívar fuerte» y resulta que nuestra moneda, y por ende nuestros salarios, no alcanzan para nada. Esa es la triste realidad. Comprar un aguacate es un lujo que pocos se pueden dar en este país que «nada en reservas de petróleo», pero con un pueblo que no se puede resignar a ver como Maduro regala lo que se necesita para garantizar la prosperidad de los ciudadanos. Este régimen, que se centra en demostrar que es muy poderoso en vez de entender que lo crucial y esencial sería que se esmerara para que los poderosos fuéramos los ciudadanos por la vía del crecimiento económico y el desarrollo humano; así se saca adelante un país, empoderando a la gente.

Pero la línea impuesta desde el alto poder del régimen es desarrollar una campaña para que la gente se resigne a ser pobre, admitiendo que ese sacrifico es una ofrenda a una revolución que lo utiliza como pieza de un ajedrez donde el pueblo vive una ilusoria sensación de venganza viendo cómo se destruye a los demás, pero sin la más mínima posibilidad de ganar.

«Con Chávez manda el pueblo». Con esa consigna le mostraban al pueblo las insignias de PDVSA mientras, tras bastidores, una macolla lleva adelante las operaciones que favorecen a élites que se atragantan de petrodólares a expensas de una empresa que había sido una estrella rutilante en el firmamento petrolero mundial y que ahora es una muestra de lo que no se debe hacer si no se quiere desmontar en pocos años lo que costó grandes esfuerzos e inversiones al Estado venezolano.

CAPÍTULO 11
Los delirios del poder

El sueño real era la forma de la realidad como felici-
dad, como paraíso. En el mismo movimiento la rea-
lidad se hacía delirio o sueño, pero el sueño también
se hacía sueño, y eso era el ángel, o la realidad.

César Aíra

Los gobernantes delirantes de poder llegan a caer en el falso
supuesto de que, cuando tengan la banda tricolor terciada
en el pecho, van a desaparecer los dolores de espalda, que
con el solo hecho de lucir ese símbolo inequívoco de poder
tendrán poderes taumatúrgicos y que serán inmunes a cualquier síntoma de enfermedad, incluida la chicungunya.
Igual como siempre han llegado a pensar muchos monarcas,
hasta que comprenden, como le ocurrió al Rey Juan Carlos
de Borbón que «la corona real no quita los dolores de cabeza
del rey».

Otra desviación que acusan los líderes que no saben
administrar el poder es que sienten que están ubicados en
atalayas distantes desde donde miran a sus gobernados esperando de estos la sumisión, acatando mansamente hasta sus
más estrafalarias decisiones. Se creen ubicados en el cielo
olvidando que, incluso, «en el trono más alto uno se sienta
sobre sus propias posaderas».

Lo que no pasa desapercibido

Los discursos, arengas y entrevistas de Nicolás Maduro se han convertido en atractivas no por su contenido, no por sus dotes intelectuales, por las citas de grandes autores o por las ocurrencias pimientosas al estilo del líder uruguayo «Pepe» Mujica, sino por las llamativas elucubraciones, teñidas de misticismos, que van desde sus encuentros con aves que le hablan porque tienen entre su plumaje el espíritu de un ser con el que se comunica, hasta las reiteradas denuncias de planes magnicidas. Lo cierto es que los traspiés acumulados por Maduro, en tan poco tiempo, lo exponen como un gobernante célebre, no por sus aciertos, sino por sus reincidentes desatinos. Esos dislates exponen al ridículo a Maduro y proyectan una mala imagen de nuestro país. Los venezolanos acusan pena ajena ante semejante degradación del ejercicio de la política a cargo de nulidades que desprestigian esas magistraturas, mientras las injusticias se agigantan en los estrados usurpados por personas ayunas de virtudes y vergüenzas.

Diálogo con el capitán

Para dialogar, preguntad primero; después..., escuchad.

Antonio Machado

CAPITÁN GARCÍA: ¿Buenas tardes, cómo están? Ustedes no se cansan de leer, porque se la pasan con esa libramentason entre las manos.

LEDEZMA: Mire, capitán, nosotros le damos sentido a nuestra vida en esta cárcel, aprendiendo todo lo que podemos acumular en conocimientos. Porque hasta en una cárcel se puede mejorar como persona, nos podemos superar, y eso depende del ánimo y del entusiasmo como asumamos estas circunstancias.

CAPITÁN: Mi coronel Miranda dice que ustedes abusan metiendo tantos libros en las celdas.

LEDEZMA: Su coronel no cambiará su manera de ser porque no se atreve a confrontar la realidad que les ocultan, o pretenden esconderles, a ustedes como soldados ciudadanos. Leer no es un delito, es un derecho, y aun siendo presos políticos tenemos que ejercerlo. Y lo hacemos como dice Daniel, con entusiasmo. Otra cosa, capitán, nos podrán quitar días de libertad, pero no nos dejaremos robar el tiempo para estudiar, y leer es estudiar.

DANIEL: Mire, capitán, nosotros partimos de reconocernos como personas nobles, de buenas intenciones y mejores sentimientos, por eso usted no nos verá ni amargados, ni deprimidos ni tristes, somos gente por naturaleza de buena fibra y por eso la alegría nos acompaña en este carcelazo. Todo lo que leemos representa un capital de aprendizaje, de conocimientos, que no es para pasar el tiempo, es para prepararnos y algún día llevarlos a la acción.

CAPITÁN: Bueno, mi comandante Maduro dice cosas muy importantes sin necesidad de estar leyendo tanto.

LEDEZMA: Sí, y nos da pena ajena que sean famosas, y las llaman las «maduradas». En línea con las famosas «evadas» de Evo Morales. Son personajes cuyas peroratas son esperadas, pero no tanto por su contenido político sino porque, se sabe, es muy probable que dejen alguna «tortica» para el libro de las declaraciones extravagantes o asombrosas.

CAPITÁN: Pero a veces hay que inventar, como dijo el gran maestro Simón Rodríguez.

LEDEZMA: Una cosa es ser creativo y otra hacer el ridículo, hoy somos el hazmerreír en muchas partes del mundo por las penosas ocurrencias de Maduro. Desde el momento en que asumió como presidente interino y comenzó a hacer campaña para posesionarse formalmente en ese cargo tras la muerte de Hugo Chávez, Nicolás Maduro demostró que su oratoria es bien distinta a la de su «padre político», un aspecto siempre destacado por amigos y rivales más allá de su contenido. Sin embargo, el actual mandatario pareció llevar el éxtasis y la firme creencia de complot a un extremo, sus historietas sobre unos eventuales magnicidas rayan en la exageración.

CAPITÁN: Pero él presentó unas pruebas que dicen que a mi comandante eterno lo mataron.

DANIEL: Es el cuento de la inoculación del cáncer. Recuerdo que cuando se conoció el deceso de Chávez, Maduro soltó esa teoría exclamando que «Fuerzas oscuras mataron al comandante». Desde luego que fue noticia, cualquiera logra titulares diciendo «que un niño mordió a un perro»; aquí la bomba era presentar la hipótesis de que algún gobierno extranjero había liquidado al expresidente venezolano. No obstante, capitán, la opinión pública internacional tramitó esa denuncia con escepticismo, pero el presidente reiteró la jugada tres meses después, cuando criticó el encuentro entre el presidente de Colombia, Juan Manuel Santos, y Henrique Capriles, quien estaba de gira buscando aliados que se sumaran a su denuncia de fraude en las elecciones que estaban en entredicho por menos de un dos por ciento contra Maduro.

LEOPOLDO: Maduro luego usó esa teoría para asegurar que también lo envenenarían, que su vida corría peligro porque se detectó a unos expertos con un veneno que tratarían de inoculárselo aquí en Venezuela. ¡Qué pena, capitán!

DANIEL: Una pregunta, capitán, ¿a usted alguna vez se le ha presentado un ave con un espíritu escondido en su plumaje, un ave, un pájaro que le hable?

CAPITÁN: Bueno a mí no, pero a mi comandante Maduro sí.

Él dijo que vivió la aparición de Chávez en forma de pajarito chiquitito.

LEDEZMA: Sí, lo recuerdo, eso lo dijo en su primer discurso de la campaña presidencial; casi un mes después de la muerte de Hugo Chávez, Maduro anunció que había tenido una revelación. Le relato lo que dijo ese día Maduro:
«Yo entré a una capilla chiquitica esta mañana (…). De repente entró un pajarito, chiquitico, y me dio tres vueltas acá arriba. Se paró en una viga de madera y empezó a silbar, un silbido bonito. Me lo quedé viendo y también le silbé. El pajarito me vio raro. Silbó un ratico, me dio una vuelta y se fue, y yo sentí el espíritu de él (Chávez). Lo sentí ahí como dándonos una bendición, diciéndonos: "Hoy arranca la batalla. Vayan a la victoria. Tienen nuestras bendiciones". Así lo sentí yo desde mi alma», explicó Maduro.

LEDEZMA: Se puede tener sentido del humor, pero otra cosa es ser risible. Uno puede hacer juegos imaginarios, hilvanar narrativas, escribir cuentos, novelas, inventar o crear personajes, incluso un animal que habla, un pescado que vuela o un pájaro que viva debajo del agua, pero de allí a presentar esa historia como real es mucho trecho. Por eso Maduro será cualquier cosa menos sabio, porque en esos casos los hombres verdaderamente sabios saben guardar silencio.

CAPITÁN: Pero alguna sabiduría debe tener porque se comenta que Maduro influyó para que nombraran a Jorge Bergoglio como papa…

LEDEZMA: Eso fue otra extravagancia de Maduro, decir que «La mano de Chávez influyó en la elección del papa». Dios elige a su representante en la Tierra cada vez que los cardenales electores se reúnen en cónclave para votar al jefe de la Iglesia católica. La gente pudiera creer en esas palabras si las acciones las reforzaran, recordemos que Chávez trató de influir en la designación de un monseñor como cardenal y no pudo. Bueno, eso es lo que se comenta en las capillas andinas.

CAPITÁN: Pero también mi comandante Maduro dijo que Cristo se hizo verdad en Chávez.

LEDEZMA: ¡Otra madurada más!, porque esa es una forma muy peculiar de hacer una exégesis del Evangelio. Esto fue lo que dijo: «Cristo redentor se hizo carne, se hizo nervio, se hizo verdad en Chávez», señaló desde el Cuartel de la Montaña, donde yacen los restos de Chávez.

CAPITÁN: También se dice que el espíritu de mi comandante Chávez se aparece en el túnel del metro.

DANIEL: ¡Esas son otras maduradas! No dejan descansar en paz a su comandante, capitán. Primero salió con la fábula de los pajaritos asegurando que se le aparecía para darle bendiciones y ahora con esa otra leyenda de que aparece en los túneles del metro. Nicolás Maduro publicó un dibujo muy poco claro, que para él era concluyente, y dijo: «Miren esta figura que les apareció a los trabajadores. Un rostro, ¿quién está en ese rostro? Una mirada, es la mirada de la patria que está en todos lados, inclusive en fenómenos que no tienen explicación».

LEDEZMA: Hemingway le diría a Maduro: «Se necesitan dos años para aprender a hablar y sesenta para aprender a callar». Es que cada día se equivoca más, son muy desafortunadas las peripecias lingüísticas de Maduro. Dígame cuando le coge por citar la Biblia y se precipita por esos barrancos de los errores tan lamentables. En un acto en agosto pasado, hizo reseña a un pasaje de las Santas Escrituras y dijo: «Buscaremos escuela por escuela, niño por niño, liceo por liceo, comunidad por comunidad, meternos allí, multiplicarnos, así como Cristo multiplicó los penes», deslizó. «Perdón, los peces y los panes, me perdonen la expresión», enmendó enseguida.

CAPITÁN: Un error lo tiene cualquiera.

LEDEZMA: No se trata en este caso de cualquiera, estamos hablando del presidente de la república que está obligado a dar el ejemplo, a ser el paradigma para todos los venezolanos. Los malos pensamientos conducen a esas equivocaciones que se convierten en ráfagas de noticias de alcance mundial y que dejan muy mal parado el nombre de Venezuela, capitán. La otra vez salió con los términos de «millones y millonas», como con la idea de que, usando esos términos, se dirige por igual a los hombres y a las mujeres. ¡Qué necedad! Esta es una de esas perlitas que soltó últimamente Maduro: «Tenemos una generación de oro brillando por el mundo. Hoy nuestro pueblo brilla en la política, en la cultura, en el deporte. Hoy tenemos millones y millonas de Bolívar», desencadenando instantáneamente una onda de carcajeos en las redes sociales.

DANIEL: ¿Y dónde me dejas lo de «libros y libras»?

LEDEZMA: Ustedes se imaginan a Newton preguntando por qué «fueron "millonas" las que vieron caer la manzana».

LEOPOLDO: Para gobernar bien a un país hay que hacerlo con seriedad, con sentido de responsabilidad, no jugando al azar ni tratando de esconder las dificultades que es incapaz de resolver, saliendo con disparates como eso de decir que «la inseguridad es culpa del hombre araña». Recordemos esto que dijo Maduro:

> «Al "socialismo del siglo XXI" le gusta tener enemigos claros: el principal es el imperio, pero también a algunas figuras claves del mismo. Un ejemplo es el del Hombre Araña, un personaje que, para Maduro, es cómplice de la "fábrica de antivalores" que fomenta la "violencia" entre los jóvenes de Venezuela».

LEDEZMA: Además de ser serio debe ser humanitario, sensible y no burlarse de los gobernados, como lo hace anunciando la creación del Viceministerio de la Suprema Felicidad. Así lo dio a conocer Maduro al país:

> «Decidí crear el despacho del viceministerio para la Suprema Felicidad Social y lo llamé así en honor a nuestro comandante Hugo Chávez y a Bolívar».

Así anunció a fines de octubre desde el Palacio de Miraflores, después de varios minutos de dudas sobre el verdadero nombre del departamento.

COROLARIO

Toda la prensa nacional e internacional se ocupó de semejante despropósito; con burlas a granel llegaron a calificarlo de «el orwelliano», nombre del viceministerio encargado de gestionar las misiones sociales.

CAPÍTULO 12

Las huellas que dejan los líderes

No se trata de una personalidad magnética, eso pue-
de ser solo facilidad de palabra. Tampoco de hacer
amigos o influir sobre las personas, eso es adulación.
El liderazgo es lograr que las miradas apunten más
alto, que la actuación de la gente alcance el están-
dar de su potencial y que la construcción de perso-
nalidades supere sus limitaciones personales.

Peter Drucker

Los líderes que han asumido responsabilidades en el mundo no han dependido de la buena suerte o de simples arreba-tos para llamar la atención, porque ser protagonista de un bochorno no deja buena estela, ni siembra semillas de honor que recogerán las nuevas generaciones de los países a los que esas mujeres u hombres trascendentales le han servido. Se lucha y se trabaja por causas justas, que se correspondan con los intereses de un país, de su pueblo, de sus razas, de sus creencias y sueños de mejor educación, salud y derechos a la libertad, y los efectos de las decisiones y de las palabras que pronuncie un líder o una gobernante marcarán su pro-pio destino, pero lo más importante, definirán, según cada caso, el futuro de sus respectivos pueblos.

Esto lo digo porque un gobernante no puede juguetear con la vergüenza de sus gobernados, someterlos al sarcasmo público, protagonizando distracciones que desmerecen del gentilicio del pueblo que representa. Lo que narramos anteriormente no fue con mala intención, no nos recreamos ni nos causa gracia enumerar «las maduradas» de Maduro, más bien deben ser un espejo para mirarnos todos y saber que cuando se incurre en semejantes errores, pagan con su historia los pueblos en cuyo nombre se mal procede. «Una cosa es usar el humor inteligente, la sutil ironía, que pueden ser muy útiles si se realizan con acierto y oportunidad». Pero otra cosa es la chabacanería.

Diferentes los casos de ilustres servidores que han jugado roles estelares en distintas etapas de estos últimos siglos; se esté de acuerdo o no con sus doctrinas, decisiones, o contenido de sus discursos, dejaron una impronta que aún goza de vigencia y son citados frecuentemente por ciudadanos de cualquier nación del planeta indiferentemente de su edad, raza o credo político o religioso. Es pasar a la posteridad con decoro, y hacer resplandecer en ese brillo de la pátina del tiempo los símbolos del país que supieron defender y representar.

Junto a Leopoldo y Daniel disfrutamos, una y otra vez, releyendo esos memorables discursos pronunciados por mujeres y hombres que con sus palabras «movieron multitudes». Por eso, con las palabras no se puede jugar, menos cuando, con una palabra, se termina gobernando bien o mal un país o provocando una confrontación o galvanizando la unidad de una sociedad.

Por casi dos meses leíamos diariamente alguno de los discursos y lo comentábamos en grupo. Porque se habla de las guerras, de las acciones en combate, del desplazamiento de los aviones o de los tanques o de los acorazados. Se cuenta cómo sacaban sus espadas los grandes gladiadores, pero junto a esas acciones cuentan también, y muchísimo, los discursos, las palabras, y en nombre de esos discursos muchos asumían el compromiso de luchar hasta morir o vivir para contar esas historias. Fueron los discursos cargados de planes, de sueños, de horizontes, de metas, de objetivos, de intrigas o de venganzas. Ese libro: *Los discursos del poder*, compilado por Sabino Fernández Campos, me lo regaló Daniel Ceballos la noche que salía de mi celda camino al centro de salud donde horas después sería sometido a una intervención quirúrgica.

El libro antes citado estaba de mano en mano, que es lo mismo decir «de celda en celda»; una mañana Daniel salió de su cautiverio comentando que la frase atribuida a Roosevelt «De nada debemos tener miedo, como no sea del miedo mismo», ya la había escrito, en 1851 en su diario, Henry David Thoreau. También citaba a Winston Churchill, quien, al concluir un discurso en la Cámara de los Comunes, dijo: «No tengo nada que ofrecer sino sangre, trabajo, sudor y lágrimas»; según Daniel, lo que recogía el libro de Eulalio Ferrer Rodríguez *Por el ancho mundo de la propaganda política* estaba inspirado en una arenga de Garibaldi a sus seguidores.

También explicaba en tono pedagógico Daniel que la frase que inmortalizó Kennedy cuando dijo: «No preguntes lo que el país puede hacer por ti, sino lo que tú puedes hacer por tu país», eso lo dijo primero Cicerón en el Senado romano, 63 años a. C.; así era Daniel de apasionado.

Otro día Leopoldo cerraba un debate en una tarde sacando del libro una sentencia atribuida a Demóstenes. Según este gran pensador «Las palabras que no van seguidas de los hechos no sirven más que para llevar la desilusión a quienes las escucharon o conocieron». Eso me permitió insistir en la necesidad de saber hacia dónde queremos ir, de tener ideas claras sobre los proyectos que queremos realizar como dirigentes políticos, que ya la gente está cansada de las peroratas y de las improvisaciones, que ya no dependen del buen sentido del humor o de la inteligencia de grandes oradores, sino de la irresponsabilidad con que algunos dirigentes pronuncian frases que nada tienen que ver con los hechos que se analizan ni con las acciones que se quieren impulsar y, por lo tanto, son retóricas fastidiosas, absolutamente divorciadas de la realidad que debemos analizar, como los que se meten en un laboratorio a inventar fórmulas para producir un medicamento que cure una enfermedad o para inventar métodos que impacten positivamente la productividad de un país.

Ya es hora de pasar la página en las que se escribían discursos agresivos que producían escenarios de agitación provocando remolinos en contextos donde más bien deberían desarrollarse debates que deriven en conclusiones atractivas para la ciudadanía que pretendemos dirigir. Hay un marcado déficit de inteligencia discursiva, hay gente que carece de profundidad, que no tiene contenidos atractivos a la hora de involucrarse en un debate y se refugia entonces en los gritos, tratando de superar las opiniones de su adversario con insultos o apelando a adjetivos agraviantes.

En el mismo libro que estamos comentando, citó Daniel a Aldoux Huxley, quien una vez dijo que: «Gracias a las palabras nos hemos elevado por encima de los animales, pero también por ellas nos hundimos frecuentemente al nivel de los demonios».

Las pocas veces que fuimos a reuniones con Nicolás Maduro, llegamos a pensar que más útiles eran las palabras que los garrotazos, que los balazos y que los insultos que proferían los grupos afectos al oficialismo, cuando sitiaban la sede del Parlamento Nacional haciendo muy incómodo desde luego el funcionamiento de los diputados que representan a la Unidad Nacional. Recuerdo que una tarde acudimos un grupo de gobernadores y alcaldes a consignar un documento al presidente de La Asamblea Nacional y fuimos rodeados por una turba enardecida que estuvo a punto de lincharnos ante la mirada indiferente de los funcionarios de la Guardia Nacional, que descaradamente abandonaron su rol institucional para depender solo de la «picada de ojo» que les hiciera el jefe de las bandas armadas. Las puertas que daban acceso al patio del Parlamento Venezolano nos fueron cerradas, y la memoria me dice que, entre otros, Henrique Capriles, César Pérez Vivas, Gerardo Blyde y yo quedamos a merced de una montonera que, como lo define anteriormente Huxley, «no entendía que las palabras nos pueden elevar por encima de los animales».

He recordado la reunión que hicimos los alcaldes y los gobernadores el 18 de diciembre del año 2013; todo parecía que estábamos muy lejos del nivel de los demonios, pero unas horas después de concluida la reunión, el régimen volvió a hundirse en el pantano de las descalificaciones, haciendo añicos las promesas de diálogo fecundo.

Quiero reiterar que ni Daniel ni Leopoldo ni yo, cuando recordábamos las anécdotas que involucran a Maduro, lo hacíamos para burlarnos de él; era como para aprender, como en las matemáticas que dos y dos son cuatro; me explico, para no incurrir nunca en esos mismos disparates, por eso nuestro interés en manosear el libro prologado por Sabino Fernández Campo era sacar lecciones de los grandes discursos, de esos que dejan impronta, de esos que entrelazan palabras para desentrañar un enigma, encontrar un camino y una salida a la crisis y demostrar que se pueden fijar posiciones, defender principios y adversar a tu contrincante sin bajar al fango asqueroso de la mal llamada política.

Un discurso impresionante, el de William Pitt Jr., que se convirtió en protagonista en la Cámara de los Comunes el 2 de abril de 1792, a cuyo seno habían llegado más de 500 peticiones exigiendo la supresión del «tráfico negrero», las intervenciones de Pitt, defendiendo con pasión que Inglaterra debía pronunciarse por la abolición al haber sido también la primera nación que había favorecido la trata en forma de esclavitud. La pieza de Pitt es conmovedora y, para sobresalir como lo logró, no apeló a las frases rocambolescas ni simuló ser adalid de los «afrodescendientes», ni mucho menos estimular la lucha de clases o de razas.

Quiero aclarar que el hecho de que citemos estos discursos estudiados y leídos, una y otra vez, no significa que Leopoldo, Daniel o yo estemos comprometidos con las ideas o con las tesis que según cada caso defendían en su momento. Lo que queremos subrayar es la profundidad y la sabiduría, es el contenido de las piezas oratorias pronunciadas.

Recuerdo que el miércoles 25 de febrero salimos de la misa que impartía el padre José Antonio de Conceicauo, leímos El Pan de la Palabra, que estaba referido a la conversión del ser humano, y al concluir la ceremonia uno de los detenidos nos dijo, «Yo vine a esto para matar el tiempo, pero este pueblo se jodió porque perdió la fe». Daniel y yo nos miramos las caras, Leopoldo no había asistido a la misa porque se encontraba «entigrado»; ambos, casi con un movimiento simultáneo, lo tomamos del brazo y lo invitamos a conversar en la antesala del salón donde se improvisaba el altar; casualmente, el día anterior, Daniel y yo habíamos discutido sobre el discurso de Juan Donoso Cortés pronunciado en Madrid el 4 de enero de 1849, allí Cortés dijo, «Por desgracia, señores, no he visto jamás a ningún pueblo que haya vuelto a la fe después de haberla perdido». Esa sola frase nos dio pie para iniciar un combate verbal, con el procesado pesimista, a quien le dijimos «una cosa es que cualquiera de nosotros se derrumbe anímicamente, a que nuestro pueblo pierda la fe», y le aseguramos que nosotros, que acabamos de llegar de la calle —apenas iba para 7 días detenido— estamos más que convencidos de que, si algo no había perdido Venezuela y su pueblo, era la fe.

Con la capitana Layded Salazar trajimos a nuestros días la destacada lucha por la reforma social de Sussan B. Anthony (Estados Unidos, 1873). Fue una fervorosa militante del abolicionismo, participó en el movimiento antialcohólico, se batió por los derechos de las minorías, fundamentalmente por el de las mujeres, trabajando para la sociedad antiesclavista americana. Arriesgó su vida cuestionando la violencia contra la población negra, reclamando el derecho para que estos ejercieran el sufragio. Fundó la Asociación Nacional para el Voto Femenino y logró que la quinta enmienda recogiera el voto de los esclavos recién liberados, pero no el de las mujeres, con independencia del color de su piel. Esa mujer luchó por ideales, no era una fanática, no seguía un caudillo, para llegar a un cargo nunca llegó a decir la extravagancia de que «Los dedos del presidente de turno son los dedos del pueblo».

Una tarde, Leopoldo y Daniel me pidieron que leyera el discurso de José Martí pronunciado en Tampa el 26 de noviembre de 1891. Eso nos tomó casi una hora, allí apreciamos la capacidad poética de Martí, su inclinación lírica, era un hombre pacifista, por eso decía «Yo abrazo a todos los que saben amar. Yo traigo la estrella y traigo la paloma en mi corazón». Hablando de Martí esa tarde, el teniente que cumplía la tarea de vigilarnos las 24 horas del día se atrevió a comentar en forma de pregunta: «¿Y ahora ustedes son comunistas?». Era evidente, en la interrogación del funcionario de Inteligencia Militar, el simplismo cuando concluía que, si hablábamos de Martí, «éramos comunistas», porque quizás para él, erradamente, las ideas de Martí inspiraban el comunismo.

Otro personaje maravilloso que no pudimos dejar de analizar fue Mahatma Gandhi, el propulsor de la teoría de la Resistencia Pacífica, el guía espiritual de los hindúes, «El Alma Grande», como le bautizara Tagore. Gandhi fue un héroe gracias a sus discursos y a sus acciones, fue un hombre espiritualista, insistía en la lucha pacífica, resaltando que «Ningún grupo le garantizaría la libertad a un pueblo que sea incapaz de conseguirla por sus propios medios».

En el comedor Rómulo Betancourt, uno de los puntos que no faltaban en la pizarra era el de la resistencia pacífica; a mí me correspondió hacer una huelga de hambre en el mes de julio de 2009; recientemente la hicieron también, Leopoldo y Daniel y un grupo de estudiantes. Eso es resistencia pacífica; en todas las marchas en las que hemos participado, nunca se nos ha detenido portando un arma de fuego. Cuando Gandhi enfrentaba al Gobierno británico, que quería obligar a su pueblo a censarse en un registro, no lo hizo ni insultando ni provocando confrontaciones, como lamentablemente lo han venido haciendo en estos últimos años los jefes del aparato represivo del régimen. Sería impensable colocar en el vocabulario de Gandhi «hay que echar gas del bueno».

Otro discurso que disfrutamos a plenitud fue el pronunciado por Miguel de Unamuno sobre las lenguas hispánicas y la oficialidad del castellano. Allí habló Unamuno de la multitud de dialectos y de todas las lenguas que seguían vivas a pesar del transcurrir de los tiempos. Qué diría Unamuno cuando Maduro nos pone en el disparadero de hablar de «periodistas y periodistos»? ¿Cómo hubiese defendido Unamuno, en un eventual discurso suyo, esta nueva creación gramatical de Maduro cuando habla de «millones y millonas» o «libros y libras»? Sin comentarios.

Inevitable no analizar a Adolfo Hitler. Habíamos comenzado en la Cárcel de Ramo Verde a estudiar la biografía que de él hizo Joachin Fest. Es un libro de 1231 páginas que era necesario contrastar con otra biografía, ineludible para unos dirigentes políticos como nosotros; me refiero a la de Winston Churchill. Según algunos críticos, la mejor biografía sobre él es la escrita por Roy Jenkins, con más de 900 páginas, y se trataba de una lectura que ameritaba tiempo, si de verdad queríamos quedarnos con datos específicos sobre cada uno de los personajes investigados, pero como hablamos del compendio de Sabino Fernández, le correspondió a Daniel presentar las conclusiones del discurso de Hitler pronunciado en Düsseldorf, el 27 de enero de 1932; fue en ese discurso, según relata Daniel, cuando Hitler manipuló con un discurso medido, certero y políticamente bien articulado, a los empresarios; y todo con el objetivo pragmático de conseguir financiamiento con su poder de convicción. Hitler consiguió persuadir a un auditorio silenciado por su verborrea, de esa manera el partido nazi y sus huestes acudieron a la campaña electoral en condiciones muy favorables. Cualquier similitud con lo que ocurrió en Venezuela desde 1992 la dejamos a criterio de quienes leerán este relato.

Los tres somos admiradores de Winston Churchill, los servicios de este estadista a la humanidad no los borrará el tiempo, fue visionario. Estando en Zúrich el 19 de septiembre de 1946, propuso la necesidad de construir una especie de Estados Unidos de Europa; insistía en que era necesario crear la familia europea, eso que todavía está en discusión cuando oímos los criterios de líderes populistas como Pablo Iglesias o Monedero en España o las andanzas contradictorias del actual ex primer ministro de Grecia, Alexis Psipras. Cuando leímos este discurso de Churchill traje a colación uno de los últimos trabajos de Felipe González en el que cita una anécdota que se desprende de lo que hace unos años le oyó decir a Henry Kissinger:

«Sí, se habla mucho de Europa, pero ¿me quieren decir a qué teléfono hay que llamar para que se ponga Europa? Porque yo sé a qué teléfono hay que llamar para que se ponga

Alemania, o Francia o Gran Bretaña». Le faltó decir que para hablar con Estados Unidos solo basta con hacer repicar un solo teléfono en La Casa Blanca.

Juan Pablo II fue un extraordinario líder religioso; los tres, Leopoldo, Daniel y yo, somos católicos, pero admito que de los tres el que más se dedicaba a la lectura religiosa, porque es un ser muy espiritual, era Daniel, y si algún mensaje teníamos presente en la celda, en la requisa, en los traslados, en las noches de insomnio, era el de «No tengáis miedo de recibir a Cristo y de aceptar su potestad».

Simón Bolívar estaba en todos nuestro debates, tanto cuando analizamos los documentos producidos por Miranda en 1795 o los movimiento de Gual y España en 1797, como el antecedente más importante del movimiento de independencia de Venezuela —que se inicia en 1810 en los alzamientos de los peones de haciendas en Río Caribe, Cariaco, Cumana y Carúpano, la sublevación de Maracaibo, que encabezó Francisco Javier Pírela aliado con los hermanos haitianos Juan y Agustín Gaspar Bocé—; de sus viajes, de su retorno y de la llegada a Venezuela de Humboldt y Bompland cuando el país no llegaba a 780 mil habitantes; de las primeras invasiones que alentó el Generalísimo en 1806 y en la significación del tricolor colombiano que creó. Se hablaba tanto más de Bolívar después del 19 de abril de 1810 y del 5 de julio de 1811, de su viaje a Londres junto a López Méndez y Andrés Bello. Del significado de la Sociedad Patriótica y del papel que allí jugó al lado de Coto Paul, José Félix Ribas, García de Sena, Muñoz Tebas, Espejo, Salías, Soublette, Miguel José Sanz y Yánez.

Las lecturas de los discursos que comentamos no solo eran un deleite, nos las habíamos impuesto como una tarea. Así analizamos la Campaña Internacional adelantada contra el desarme atómico por Albert Einstein que, como judío, participó activamente en la defensa del sionismo y, en 1948, y cuando se proclamó el Estado de Israel, declinó asumir la presidencia del nuevo Estado judío. No había duda de que las bombas de Hiroshima y Nagasaki habían provocado un giro en la conducta política de tan destacado científico.

Para comprender el mundo que nació después de la fracasada Revolución Cultural de Mao Tsé-Tung nos detuvimos en las diez grandes líneas de su programa, que establecían las bases para la edificación del socialismo. Mao buscaba establecer una economía revolucionaria que borrara todo signo de desigualdades existentes entre el campo y la ciudad, entre la industria y la agricultura, en un país geográficamente muy grande. Más allá de sus equivocaciones, cuando introdujo el liderazgo de masas, el principio de conciliación con los intelectuales y la defensa del crecimiento del poder económico del campesinado, el discurso pronunciado por Mao Tsé-Tung en Pekín el 25 de abril de 1956 es de obligatoria lectura, como lo fue también el sublime, maravilloso y memorable discurso de Martin Luther King «Tengo un sueño», pronunciado el 23 de agosto de 1963 en el Lincoln Memorial en Washington. Ese discurso ya nos los habíamos leído una y otra vez; leerlo era imaginarnos o soñar que estábamos en ese tiempo metidos entre las más de doscientas cincuenta mil personas que fueron a escuchar a aquel líder de 39 años que posteriormente fue asesinado.

Como hemos dicho, hay discursos en los que se dan buenas o malas noticias, cuando se trata del segundo caso, hay que tener no solamente coraje, temple, sino también mucha capacidad, y eso fue lo que demostró Robert Kennedy el 4 de abril de 1968 en Indianápolis, cuando le correspondió anunciar que Martin Luther King había sido asesinado y dio la noticia ante un público que desconocía el suceso; pero lo que vale la pena destacar es que se trataba de una asamblea integrada por representantes de la comunidad negra.

Los Kennedy se destacaban por ser buenos oradores; el expresidente John F. Kennedy era muy hábil para construir frases que interpretaban momentos y circunstancias y quedaron para la posteridad, como cuando dijo el 26 de junio de 1963 en Berlín Oeste que «Hay mucha gente en el mundo que realmente no entiende, o dice no entender, cuál es la gran diferencia entre el mundo libre y el mundo comunista. Vengan entonces a Berlín».

Pero el libro que término siendo nuestra almohada en

nuestras respectivas celdas era el de Mandela, la biografía que estaba circulando. Desde luego que no dejamos de revisar en el trabajo prologado por Sabino Fernández Campo las premoniciones de Nelson Mandela cuando habló de sus temores más grandes en Sudáfrica el 10 de mayo de 1994; era la etapa en la que Nelson Mandela se incorporaba al Congreso Nacional Africano y cumplía con la encomienda de divulgar la campaña del desafío a las leyes injustas.

Y así seguíamos leyendo y analizando. No faltó el histórico personaje francés Charles De Gaulle, convertido en una leyenda gracias a sus propias palabras. También a George Washington, reputado como padre de la independencia y del Estado americano, quien decidió no concurrir a las elecciones presidenciales y renunciar a un tercer mandato. Pasamos a Abraham Lincoln, quien, con una gran firmeza, fue contrario a la Secesión. Su empeño por defender la igualdad de derechos e incluir en la Constitución la abolición de la esclavitud se convertirían en el eje de su mandato; nos detuvimos a analizar muchas arengas que, como ya hemos dicho, compartiéramos o no las ideas de quienes las pronunciaban, no dejaban de ser merecedoras de nuestra atención. Seguimos con los discursos del Ché Guevara, de Fidel Castro y de Václav Havel, quien hoy por hoy es reconocido como uno de los más célebres y lúcidos intelectuales europeos de las últimas décadas; fue la punta de lanza de los checos que contrariaron la ocupación soviética de Checoslovaquia. Percibimos que, si algo caracterizaba los discursos de Václav Havel, era su constante referencia al valor y significado de los Derechos Humanos.

Un líder de los nuevos tiempos como Bill Clinton se vio obligado a reconocer ante el gran jurado el 17 de agosto de 1988 que había cometido perjurio. Clinton dijo ante el país «Nunca debí haber engañado al pueblo, al Congreso, a mis amigos o a mi familia. Así de simple, siento vergüenza por ello». Pudiéramos seguir citando muchos autores, a Napoleón, a Primo de Rivera, a Juan Domingo Perón, a Nikita Kruschev, pero lo que sí queremos subrayar es que estos hombres y mujeres que trascendieron en su tiempo sabían que, cuando se empinaban en una tribuna, estaban asumiendo una responsabilidad. Que la palabra que dice un dignatario cuenta mucho para un pueblo y para un país, y que concluye siendo muy triste, para quien funge de líder, terminar siendo recordado por anécdotas bochornosas.

Antes de entrar a Ramo Verde me había leído dos trabajos, uno de antología que reunía 70 años de entrevistas en Venezuela, cuya curaduría la realizó de forma estupenda Sergio Dahbar y el prólogo estuvo a cargo del joven escritor Francisco Zuniaga. Fue un banquete leer las entrevistas a Rómulo Gallegos, Diomedes Escalante, Armando Reverón, Jóvito Villalba, Rómulo Betancourt, Raúl Leoni, Carlos Cruz Diez, Guillermo Meneses, German Carrera Damas, Julio Cortázar, José Ignacio Cabrujas, Carlos Andrés Pérez, Ramón J. Velázquez, Gabriel García Márquez, Hugo Chávez, Leonor Giménez de Mendoza, Henrique Capriles Radonski e Isaac Chocrón; las respuestas de cada entrevistado nos aproximaban a la medida de su verdadero talento y a situarnos en el contexto y en el tiempo en que se daba cada contrapunteo.

El otro libro que había leído al llegar a Ramo Verde, y luego se lo recomendé tanto a Daniel como a Leopoldo, fue uno de los últimos trabajos realizados por el escritor Antonio Arráiz-Lucca, *Civiles*; allí vimos también la estatura de nuestros próceres civiles, comenzando por Juan Germán Roscio.

CAPÍTULO 13
SOLIDARIDAD: Arepas, periódicos y libros

Preferiría, con mucho, pasar la misma hambre que los demás que sobrevivir solo. Ponía la solidaridad por sobre el instinto. Y eso es lo que nos hace ser humanos.

Václav Havel

AREPA Y PERIÓDICOS

Servir a los demás es lo que hace grande a un ser humano. Esa voluntad nace del corazón, es la esencia de la solidaridad, implica sacrificios, trabajos, compartir el tiempo con la necesidad del prójimo cuando está en dificultades.

Desde que llegó Leopoldo López a la cárcel de Ramo Verde, luego Enzo Scarano, Daniel Ceballos y Salvatore Lucchese y posteriormente me sumo yo desde la noche del 20 de febrero de 2015, un grupo de ciudadanos, por su cuenta, sintiendo que estaban contribuyendo con una causa noble y por lo tanto cumpliendo una misión importante y útil, se apersonaban a las puertas del recinto carcelario, soportando todo tipo de complicaciones, a llevarles algo a los presos políticos. Las arepas, las frutas, las sopas, los dulces, los periódicos, los libros, todo cuanto se les ocurriera y estimaran que nos ayudaría a sobrevivir dignamente el carcelazo.

Manolo Ignacio Blanco Villalta, casado con Teresa Quintero, Lic. en Recursos Humanos, se dedica a la crianza de los 2 hijos, un cazar formado por Ygnar Andrea y Manolo Andrés, ambos nacidos en Carrizal, al igual que su padre, y ella, su madre, llegó a esta vida en lo que los llaneros llamamos «la piedra de amolar vegueros», Maracay. Se conocieron en Los Altos Mirandinos. Manolo se inicia como trabajador comunitario en un centro deportivo ubicado en el barrio José Manuel Álvarez; era organizador del centro donde se practicaban varios deportes. Su trabajo era coordinar la participación de los diferentes equipos según la disciplina que practicaba cada quien, como béisbol o futbol. Las instalaciones estaban bajo el cuidado de varios vecinos de la comunidad y no les faltó la ayuda del exgobernador Arnaldo Arocha.

Las arepas las hacían juntos, a las 5 a. m. se paraban, y a darle con la harina, el agua, la sal. Unas con carne mechada o con pollo, otras con queso, mantequilla, huevos revueltos. Una vez se le desató el antojo tachirense a Daniel y habló de la pizca andina, y Teresa aprendió a cocinarla y de vez en cuando se aparecían con sus potes con esa sabrosura. Las llevaba en una moto china Owel de 125 cilindradas. Llegaba entre las 6 y 7 a. m., la entrada siempre la dificultaban. Para llegar a la cárcel, primero tomaban la entrada principal del Mercado del Paso, que se construyó en uno de los gobiernos de Carlos Andrés Pérez. Pasaban por la avenida de la escuela de la Guardia, antes de llegar al mercado, luego la redoma de la India Urquía, franqueaban la manga de coleo y ahí ya estaban en la zona militar. De esa entrada hay una distancia de 3200 metros hasta la primera reja de las instalaciones donde estábamos presos.

LEIDA TRINIDAD YÁNEZ DE DELGADO

Es una abogada con estudios de posgrado nacida en Guarenas y formada en Los Teques, donde cursó sus estudios de educación básica y media (U.E. Antonio Guzmán Blanco, y en los liceos Jesús Muñoz Tébar y Liceo Tomás Lander) para luego coronar su carrera universitaria en la Universidad Bicentenario de Aragua, Núcleo San Antonio de los Altos, obteniendo el título de abogado. Es parte de una familia que integran 40 hermanos, todos con buenas relaciones. Vive en Los Teques desde hace 45 años. Desde la misma noche que me trasladaron a Ramo Verde, Leida se puso a la orden de Mitzy. Reunió un grupo de voluntarios y desde entonces fortalecieron las remesas de arepas, jugos, frutas y los paquetes con los periódicos, más uno que otro libro que por lo general no llegaba a nuestras manos. Leyda es una mujer con una profunda vocación de servicio comunitario y se formó haciendo cursos dictados por el CESAP, poniendo énfasis en las Organizaciones Comunitarias de Viviendas.

Leida coordinaba junto a los leales compañeros de Alianza Bravo Pueblo, Luis López, Juan Carlos Rebolledo, Katiuska Cerezo, Manuel Roldán, Eneida Muzzioti y Greilys Vargas, la forma de hacer efectiva su colaboración. ¿Quién busca los periódicos? Otro que preparaba, determinados días, las arepas o buscaba las frutas… En definitiva, lo que vale la pena destacar es el espíritu de solidaridad tan importante en estas circunstancias. Todos estaban muy pendientes y preguntaban en qué podían colaborar. Leyda era la que más cerca vivía de la Cárcel de Ramo Verde (CENAPROMIL). «Vivo a 800 metros aproximadamente de la cárcel», le dijo Leida a Mitzy la noche cuando frente a los tribunales, en el centro de Caracas; ya se corría la voz de que me trasladarían a esa cárcel. «Cuente conmigo, Mitzy, estoy en esa misma vía», repetía con voz solidaria Leida.

En dirección a San Pedro de los Altos, en los alrededores de lo que antiguamente se conocía como «Malpaso» es un lugar que formaba parte de la hacienda Ramo Verde, que en la época de Juan Vicente Gómez era propiedad del Gral. Vicencio Pérez, muy cercano al dictador, posteriormente, en 1957, estos terrenos fueron adscritos al Ministerio de la Defensa (que desde hace más de 20 años ha cedido terrenos para la construcción de conjuntos residenciales como «Ramo Verde» y «Alto Verde»).

Ubicación de la cárcel

El sector Ramo Verde, ubicado al noroeste de la ciudad de los Teques, es zona militar donde funciona la Cárcel de Ramo Verde (CENAPROMIL), la Escuela de Guardias Nacionales, Cnel. Martín Bastidas, y el Liceo Militar Pedro María Ochoa Morales, mejor conocido como el «Pemon». En la misma zona, a pesar de ser militar, se desarrolló un complejo de residencias llamado «Ramo Verde» y el barrio «Ramo Verde», que es uno de los accesos al centro de reclusión (CENAPROMIL).

Para llegar a esta zona, cuando procedes de Caracas, al alcanzar Los Teques, bien sea por la Panamericana bajando el Tambor o por la Carretera Vieja, el punto que une estas dos rutas es el final de la Av. Pedro Russo Ferrer con la Av. Bicentenaria, luego se franquea al Hospital Victorino Santaella, inmediatamente la Comandancia General de la Policía del Estado Miranda, la estación del metro Ali Primera y el antiguo hospital Padre Cabrera (construido en 1920 para atender a los enfermos de tuberculosis, por lo ideal del clima de Los Teques, hoy centro de salud integral). Luego de pasar el hospital Padre Cabrera, a 50 metros, está el acceso de la Escuela de Guardia Nacional Cnel. Martín Bastidas, y aproximadamente a 50 metros, la entrada del barrio Ramo Verde, un sector que se creó producto de las invasiones que arrancaron a principios de los años 40 y que, a través de las siguientes décadas, ha adolecido de los servicios esenciales para cualquier comunidad.

Nos dice Leida respeto a ese barrio que «ha sido así, el crecimiento es atrofiado, como cualquier otro barrio de esta ciudad, donde, lamentablemente, la desidia, la indolencia, la incapacidad y la indiferencia de diferentes gobiernos han permitido que este barrio, como tantos otros de Los Teques, presente enormes dificultades consecuencia de la mala o, más bien —como lo analizábamos en los cursos del Centro al Servicio de la Acción Popular (CESAP)—, sin ninguna planificación», seguía comentando Leyda, quien nos describe de esta manera el barrio Ramo Verde:

EL BARRIO RAMO VERDE

«En la entrada al sector Ramo Verde se encuentra un populoso Club de Bolas Criollas conocido como "El Refugio", donde realizan apuestas de caballos, venden comida y bebidas, entre otras actividades. Muy cerca de la entrada existe la famosa Bodega llamada la "Quesera", negocio célebre por la venta de buena charcutería.

Luego nos encontramos a mano izquierda con la entrada del Liceo Militar Gral. Pedro María Ochoa Morales "Pemon"; seguidamente, las Residencias Ramo Verde (hasta este punto podría decir que la vía está en buenas condiciones); después de pasar las residencias es cuando nos encontramos con la entrada del barrio como tal, la cual comienza subiendo y estrechándose la única vía que atraviesa todo el barrio; primero nos topamos con la bodega de "Los Alviare" y luego, al tocar la curva pronunciada, con la bodega de "Ramón Piñango", persona que tiene muchos años en el sector.

Después de subir y subir por esta calle, que es muy angosta y de doble sentido, de pronto comienzas el descenso calle abajo, hasta llegar a una zona semiplana que llaman la "Quebrada", y a medida que sigues avanzando, la calle se torna más angosta y más deteriorada, con abundancia de huecos, basura, escombros y pare de contar, lo cual hace difícil el transitar; da pánico de que se reviente un caucho o se dañe el tren delantero del carro. ¡Hasta sientes lástima por tu carrito! Si estás subiendo y tienes la mala suerte de que esté bajando otro vehículo o, peor aún, una buseta, ¡se formó la tranca!, ya que los espacios para retroceder son muy pocos; hay casas al borde de toda la vía, unas muy pegadas de otras y algunas casas que tienen la fortuna de tener un patio o un pequeño estacionamiento. Hay familias que se han preocupado por embellecer su fachada pintándola de diversos colores, otros simplemente no les importa o no tienen los recursos para ello. Luego de pasar el sector la "Quebrada" se emprende la subida otra vez —como una montaña rusa—, hasta llegar a la curva donde dan la vuelta las busetas. Si miramos hacia arriba se podrá ver una edificación que para la gente que no sabe qué es, le puede resultar extraña y preguntarse «¿Qué hace una edificación como esa en un barrio donde la casa más equidistante de la cerca que rodea la edificación se encuentra a escasos centímetros?».

LOS GARITEROS Y SUS PITOS

Nadie es libre. Hasta los pájaros están encadenados al cielo.

Bob Dylan

LOS GARITEROS, EL HUERTO, LA CANCHA Y LOS CANCIONEROS Y LOS CUENTOS

Además de las lecturas y de los debates derivados de lo que revisábamos y eran temas escritos en la pizarra instalada en el pasillo denominado «comedor Rómulo Betancourt», cada día tratábamos de que se escurriera entre otras actividades. Pero jamás nos dejamos atrapar por el ocio, nunca se nos vio cavilando, taciturnos o delatados por un músculo, siquiera, de la cara de que estábamos flotando en la idea de no saber qué hacer.

Algunos ratos de la semana nos ocupábamos del huerto que construyó Daniel Cébalos en terrenos de la cárcel. Una especie de maceteros, con diversas formas y tamaños que se pueden instalar donde menos te lo esperas y que son utilizados para autoabastecer a sus propietarios de verduras y hortalizas durante todo el año. Verduras frescas procedentes de cubiertas, patios, jardines o callejones donde da un poco el sol. En el huerto frecuentemente se aplican técnicas orgánicas, evitando el uso de herbicidas, insecticidas, acaricidas, etc., recreando un ecosistema que se sostiene con la diversidad de los cultivos, la rotación de los mismos y el aporte

172

de abonos orgánicos. Dentro de los centros penitenciarios, también se suelen realizar este tipo de actividades para educar, a los privados de libertad, en la agricultura, el medio ambiente y fomentar una alimentación sana.

El huerto

Recorre a menudo la senda que lleva al huerto de tu amigo, no sea que la maleza te impida ver el camino.
Proverbio indio

La entrada por el barrio Ramo Verde está adyacente al patio en donde bajábamos a agarrar sol. Eso era antes solo área militar, pero con el tiempo se fueron asentando agricultores que cultivan legumbres, y fue invadido por gente necesitada de viviendas. Gente trabajadora. Vale la pena destacar que las familias que habitan en el barrio Ramo Verde, en materia de agua, dependen del acueducto del penal. También es meritorio el desarrollo organizacional que se ha venido consolidando en el sector con la instalación de las redes de apoyo. En todas esas tierras se levantan eucaliptos, pinos, árboles que ofrecen muchos frutos para loros y pericos, por eso, entre junio y agosto, llegan miles de pericos a satisfacer sus necesidades. Samuel, gavilanes, pájaros.

Cultivamos en el suelo del área de fuego de uno de los lados de la cárcel; estaba junto a la ladera que daba al barrio. Teníamos también unos semilleros de madera que había traído Enzo Scarano. Teníamos cebolla, zanahoria, cilantro, ajo, ají, romero, albahaca y menta.

Los gariteros

Había cuatro garitas con sus respectivos gariteros obligados a hacer sonar sus pitos cada 20 minutos, o sea, que teníamos que pasar la noche habituados a convivir con esos estruendos, aderezados con los regaños que los jefes militares les proferían a los gariteros cuando, por razones de cansancio o de olvido, dejaban de sonar los pitos. Los pitazos comenzaban a las nueve de la noche hasta que llegara la aurora. Garitero uno, un pitazo, luego en catarata venían los dos pitazos del garitero dos, los tres del garitero tres y los cuatro del garitero instalado en la garita número cuatro.

Cuatro carneros recorrían los alrededores del edifico donde estaban nuestras celdas; llegamos a familiarizarnos con ellos. A la oveja más pequeña la llamábamos «Rosita» y al carnero mayor «Cara Sucia». Un preso tiene que aprender a hablar hasta con las cucarachas. En mi celda leía, porque esa es otra oportunidad de quienes somos privados de libertad, leer y estudiar todo lo que podamos y desarrollar la habilidad de convivir con hormigas, cucarachas y mariposas. Una manada de perros ladraba sin cesar; eran noches de insomnios perrunos; esos perros llegaron, incluso, a devorar a dos de las indefensas ovejas.

Cuando salía el sol podíamos ver el bosque de eucaliptos y contar los gavilanes convertidos en los reyes del cielo; la destreza de estos animales para capturar cualquier ave nos resultaba asombrosa. Cuando llegué, Leopoldo acababa de perder un gavilán que había resucitado después que quedó moribundo al estrellarse contra una de las cercas metálicas de la cárcel. Los zamuros también hacían desplazamientos alrededor de las barriadas, llegué a contar más de 280 viviendas próximas a la cancha donde podíamos caminar una hora al día.

Los lunes no había agua, teníamos que preparar los tobos para suplir la carencia, teniendo también las precauciones para los cierres inesperados del servicio a cualquier hora del día de cualquier día de la semana. Mi celda daba hacia la entrada de la cárcel, muy pegada a la primera garita y a la zona de requisa. La bulla era incesante. A eso agreguemos las serenatas que se hacían más intensas desde los jueves hasta la noche de los domingos. Las rancheras de José Alfredo Jiménez, Javier Solís, Juan Gabriel; las viejas canciones de Los Ángeles Negros, de Leo Dan y de Sandro, los

reguetones, los mariachis en vivo cantándole cumpleaños a
la celebrada de la noche en el barrio Ramo Verde. Las cum-
bias de Celedón, los éxitos de Lupe y Polo, las canciones de
Chino y Nacho y la «salsa» de Óscar D´León eran ya una
rutina fija cada fin de semana.

CAPÍTULO 14

En los cuarteles saben de la corrupción

Dicen que el poder corrompe,
pero hay que ver siempre quién es el que llega al poder,
a tener poder. Quizá no es que lo corrompió el poder,
sino que siempre estuvo corrompido.

Taylor Caldwell

LEDEZMA: ¡Epa, capitán!, ¿qué pasó anoche?, que a cada momento se iba la luz.

CAPITÁN: Usted sabe muy bien que esos son los problemas que la revolución tiene que resolver, son las dificultades heredadas por la cuarta república.

LEDEZMA: Pero bueno, capitán, ya llevan más de tres lustros con ese mismo cuento, el régimen ha anunciado inversiones en mantenimiento y en construcción de nuevas estructuras que sobrepasan los 70 mil millones de dólares y los apagones están a la orden del día no solo aquí en esta cárcel, sino en toda Venezuela.

CAPITÁN: Pero ustedes deben entender que eso no se va a resolver como el que «sopla y hace botella».

LEDEZMA: Nadie está planteando que las dificultades se superen por arte de magia, mucho menos nosotros tres, que sabemos lo que cuesta hacer una plaza, construir y equipar un ambulatorio, instalar servicios de cloaca en un barrio. O sea, capitán, que nosotros sabemos de esto. Lo que le pedimos es que usted prenda el bombillo de su conciencia y trate de ver con claridad lo que le acaba de citar Leopoldo, y hágase la pregunta que mucha gente se formula dentro y fuera de Venezuela. ¿Cómo es posible que un país con grandes riquezas energéticas tenga a la mayoría de la población padeciendo de los apagones?

CAPITÁN: Pero ustedes saben que a veces hay mucho saboteo, hasta una iguana han usado para desestabilizar los servicios de iluminación.

LEDEZMA: Mire, capitán, usted está ya muy grandecito para estar creyendo en esos cuentos. Ojalá usted pudiera escuchar a los trabajadores de Corpoelec con quienes tienen una gigantesca deuda. Uno de los últimos ministros, designado para manejar el sector eléctrico, dijo que en 100 días desaparecerían los problemas, pues vea usted que la realidad es otra, no han desaparecido, sino que se han agravado. Usted es venezolano, capitán, usted sabe sacar cuentas, su formación va mucho más allá de empuñar un arma y usted tiene que estar consciente de que la corrupción está acabando con este régimen y le hace un gran daño al país.

CAPITÁN: Bueno, es verdad, hay mucha corrupción, pero ustedes saben que eso es un problema que viene de atrás.

LEDEZMA: O sea, que la estafa que le hicieron a estas 25 mil personas, en compras programadas de vehículos de un negocio denominado «Venezuela Productiva», ¿es culpa de la Revolución de Octubre de 1945?

CAPITÁN: Además, hay gente que comete esas irregularidades para hacerle daño a la revolución.

LEDEZMA: Capitán, no trate de sacarle el cuerpo a la verdad, usted sabe que en esa lista de 25 mil personas hay militares, hijos o esposas de militares que han sido víctimas de esa estafa, y es *vox populi* que quienes están al frente de ese negocio sucio son supuestos líderes que se amparan con el nombre de la revolución roja rojita.

LEDEZMA: Y anote por ahí, capitán, que va a aparecer el nombre de un vicealmirante y dos supuestos líderes civiles que son los responsables de esta burla a estas miles de personas, a través de una empresa que llamaron Inversora Bicentenario Doscientos.

CAPITÁN: Pero estos son hechos aislados que no tienen que ver con el curso del proceso revolucionario.

LEDEZMA: ¿Cómo va a decir eso, capitán? Usted no se acuerda del «Plan Biyuyo 2000». ¡A perdón!, «Plan Bolívar 2000». Pare la oreja, capitán, en los cuarteles, para que escuche el descontento como consecuencia de la ausencia de castigo para una gran cantidad de sinvergüenzas que se han aprovechado de los dineros públicos.

DANIEL: Eso fue parte del comienzo de la Fiesta de la Corrupción, el famoso Plan Bolívar 2000; hay que recordar que la Contraloría General de la República hizo una investigación, que se tomaron muestras aleatorias de varias direcciones del plan y lo que encontraron fue una olla podrida: forjamiento de facturas, prácticas e irregularidades con la figura del endoso de cheques, con los cuales se les pagaba a los propios «Pagadores de la Dirección del Plan Regional Bolívar 2000».

LEDEZMA: Sí, esa fue una investigación periodística del diario *Tal Cual* donde se ponían en evidencia los desmanes, los desafueros y el despelote administrativo. ¿Y dónde vamos a dejar lo que ocurrió antes en el Fondo Único Social?, donde se inventaron proyectos que nunca se ejecutaron, hubo denuncias relacionadas con ventas de donativos que llegaron a Venezuela de otros países para los damnificados de Vargas y fueron vendidos desde el economato del Ejército en Fuerte Tiuna.

CAPITÁN: Bueno, la verdad es la verdad, y hay mucha gente molesta porque terminan pagando justos por pecadores.

LEDEZMA: Como se lo acabo de decir, capitán, no se puede tapar el sol con un dedo. Desde comienzos del año 2000 se presentaron ante la Fiscalía General de La República 58 denuncias específicas, muy bien documentadas, sobre acciones irregulares en la administración de recursos públicos y nada de eso se investigó, y por eso la Fiesta de la Corrupción, en vez de pararla, lo que hicieron fue hacerla permanente. Y pensar que la bandera de la campaña electoral del presidente Chávez fue luchar contra la corrupción y ahora la historia indica que la corrupción se está tragando a este gobierno. Que quede claro, capitán, que son élites corruptas, porque la mayoría de los integrantes de la Fuerza Armada son gente decente, gente honesta; hoy recuerdo al general de la Guardia Nacional Manuel Jesús Carpio, quien constató, como jefe de operaciones de la aduana marítima de la Guaira, un conjunto de irregularidades, pero para la desilusión del general Carpio, todos esos expedientes fueron engavetados. Estoy hablando de 250 expedientes que consignó el general Carpio ante el fiscal general Isaías Rodríguez y también ante Clodosvaldo Russian, contralor general de la República.

CAPITÁN: Sí, sí, creo que me acuerdo del general Carpio.

LEDEZMA: Pero la mejor manera de recordar y honrar al general Carpio es activando la memoria para que algún día se hagan las investigaciones de los casos como la malversación de fondos en el INCE, el sobreprecio en las importaciones de fertilizantes de PEQUIVEN, el comienzo de manejos irregulares de divisas del Banco Central de Venezuela, los casos de corrupción denunciados en el Seguro Social o las irregularidades encontradas en VTV, en PDVSA, en la CVG, en la recompra de deuda en PDVSA. Hay un hecho que aquí pasaron por debajo de la mesa, que fue la gravísima irregularidad ocurrida con los recursos del Fondo Intergubernamental de Estabilización Macroeconómica (FIEM); para mí, este es uno de los más delicados precedentes del desorden administrativo y de la impunidad que hoy reina en el país. Pero es que pasaríamos toda la tarde enumerando casos de corrupción, contratos otorgados irregularmente en el aeropuerto de Maiquetía, denuncias de corrupción en DELTA-VEN y en PDVSA Marina.

CAPITÁN: Bueno, pero se han dado pasos importantes como la creación del Poder Moral.

LEDEZMA: Pero eso no es más que un objeto decorativo, integrado por funcionarios incondicionales del régimen. Vea lo que ha pasado con los miles de millones de dólares que se robaron a través de CADIVI, las grandes negociaciones que han hecho, otorgando concesiones mineras en el sector Las Cristinas en el Estado Bolívar, aquí un sinnúmero de obras, de viviendas, autopistas, puentes, aeropuertos, ferrocarril, metro; se contratan sin licitación previa, hay que ver todo lo que se dice de lo que pasa en la Ferrominera del Orinoco, de cómo se manejan los recursos en el Fondo de Garantía de Depósitos Bancarios.

CAPITÁN: Pero no se puede negar que esas obras del metro y el ferrocarril son muy importantes.

LEDEZMA: Nadie ha dicho eso, por el contrario, esas son obras que hay que terminar y concluir, el metro y el ferrocarril fueron proyectos concebidos en la democracia, con lo que sí no comulgamos es en la política de los sobreprecios. Fíjese en el caso del Cable Tren, ubicado a lo largo de la carretera vieja de Petare, ¿sabe cuál es el costo aproximado por cada kilómetro? Más de 340 millones de dólares, eso es una barbaridad, capitán, y eso lo sabe la tropa, eso lo saben oficiales como usted, es más, recientemente acaban de salir denuncias, que están fresquitas, de supuestos negociados de la compañía Metro de Caracas, con empresas de Brasil y de España; esas son las cosas que hay que poner en claro. Y pensar que, cuando el presidente Chávez propuso la Asamblea Constituyente en 1999, hablaba de construir una nueva democracia donde el verdadero dilema sería entre la corrupción o la honestidad. Eso lo dijo Chávez el 3 de diciembre de 1998.

CAPITÁN: ¿Cuál dilema?

LEDEZMA: Pues bien, el dilema lo ganó la corrupción, porque en donde uno meta la cabeza, se encuentra con los negociados, en los centrales azucareros, la cantidad de fincas que nuevos ricos han comprado en Barinas, Falcón o Apure. Hechos vergonzosos como una famosa fiesta del Chigüire que patrocinó un exgobernador en el Estado Yaracuy. Esos son hechos que se conocen en los cuarteles y por más que pongan a la flota a cantar canciones a la patria, se sabe que la patria la están desangrando con estos hechos de corrupción.

CAPITÁN: Eso viene de la cuarta república.

LEDEZMA: Usted ha dicho que hay problemas que vienen de atrás, ¡es verdad! Tenemos el drama de las cárceles en Venezuela, pero fíjese usted lo que ocurrió en el año 2006, en FOGADE le condonaron una deuda de 40 millones de dólares a unos grupos económicos, hicieron una venta directa de un resort, llamado Coro-Coro, a precio irrisorio; si ese dinero que se robaron se hubiese invertido en mejorar las cárceles, estoy seguro de que se hubiese mejorado el panorama de los centros penitenciarios.

CAPITÁN: Pero es que todo tiene su tiempo, todo necesita de unas etapas que hay que cumplir.

LEDEZMA: Capitán, recuerde que el 10 de diciembre del año 2001 se presentó una nueva Ley de Tierra y se acompañó ese anuncio con promesas de que íbamos a sembrar más caña de azúcar y a producir más azúcar, más arroz, más café, más maíz, que se iba a incrementar el rebaño y el pie de cría y, ¿qué es lo que tenemos ahora 15 años después? Que se cayó la producción nacional y como no hay divisas no se pueden importar los alimentos suficientes que necesita el pueblo y esto también está relacionado con la corrupción, porque el negocio es importar pollo, leche, importar para sacar grandes tajadas y dejar incluso perder la comida como ocurrió en los patios de los puertos de Venezuela con aquella cantidad de contenedores que fueron abandonados porque el interés no era realmente abastecer al país, sino meterse unos cuantos millones de dólares con las operaciones comerciales. Estamos hablando de operaciones que superaron los 2200 millones de dólares y de más de 120 mil toneladas de alimentos descompuestos.

CAPITÁN: Esos son hechos aislados.

LEDEZMA: ¿Y dónde me dejas el tema del cemento? A la gente le cuesta conseguir un saquito de cemento para resolver un problema en su casa, pero taparearon otra vagabundería como fue la de la Cementera Cerro Azul a la que se le metieron más de 390 millones de dólares en una sociedad del gobierno venezolano con Irán. Se llevaron sacos de real pero no aparecen los sacos de cemento. ¿Y lo de la droga? Eso sí que está feo y lo más triste es que de una u otra manera involucran a oficiales de la Fuerza Armada Nacional. Y no venga a decir que son inventos nuestros, eso lo declaró un magistrado de la revolución llamado Eladio Aponte Aponte y el propio Willie Makled dio a conocer una lista en la que aparecieron nombres vinculados con este gobierno. Uno mismo vive cosas insólitas; a mí, cada vez que iba a viajar de Maiquetía a Maracaibo o a Maturín, me revisaban la maleta, uno tenía que quitarse el cinturón y los zapatos, pero después uno se entera de que de aeropuertos que se supone que están bajo estrictos controles de seguridad, salen aviones cargados de maletas llenas de droga. Eso pasó en Maiquetía, eso pasó en Valencia, por citar dos casos emblemáticos... Y hablando de maleta, ¿dónde me dejas el famoso maletinazo de Guido Antonini Wilson?, quien llevaba, en agosto del año 2007, 800.000 dólares a Buenos Aires. Pregúntale al sargento que está ahí en la garita lo que le cuesta sacar unos piches mil bolívares de un cajero automático. Y aquí hay gente que saca maletas cargadas de real y ¡no pasa nada! Como no pasó nada con el misterioso asesinato del fiscal Danilo Anderson, quien giraba en torno a denuncias de corrupción en el Sistema Judicial.

CAPITÁN: ¿Y eso se ha denunciado?

LEDEZMA: Es que lo que ha venido ocurriendo en el país es un verdadero desastre, la corrupción ha hecho metástasis, donde usted ponga el ojo hay un hecho irregular. Recuerdo la denuncia que hicieron los diputados Julio Montoya e Ismael García sobre el dinero perdido del Fondo de Pensiones de Petróleos de Venezuela; estamos hablando de más de 540 millones de dólares. Ese caso fue seguido en los tribunales de Estados Unidos.

CAPITÁN: Sí, sí, la verdad es que son cosas muy feas.

LEDEZMA: Y eso fue lo que dijimos en el famoso documento de la Transición, pasar de un gobierno que ampara la corrupción, a un país que ponga a funcionar las instituciones, que controle el gasto público, que detenga la hemorragia de los dólares, como la que desangró a CADIVI, que los ministros rindan cuentas, que no se repitan casos como los de los bancos quebrados, el caso de Ciudad Lebrún, que implicó el cobro de comisiones de más de 9 millardos de bolívares en la compra de terrenos para instalaciones judiciales.

CAPÍTULO 15
Las penurias de las requisas

*Estamos llegando al fin de una civilización,
sin tiempo para reflexionar,
en la que se ha impuesto una especie de impudor
que nos ha llegado a convencer
de que la privacidad no existe.*

José Saramago

«FUE UNA ORDEN SUPERIOR»

Bajamos a llamar junto con Daniel a un local que denominaban «casino» porque contaba con una venta de empanadas, jugos, 10 mesas como las que hay en las pizzerías, dos salas de baños permanentemente cerradas, unas lámparas colgando de los cables porque sus bases se habían desprendido, unos adornos de cerámicas, unas cortinas polvorientas que simulaban cubrir los bloques de ventilación y 8 aparatos de teléfonos incrustados en las paredes desde los cuales se podrán hacer y recibir llamadas.

Ese «casino» funcionaba todo el día, menos para nosotros, porque solo se nos permitía acceder a ese sitio a eso de las 7 p. m. para realizar las llamadas telefónicas con tarjetas. Fue el día de la requisa ilegal que le hicieron a la celda de Leopoldo (20 de abril). Leopoldo regresó de la audiencia, lo pusimos al tanto de la situación, le sugerimos no dar nombres específicos de los que habían hecho la irregular requisa. Y estando en el «casino», mientras Leopoldo trataba de lograr comunicación con su casa, el capitán le insistía «ya pasaron los cinco minutos, cuelgue, cuelgue». Leopoldo se molestó muchísimo, tenía días sin hablar con sus hijos y reaccionó como un ser humano indignado. Daniel y yo evitamos que Leopoldo y el militar de la Marina se fueran a las manos.

Recordemos que antes, ese mismo día 20 de abril, nos abrieron las rejas de las celdas a las 5:30 a. m., se llevaron a Leopoldo esposado y con un chaleco pesadísimo y pestífero. Luego nos volvieron a cerrar. Era para ejecutar la requisa ilegal. Cuando me cercioro de que me estaban, otra vez, cerrando la celda, pregunté al capitán: «¿Qué pasaba?», a lo que me dijo «Nada, tranquilo, alcalde, es solo rutina». Al cabo de una hora sentí que bajaban del piso donde estaba la celda de Leopoldo. Le grité a Juan Carlos Cuarta: «¿Qué sabes de lo que pasaba?, ¿qué observas?», y me dijo que a él también lo habían encerrado. Al rato regresaron el capitán y el teniente, nos abrieron como si nada y se marcharon. Le dije a Juan Carlos Cuarta que subiera a buscar a Daniel en su celda, me dijo que aún dormía, le dije despiértelo y que baje, que debemos hablar algo importante. Así lo hizo. Daniel bajó; mientras preparaba su típico café con cardamomo, lo pusimos al tanto de lo que presumíamos había ocurrido. Habían requisado la celda de Leopoldo subrepticiamente. Subimos al piso de Leopoldo, su celda tenía pasada la cerradura. Bajamos al comedor Rómulo Betancourt, en minutos regresaron el capitán y el teniente con la excusa de entregarme un libro de Américo Marín; lo recibí con naturalidad, pero comprendí que era no más que un subterfugio para subir a la celda de Leopoldo y tratar de arreglar lo que habían desordenado. En cuestión de 5 minutos bajaron y se retiraron. Sin pensarlo dos veces, subí con Daniel a echarle un ojo a la celda de Leopoldo y Juan Carlos Cuarta quedó campaneando la zona. Era evidente que habían registrado todo. Conocíamos nuestras respectivas celdas y estábamos al tanto de los hábitos y de la manera como cada uno de nosotros organizaba sus libros, fotos, papeles y alimentos. Mientras tanto, Leopoldo seguía en los tribunales.

Pasé la mañana leyendo la biografía de Winston Churchill; a eso de las 2 de la tarde se apareció el coronel Almerida con unas funcionarias y tuvieron la cachaza de pedirme que los acompañara a pasar una revista a la celda de Leopoldo. Me negué sin vacilar, les dije que era una solicitud fuera de lugar, «¿Cómo pueden pensar que me prestaría para "ser testigo" de una requisa o inspección absolutamente ilegal?, además, el procesado, Leopoldo, no estaría presente por razones obvias». Con un gesto moviendo la cabeza me dieron la razón, no obstante subieron y al rato bajaron y se despidieron disculpándose por la solicitud que habían comprendido estaba fuera de lugar. Era impertinente desde todo punto de vista.

Dos meses antes se había producido el famoso motín que terminó con actos violentos en ambos anexos. A Daniel y a Leopoldo trataron de sacarlos con un comando especial argumentando las autoridades del centro carcelario «razones de seguridad». Ambos se negaron y se atrincheraron en sus respectivas celdas. Daniel, cuando sintió que intentaban romper los candados de su reja, tomó una lata de bencina y se roció a sí mismo, y lo que quedó lo esparció a los funcionarios amenazando reeditar el estilo bonzo. Mientras tanto, Leopoldo se resistía a abrir la celda —hasta ese día permitieron que los privados aseguraran internamente sus calabozos—.

Coronel Miranda: Abra la reja, Leopoldo, es por su seguridad, su vida corre peligro y debemos ponerlo a buen resguardado.

Leopoldo: De aquí salgo si me matan, y si entran, por lo menos a uno de ustedes me llevo por delante, así que usted asuma las consecuencias si quiere que vean mi foto rodando por el mundo con mi cara partida, porque me voy a defender.

DANIEL: ¡Hermano, no te rindas, hermano, resiste, aquí estoy dando la pelea!

CORONEL MIRANDA: Metan la sierra, abran eso a como dé lugar.

LEOPOLDO: Para una sierra bueno es un martillo —y de un solo golpe la sierra voló en pedazos.

DANIEL: ¡Hermano, estamos rodeados, fuerza, hermano!

CORONEL MIRANDA: Busquen a Molina (policía metropolitano preso) y que traiga el soplete.

MOLINA: No, qué va, yo no me presto para esto, lo lamento, coronel, pero aquí no intervengo yo. Recuerde que yo también estoy preso.

CORONEL MIRANDA:¡Que venga alguien que sepa manejar este soplete, muévanse, carajo, muévanse!

SARGENTO: ¡Aquí está el soplete, coronel!

CORONEL MIRANDA: ¿Qué esperan para prenderlo?

LEOPOLDO: ¡Daniel, Daniel, me están quemando la foto de Mandela, me tienen rodeado, hermano, me están abriendo con candela las cadenas y el candado!

DANIEL: ¡A mí también, hermano, estamos acorralados, son muchos, cuida tu vida!

En medio de humo, candela, estruendos de escopetas que escupían perdigones, cámaras desprendidas y barrotes derretidos por el fuego, salieron Daniel y Leopoldo. También las Peluches, Maryuri y Marisol, Paraco, Yoine, Willie (cuñado del Picure, jefe de una peligrosa banda delincuencial). También Juan Carlos Cuarta y la capitana Layde Salazar llevaron su parte.

Cuando entré al anexo carcelario, todavía sobrevivía el humo y el tufillo a fuego y se sentía lo acalorado que estaba el ambiente por las consecuencias que había dejado el candelero.

La requisa del 20 de abril

Luego vino la siguiente requisa, la que tuvo como preludio el sondeo misterioso realizado la mañanita del 20 de abril por el capitán de la Marina y por el teniente de la DIGCIM en la celda de Leopoldo. Daniel acordó conmigo avisar a Leopoldo no más pusiera un pie en la cárcel al retornar de la audiencia. Estábamos en el patio, esperando para ir a la cancha de deporte, cuando el característico ruido de la caravana que escoltaba a los presos cada vez que los trasladaban al tribunal presagiaba que estaba por llegar. Así ocurrió. Nos reunimos los tres en el patio a la vista del garitero uno.

Familia requisada

Si algo nos perturbaba era saber que nuestros familiares serían sometidos a requisas cada vez que venían a visitarnos. Esas requisas que son indignantes para cualquier ser humano. No quiero dar detalles, simplemente reconocer que ellas las asumieron con mucha entereza; en definitiva, estábamos cumpliendo una tarea por el país. Más que pensar en nuestra libertad o en cómo salir de la cárcel, para nosotros lo prioritario era privilegiar en nuestros pensamientos cómo lograr que Venezuela saliera de esta locura.

Nunca nadie nos vio apesadumbrados, siempre estábamos despiertos, reflexionando, atentos, haciendo conjeturas, analizando desde el vuelo del gavilán hasta los artículos que nos llamaban la atención en los medios que nos pasábamos de mano en mano. La solidaridad era rebosante: estampitas, virgencitas, medallas, oraciones, rosarios, papelitos con notas garabateadas. Todo eso nos ayudaba mucho porque nos hacía saber que no estábamos solos. La comida llegaba de la gente que menos nos imaginábamos; eran demostraciones de afecto que nos marcaron el alma, gente que madrugaba a llevarnos una arepa, como el concejal Manolo, o como la comida que nos traía religiosamente la señora Ruth de Botton o la señora Yánez; llegaba de todo: papelón, catalinas, cachapas, naranjas, mangos, huevos, potes con sopa, pasta, asado negro, ensalada de gallina, arroz con pollo... Eran gestos provenientes de todas partes del país. La verdad sea dicha, nunca nos faltó comida. Mis vecinos de mi edificio fueron muy solidarios; ese gesto tampoco jamás lo olvidaremos. Además de la comida llegaban también muchos libros que desataban la fobia o manía antilibros de los jerarcas del penal.

Intercalábamos las lecturas con novelas, con cuentos, con algún que otro juego para aliviar el peso de las tandas diarias; por ejemplo, nos volvimos a leer *El Principito* de Antoine de Saint–Exupery, nos ayudó mucho esa lectura como también el repaso de Robinson Crusoe.

Les cuento esta anécdota:

> Una vez que se verificó la pesquisa irregular, fuera de ley, que se hizo en la mañanita en la celda de Leopoldo y el posterior encontronazo con el capitán en el «casino» antes de que nos encerraran, les dije a Leopoldo y a Daniel: «Preparémonos para esta noche, segurito que habrá requisa». En efecto, fue así.
>
> Estaba recreándome releyéndome mi libro de Robinson Crusoe que me había hecho llegar el Dr. Tomas Vetancourt. En el momento en el que leía que «Robinson alquiló un barco y partía junto con Viernes y un sobrino», siendo a las 11:15 de la noche del lunes 20 de abril, sentí el estruendo del pelotón del DIGCIM que comenzaba la requisa. Abrieron mi celda, me encontraron serenamente leyéndome a Robinson Crusoe, mientras que Daniel Ceballos, en un piso superior, donde estaba su «quincalla», no dejaba de cantar, desafinadísimo, «Mercedes se está bañando en las orillas de un río...».
>
> Esa era otra de nuestras rutinas, escuchar a Simón Díaz, Soledad Bravo, Reinaldo Armas, María Teresa Chacín, Rumy Olivo,

Eneas Perdomo, Augusto Bracca, Luis Silva, Scarlett Linares, a Vitico Castillo y Teo Galíndez. La música venezolana nos energizaba, eran momentos en los que nos dábamos un reposo para volver a leer a Martin Luther King, pero esta vez analizando la película *Selma*, que guarda una pertinencia con lo que estamos viviendo en Venezuela.

Cuando mi hija Antonietta me contó lo que había dicho sobre mi carcelazo la profesora Isabel Carmona, buscamos el discurso de Susan B. Anthony para comprender el valor con que siguen defendiendo sus ideales las mujeres venezolanas.

No es lo mismo leer en la escuela, en la universidad o en una oficina a Mahatma Gandhi o a José Martí o a Mandela, que leerlo y estudiarlo y comprenderlo en una cárcel; eso hicimos, estudiarlos, tenerlos como libros de cabecera y ubicarnos en nuestro contexto.

CABALLO VIEJO Y MERCEDES

Volviendo a la requisa de ese día lunes 20 de abril, la de la noche, eran más de 30 funcionarios, tres grupos repartidos en cada una de nuestras celdas. Revisaban todo: zapatos, cuello y mangas de camisas y pretina y ruedos de los pantalones. La cerámica, enchufes, libros, colchón, todo, absolutamente todo. A Leopoldo le voltearon su tigrito, a Daniel le levantaron hasta la cerámica del piso, sin embargo, Daniel seguía atormentando a los policías charrasqueando ese cuatro y cantando, pasando de «Mercedes» a «Caballo Viejo». Así los tenía abrumados hasta que a eso de las 3 de la madrugada se retiraron.

De mi celda sacaron unas libretas, expedientes relacionados con mi caso, notas sobre los análisis que hacíamos de los libros que leíamos. Le reclamé al oficial —nunca dieron su nombre— que era un abuso eso de estar hurgando mis documentos personales, que eran parte de mi defensa. El oficial revisaba y revisaba, en un tono prepotente y burlón, mientras hacía comentarios chocantes. Se paraba y se movía con su indumentaria negra acorazado con armas de lado y lado, irrumpía en la pequeña celda increpando a los funcionarios a que buscaran y en tono estridente les decía:

«¿Cómo carajo no le van a conseguir nada a Ledezma?, algo debe tener escondido, busquen, busquen». Mientras tanto, el coronel Miranda seguía con su obsesión, los libros, y farfullaba: «Ustedes tienen muchos libros, eso se tiene que acabar».

LOS FISCALES DEL MP... LAS REQUISAS

La violencia es injusta según de dónde viene.

Jean Paul Sartre

Las visitas del Ministerio Público, especialmente de la Fiscalía, eran frecuentes y siempre les respondía que el problema no estribaba en que si comía o respiraba o me bañaba, sino que miraran alrededor las rejas —los centinelas armados de fusiles, las mallas, las concertinas— para que entendieran que estábamos simple y llanamente presos, que me sentía secuestrado por un régimen que me había impedido continuar con mi función de alcalde metropolitano para la que había sido reelegido por más de 760.000 ciudadanos de la ciudad de Caracas, que reclamaba justicia y que mal podía confiar en una administración de justicia desde todo punto de vista manipulada desde las altas esferas del régimen.

Ese fue mi tono con los funcionarios, firme pero respetuoso, igual que con los médicos, que no dejaron de estar pendientes, debo reconocerlo. Eran mujeres y hombres con rangos militares asimilados, pero privaba en ellos la ética profesional. El trato con los custodios era con la distancia de rigor, aunque no faltaban gestos de camaradería y, cuando agriaban sus procedimientos *sotto voce*, me decían: «Son órdenes superiores». Como ya dije, el trago amargo siempre era la requisa. Conociendo el coraje de Mitzy y la dignidad que siempre la ha distinguido, suponía el esfuerzo que hacía para ahorrarse contratiempos que impidieran que llegara a verme, como cuando defendió su honor intercambiando palabras con los custodios, quienes se empeñaban en que no se podía usar un simple abrigo, a lo que Mitzy preguntaba: «¿Cómo no se va a poder usar un abrigo en una zona donde hace tanto frío?». Otro día la sacaron después de estar conmigo, argumentando que su cédula de identidad era de dudosa originalidad. Cuando la vi partir, sentí que se me desgarraba el corazón; ella me saludó con la mano arriba sin querer voltear; quizás no quería que la viera llorar.

Las requisas eran vejatorias contra todos los visitantes. Mi familia no escapó a esos malos tratos, incluidos mis pequeños nietos, a quienes también desvestían para examinarlos con la curiosidad de un explorador desquiciado.

CAPÍTULO 16

La mutilación de los periódicos

*Ninguna sociedad democrática puede existir sin
una prensa libre, independiente y plural.*

Joseph Pulitzer

El derecho a la información no se debe perder aunque estés preso, por lo tanto hay que defenderlo como el derecho a ver a tu esposa, a un hijo, a ver el sol, a comer, a decir lo que piensas. Desde que ingresé a la cárcel conté con los periódicos de manos de Leopoldo y de Daniel; no pasaron horas cuando el concejal Manolo Andrés me agregaba su lista con arepa y todo. También Leyda Yánez, consecuente dirigente de Alianza Bravo Pueblo, en coordinación con Richard Blanco, Edwin Luzardo, Alcides Padilla y Helen Fernández, se ocupaba de hacerme llegar algunos periódicos. El paquete llegaba a primera hora, diríamos que antes de las 7 a. m. ya estaba sobre los mesones de los custodios. Pero siempre era un calvario que nos las pasaran. Por lo general nos reunían los medios impresos de circulación nacional como *Nuevo País, El Universal, Últimas Noticias, El Nacional, 2001,* y los semanarios *Quinto Día, Las Verdades de Miguel* y *Sexto Poder.* Y desde luego siempre pedíamos que no faltara la revista *ZETA.* La entrega era como la ruleta de la suerte. Había días en que todo entraba sin problemas, pero se fueron complicando las cosas progresivamente y comenzó entonces una suerte de forcejeo diario para que nos hicieran llegar los periódicos y semanarios junto con la revista. Los días viernes eran los más complicados porque se juntaba ZETA con los semanarios en los que, si venía algún «dato» relacionado con denuncias de corrupción, lo más seguro es que no entraban. La revista era como ver un espanto, casi que la pasaban por un equipo de tomografía. Lo mismo con los «Cortos y Profundos» que escribía diariamente Poleo en su periódico. Así se comenzó a convertir en rutina esta mecánica: llegaba Manolo y Leyda con las bolsas de periódicos a las 7 a. m. Las entregaban en prevención, allí dormían un buen rato sobre los mesones, luego eran trasladados a la zona de examen, de evaluación de inteligencia, y según nos enterábamos, era revisado meticulosamente, página por página, cada periódico, semanario y revista. ¡Qué fastidio! Comenzó entonces la fase de la mutilación.

Un domingo no llegó el cuerpo de *Séptimo Día* correspondiente al diario *El Nacional*, simplemente porque aparecía un reportaje completo sobre los presos políticos en Venezuela. Esa misma noche, cuando salimos a realizar las llamadas, Leopoldo, en un descuido del custodio que vigilada detrás del mostrador en la antesala de la requisa, vio el facsímil, lo tomó y lo leímos en lo que se llamaba «casino». Ahí confirmamos la estupidez de suprimirnos el *Séptimo Día* porque estaba plasmado un trabajo realizado por el equipo de investigación del diario. De inmediato se movió la unidad de inteligencia y fueron a la sala a incautarnos las páginas, como si se tratara de bombas incendiarias. Los artículos de Marianella Salazar, de Marta Colomina, Armando Durán o de Barrera Tyska eran considerados como «objetos peligrosos», y no se diga de las columnas de Bocaranda o los dardos que aparecían semanalmente en *Quino Día, Tal Cual, La Razón, Sexto Poder* y *Verdades de Miguel*. Luego nos dimos cuenta de que habían instalado en la sala de evaluación una «barbería» porque afeitaban los periódicos. Recortaban las informaciones que ellos estimaban peligrosas y nos entregaban periódicos mutilados.

Los servicios de TV eran adscritos a CANTV, teníamos la parrilla completica de los medios del régimen, desde el

Canal Ocho hasta ANTV, más Telesur, Ávila TV, TVS, pero CNN o NTN"$, ¡ni soñarlo siquiera! Nos permitieron acceder a un radio transistor, escuchábamos algo de Radio Caracas Radio, a María Alejandra Trujillo y entraba también la señal de Unión Radio, y la sintonía impelable era la de Unai Amenábar, y en la tarde, la de Sheina Shang y Gómez Morón.

En la red de TV había una estación que trasmitía programas de varios estados, uno que nos turnábamos para estar al día con información que estimábamos veraz era *Unas son de cal y otras son de arenas* realizado en el estado Zulia. Desde luego veíamos el resumen de los noticieros de Venevisión y Televen.

Así comenzaron nuestros reclamos por el derecho a estar informados:

Ledezma: Buenos días, sargento. Mire, ¿qué pasa con la prensa que no nos la han entregado?

Sargento: No ha llegado todavía, alcalde.

Ledezma: ¿Cómo que no ha llegado?, si ahí tiene los paquetes sobre el mostrador, mire, ahí están. ¿Qué pasa, sargento?

Sargento: Debe ser que están llegandito, ahora deben ser procesadas.

Ledezma: Otra vez van a venir con ese chalequeo. Revisan las arepas, les meten mano a los frascos con los jugos, retienen los libros y, ahora, ¿van a repetir la escena del juego del control de calidad de las informaciones que traen los periódicos?

Sargento: Esos son procedimientos establecidos, son por razones de seguridad.

Ledezma: ¿Y qué tanto le temen a «Corto y Profundo»? porque cuando llega el *Nuevo PAÍS* lo esconden. ¿Van, otra vez, a mutilar *El Nacional*?, porque el pasado domingo nos robaron el cuerpo *Séptimo Día*, simplemente porque había un reportaje relacionado con los presos políticos venezolanos. También nos recortaron los artículos de Armando Durán y el de Marta Colomina, y el miércoles pasado recortaron el de Marianella Salazar. ¿Cuál es el miedo con esos escritos?

LEOPOLDO: También el de Leonardo Padrón lo mocharon la semana pasada; eso es censura. Nos quitan los libros y ahora nos quieren limitar a leer los periódicos cuando a ustedes les da la gana y además esquilados, porque les meten tijeras.

LEDEZMA: En qué queda nuestro derecho a la información. Los voceros del régimen se la pasan haciendo eco de la retórica de la libertad de expresión, se ufanan gritando al mundo que han democratizado los medios de comunicación y que ahora, gracias a la revolución, es más libre el espacio radioeléctrico.

SARGENTO: Bueno, yo de eso no sé mucho, mejor hablan con mi capitán.

DANIEL: Capitán, capitán, ¿qué pasa con la prensa?, tenemos derecho a leer la prensa, y la tienen retenida.

CAPITÁN: Ustedes saben que todo tiene un procedimiento, que está ahora la evaluación de los periódicos. La orden es realizar una inspección meticulosa de cada crónica, porque hay sospechas de conspiración, de mensajes codificados.

LEDEZMA: Pero ¿qué carajo evalúan, capitán? Ustedes están viendo muchas películas del agente 007.

CAPITÁN: Es parte de la política de seguridad, pero tampoco es para que formen este lío. Fíjense también en lo positivo, como por ejemplo que se acabaron los monopolios que manejaban los grandes grupos económicos para controlar información y evitaban que el pueblo supiera la verdad de lo que sucedía en el país. Ahora tienen el cable de CANTV.

LEOPOLDO: Y tenemos que calarnos esa catarata de insultos, esa hemorragia de propaganda gobiernera; eso no vale la pena ni verlo, no pierdo mi tiempo con esa información plagada de toxinas.

CAPITÁN: Es que a ustedes les cuesta admitir que, gracias a la revolución, se ha democratizado la libertad de expresión y que ahora todo el mundo tiene acceso a lo que los técnicos llaman espacios radioeléctricos, ustedes saben que históricamente eso estaba monopolizado.

LEDEZMA: ¿Y de dónde saca usted esa mentira, capitán?

CAPITÁN: Eso no es mentira, eso es parte de un taller en el que participamos. Allí se nos entregan unos folletos y por lealtad a la revolución tenemos que aprendernos al caletre todo lo que ahí está escrito.

LEDEZMA: ¿Y en ese folletico le dan instrucciones para qué? ¿Para que nos mutile la prensa aquí en la cárcel?

CAPITÁN: No, para nada, pero los sistemas de contrainteligencia que se activan para proteger la estabilidad de la revolución tienen que evitar que circulen escritos que son de alto riesgo político.

LEDEZMA: O sea, que lo que escribió Nitu Pérez Osuna, el pasado domingo, sobre la manera como se manejan los tribunales en Venezuela, los jueces que no son titulares, la politización del Tribunal Supremo de Justicia, la presunta presencia de agentes cubanos dentro de los cuarteles y los ejemplos que narró sobre cómo en Venezuela se violan los derechos humanos, eso para usted, ¿es un escrito desestabilizador?

CAPITÁN: Depende de cómo se lea, porque hay cosas, como dice el comandante Maduro, que se sacan de contexto. Pero la realidad es que ahora hay, gracias a la revolución, 1225 medios alternativos y comunitarios, se han instalado 244 emisoras en todo el país, se han otorgado 139 concesiones de emisoras de frecuencia modulada y se han creado 37 televisoras comunitarias.

LEDEZMA: ¿Y por qué no me recuerda el cierre de Radio Caracas Televisión en 2007? ¿Y la clausura de 34 emisoras en 2009? Usted tiene que reconocer, capitán, que es un abuso, una intimidación, una manera de atropellar la libertad de expresión no renovar las concesiones, y eso mantiene en estado de angustia y zozobra a más de 300 canales de radio; eso no lo estoy inventando yo, busque los informes de la Cámara de Radiodifusión Venezolana. Y está por salir la sentencia de la Corte Interamericana de Derechos Humanos que ordena el restablecimiento de la concesión de Radio Caracas Televisión; vamos a ver qué va a hacer el Gobierno con esa medida, si se van a burlar de los acuerdos internacionales como se burlan descaradamente de la Constitución y las leyes del país.

DANIEL: Hay una verdad, capitán, que yo estoy seguro que conocen muy bien en los cuarteles, que es el regateo que le tienen a los diarios del papel periódico, por eso usted tiene que ver cómo los periódicos vienen delgaditos, con menos páginas, porque les están negando el papel; esa es una manera de atentar contra la libertad de expresión.

LEDEZMA: Y la otra figura que están aplicando es la de que periódico que no se rinde, que no se doblega, lo compran a billetazo limpio, y lo más indignante es que lo compran con dinero del propio Estado venezolano; ese negociado va a explotar algún día y se sabrá quiénes compraron los medios y de dónde provino el dinero con que pagaron. Vea usted aquí, en la cárcel, el taller de serigrafía que funcionaba en Ramo Verde; está paralizado, para eso no hay recursos. A veces veo a efectivos de la Fuerza Armada con la suela de la bota desgastada, pero para eso no hay recursos, mientras tanto, el régimen gasta una inmensa fortuna en propaganda, en la compra y control de medios de comunicación con la idea de esconder la realidad de lo que está pasando en el país.

LEOPOLDO: ¿Y eso se llama, capitán?, Misión Imposible. Pueden controlar todos los medio habidos y por haber, a mí, cada vez que me llevan a las audiencias, ustedes me ponen a todo volumen la radio gobiernera y allí hablan de las maravillas de la revolución, de que todo en Venezuela está perfecto, pero cuando uno se baja de esa patrulla, vivimos lo que le ocurre a cualquier ciudadano cuando deja de ver en la televisión o deja de ser bombardeado con esas cuñas gobierneras a través de la radio, nos confrontamos con la realidad y ese es un peso muerto que está aplastando a este régimen.

DANIEL: Allá en el Táchira a la gente que engañaron con el plan de La Misión Vivienda no le terminan de entregar su título de propiedad; en unos barrios en San Cristóbal tienen en lista de espera a miles de familias para darles una vivienda, pero nada se concreta, y el presente es que bajaron los precios del petróleo, pero ya escuché por ahí que Maduro va a visitar próximamente las islas caribeñas de Dominica para entregar 300 casas prefabricadas.

LEDEZMA: Bueno, lo mismo que ha pasado con el problema de la luz, que están haciendo grandes inversiones en La Habana y en Nicaragua con dinero venezolano, mientras que aquí continuamos con los apagones. Es bueno que escuchen esto, sargento, usted… Capitán, yo sé que muchos de los miembros de la tropa que me están escuchando no pueden hablar, pero saben que lo que estamos comentando es cierto. Usted sabe que se compran aviones y después terminan siendo chatarra porque no hay políticas de mantenimiento y el régimen cree que porque repita unas consignas en las redes comunicacionales que controla, va a esconder la verdad de lo que está pasando.

CAPITÁN: Bueno, la verdad es que hay cosas que están de anteojitos, pero usted sabe cómo es la cosa, nosotros no tenemos por qué estar hablando de esas cosas o de esos asuntos.

SARGENTO: Pero bueno, Daniel, a falta de papel periódico tienen ahí los medios digitales.

LEOPOLDO: Es verdad, pero hay una sencilla razón, aquí no nos permiten ingresar equipos digitales, si no, veríamos constantemente La Patilla, El Nacional, Noticiero Digital, los Runrunes...

LEDEZMA: Ese va a ser otro objetivo del régimen, censurar los medios digitales. Conatel termina siendo un aparato policial de Maduro, se la pasan amedrentando a periodistas de radio y televisión, cuestionando el trabajo de gente honorable, de gente decente perseguida por funcionarios intolerantes que tachan de conspiración cualquier crítica de un periodista.

CAPITÁN: Es que hay que ver que hay periodistas que se pasan con la crítica.

DANIEL: Las críticas forman parte de la democracia, esa es la tarea de un periodista, decir las cosas que la gente debe saber, lo que ocurre es que la estrategia política del régimen es colocar el poder de la comunicación al servicio de la revolución, como dijo el profesor Marcelino Bisbal.

LEDEZMA: Y el fin de ese tipo de regímenes es que la gente no tenga una alternativa comunicacional distinta a la que ellos controlan, o sea, una línea comunicacional plana, saturada de informaciones prefabricadas en laboratorios, y así seguir diciéndole a la gente que el plan de la inseguridad, más que real es de percepción, que el costo de la vida, la inflación o la devaluación es consecuencia de una guerra económica.

LEOPOLDO: Fíjense, la campaña de Maduro con el famoso decreto del presidente Obama, gastaron una millonada en publicidad; aquí mismo, en esta cárcel, intentaban hacer a la gente firmar las famosas planillas que le iban a entregar a Obama y que ahora no sabemos en dónde están. Las sanciones que se anuncian específicamente contra individualidades, el Gobierno las transforma publicitariamente, como una afrenta a Venezuela y a todos los venezolanos.

LEDEZMA: Y en esto sí se esmera el régimen, en mejorar la publicidad. Fracasaron con los Mercales, terminaron dejando a medio andar el proyecto de Barrio Adentro, los cultivos organopónicos lo que dan es lástima, los gallineros verticales son objetos de burla, los centrales azucareros quebraron, pero en lo que sí tratan de ser eficientes es en la manipulación de los medios de comunicación.

CAPITÁN: Pero es que el Gobierno no se puede quedar de brazos cruzados, tiene que defenderse, por eso vemos que una que otra vez aparece el presidente diciendo una que otras cosas.

DANIEL: ¿Una que otra vez?, mire, capitán, lo que se ha gastado aquí en cadenas de radio y televisión alcanzaría para transformar todos los comedores de las academias militares; ese dineral que se ha gastado en equipos para montar radios comunitarias, todo el dinero que se dispone para imprimir periódicos que se regalan en las plazas públicas, serían recursos muy útiles para garantizar los aprestos que necesita nuestra Fuerza Armada Nacional o para equipar los hospitales, ustedes saben cómo están los hospitales del país.

LEDEZMA: Por ahí tenemos una libreta con los datos de las retahílas de cadenas que ha hecho este gobierno en los últimos años, eso es un récord mundial, eso no pasa en ninguna otra parte del mundo sino solo aquí, en Venezuela, cadenas a todas horas, maratónicas peroratas, para inaugurar obras que ya han sido inauguradas o simplemente para repetir las mismas frases, de las que se siente agobiado nuestro pueblo.

Nicolás en Cadena

Capitán: Pero es una manera de informar al pueblo de lo que está pasando, por ejemplo, las inundaciones de Guadualito.

Daniel: Mire, capitán, lo menos que hacen es hablar de los verdaderos problemas del país. Es una abuso sin precedentes lo que hacen con los medios de todos nosotros, fíjese que, de acuerdo a un estudio de medición sobre las transmisiones en la televisión, Nicolás Maduro, con menos tiempo en el poder, habló en cadena nacional más horas que Hugo Chávez.

Leopoldo: En sus primeros siete meses de gobierno, Maduro hizo apariciones de transmisión obligatoria para las televisoras y emisoras de radio durante 90 horas y 27 minutos. Mientras que su antecesor, Hugo Chávez, en diez meses habló un poco más de 78 horas.

Daniel: En cristiano, Maduro en siete meses habló 90 horas y 27 minutos y Chávez en diez meses habló solo 78 horas.

Ledezma: A esto hay que agregarle, a favor de Maduro, los resúmenes de las actividades presidenciales —a veces diarios, interdiarios o semanales— que también se transmiten en cadena; la cifra de su exposición obligatoria en radio y TV se eleva.

Leopoldo: Sus nombres varían: *Venezuela, país potencia, Jornada informativa, Gobierno de calle* y, más recientemente, *Noticiero de la patria.* Se estaría hablando entonces de que Maduro supera las 100 horas de cadena.

DANIEL: Pero hay más: al igual que su mentor, el actual mandatario tiene a disposición los medios de comunicación del Estado las 24 horas al día.

LEDEZMA: Igualmente por la compra de algunos medios y la presión política a otros ha logrado que releguen a la oposición y a sus líderes. Igualmente Nicolás Maduro cerró el primer trimestre del año con 29 cadenas de radio y televisión, con una duración de 43 horas y 26 minutos. La cifra solo mide las transmisiones obligatorias en vivo, protagonizadas por el primer mandatario. No incluye el *Noticiero de la patria*, resúmenes de actividades de Gobierno ni transmisiones de otros poderes públicos en cadena nacional.

CAPITÁN: La verdad que es como mucho con demasiado.
Al llegar a la cárcel escribí un mensaje al país, Mitzy se las arregló para sacarlo y lograr publicarlo en los medios impresos, gracias a la gentileza de Rafael Poleo y Miguel Henrique. Me refiero al mensaje a mi querida Venezuela, que redacté de puño y letra durante la madrugada en la que trataba de adaptarme a mi cautiverio.

LA OBSESIÓN CON LOS LIBROS

Los libros son amigos que nunca decepcionan.

Thomas Carlyle

Los directivos de la cárcel llegaron a obsesionarse con los libros, nos obligaron a retirar decenas de libros y, para que pudieran permitirnos ingresar un nuevo texto, teníamos que someternos a una operación de «dando y dando». Una vez, Agustín Berrios me hizo llegar un libro del papa Francisco, y casi que le mandó una carta al nuncio apostólico protestando porque no me entregaban el libro de su santidad; más de 10 días pasaron hasta que por fin me lo dieron.

No nos limitábamos a leer por leer. Por ejemplo, el libro

del presidente Ricardo Lagos *Así lo vivimos* lo estudiamos como si estuviéramos haciendo un seminario, porque ahí se hablaba de la transición chilena, de la continuación de los programas de Estado, porque lo que se ha vivido en Chile no son simples programas de Gobierno, sino la prolongación de una visión de Estado compartida por los presidentes que se han sucedido en el ejercicio del poder. Lagos hablaba de la necesidad de combinar eficiencia con transparencia y que la democracia no debe limitarse al ejercicio puro y simple de la libertad, sino a garantizar el disfrute del bienestar social y económico. Un punto de debate de ese libro fue el de la creación del fondo con el que el presidente Lagos construyó la gran alcancía con los excedentes o ganancias que produjo el cobre; fue para Chile un fondo anticilicos que les había permitido a los gobiernos de ese país sureño afrontar los tiempos de las vacas flacas.

La historia relatada por don Patricio Aylwin no podía faltar, era tantear la transición de la dictadura a la democracia; era comparar la diversidad de fuerzas políticas, de esa diáspora que amenazaba la unidad o la concertación chilena, con un parecido a todo lo que se cuenta y se dice de la oposición venezolana, adulterando en muchos cuentos la verdadera voluntad unitaria, los logros, los pasos que hemos dado aleccionadoramente en nuestro país.

Leímos también la biografía de Winston Churchill, la que escribió Roy Jenkins; fue un regalo de Iván Marcano López después que Henry Ramos sentenció que «si queríamos saber de verdad la vida de Churchill, había que leerse la escrita por Jenkins». Cuando nos sometieron a una intensa requisa, la noche del 20 de abril, buscaban y buscaban en nuestros libros, en la ropa, quitaban la cerámica de los pisos, de los sanitarios, revolvían los paquetes de alimentos; no hubo rincón donde no metieran la mano y la queja: «¿Por qué tantos libros?». Y nuestras respuestas eran mandelianas, «Porque en la cárcel también se aprende a comprender mejor el mundo. No podemos resignarnos a perder el tiempo simplemente porque estemos presos». Cuando me hicieron la requisa pretendían llevarse mis notas, las cosas que venía escribiendo, las defendí con vigor, me les paré firme, «Ese es mi derecho humano, son escritos personales que tienen que ver además con mi derecho a la defensa, exijo que me sean devueltos». Siempre usaba seudónimos para referirme a una que otra persona, Mitzy, y mis hijas habían desarrollado rápidamente su capacidad de memorizar para traerme mensajes que referían como cuando se caletreaban los exámenes y sus respuestas.

Discutimos discursos que están más vigentes que nunca, frases como las de Roosevelt cuando dijo que «De nada debemos tener miedo, como no sea del miedo mismo». Por eso, quienes nos requisaban pavoneándose con sus pistolotas, no nos vieron arrugar un músculo.

La lectura diaria

> *El libro es fuerza, es valor, es poder, es alimento;*
> *antorcha del pensamiento y manantial del amor.*
>
> Rubén Darío

Leíamos los libros que nos hizo llegar Rafael Simón Giménez, *Las memorias de Américo Martín,* el resumen de la vida de Simón Alberto Consalvi, el *Edecán* de Betancourt, pero también los versos de Benedetti y de Andrés Eloy Blanco. Semanalmente analizábamos los versos de Montejo o de Vallejo, eso nos daba mucho sosiego; después le entrábamos a libros que tocaban las razones de las crisis de nuestros países, especialmente de Venezuela, volví a leer en la cárcel *Por qué fracasan los Países* de Daron Acemoglu; Daniel había colocado en la pared de su celda la página 93 de ese libro en la que aparecía una fotografía aérea nocturna para apreciar cómo eran las luces en Corea del Sur y la oscuridad en la parte de Corea del Norte. Este libro nos lleva a un debate con la idea de establecer las causas para que haya países pobres y países ricos. Cada uno de nosotros agarramos de algunas teorías, Daniel siempre con la foto que mostraba una Corea con un pueblo en una misma tierra, pero con dos diferencias, como ya lo dijimos arriba, una Corea del Sur iluminada y una Corea del Norte metida en la boca de un lobo. Se hablaba de la hipótesis geográfica, o de la tesis de Diamond, también de la importancia que jugaron las instituciones impuestas por los colonos europeos.

Sacábamos a relucir a Max Weber y hablábamos de la reforma protestante y la ética protestante. Jugué mi naipe y coloqué sobre la mesa la hipótesis de la cultura para preguntarles cómo estimaban ellos los impactos de la religión, de los valores y de las creencias.

No faltó el debate sobre el llamado «fallo de mercado» que genera tantas desigualdades y que compele a los Estados a intervenir, no para limitar los derechos de los ciudadanos ni los principios consagrados en las leyes, sino para contribuir a cubrir esos fallos de mercado. Todos convinimos en subrayar este párrafo «Los países pobres lo son porque quienes tienen el poder toman decisiones que crean pobrezas. No lo hacen bien no porque se equivoquen o por su ignorancia, sino a propósito. Para comprenderlo tenemos que ir más allá de la economía y el asesoramiento experto sobre lo mejor que se puede hacer y, en su lugar, debemos estudiar cómo se toman realmente las decisiones, quién las toma y por qué estas personas deciden hacer lo que hacen».

En conclusión, todos estuvimos de acuerdo en que cuando las instituciones funcionan mal, la economía marcha mal, en consecuencia hay pobreza, hay desigualdad y una brutal carencia de transparencia; eso se llama corrupción.

Viendo cómo los factores políticos comenzaban a hacer pronunciamientos a favor de la democracia venezolana, nos metimos en el tema de la transición española, leímos a Santiago Carrillo, una magnífica obra sobre Adolfo Suárez escrita por Fernando Ónega, quien relata la supuesta afirmación del histórico líder del Partido Comunista Español (Santiago Carrillo), diciendo que «En el fondo, Suárez era un hombre progresista y de izquierda». Carrillo había recomendado a sus seguidores «aprender a olvidar» porque, según él, era una de las maneras de lograr la transición española, superando los odios y los rencores. Las reflexiones de Felipe González en su libro *En busca de respuestas*, se la mostramos a los custodios de Ramo Verde, y les citamos una anécdota narrada por el presidente Felipe González en su libro cuando, una vez, teniendo apenas un mes como jefe de Gobierno de España, fue a abordar el avión que lo trasladaría de Madrid a Sevilla y en la escalerilla del avión se le presentó un militar diciéndole que estaría a cargo de su seguridad; narra el presidente González que, al estrechar la mano del oficial, lo llamó por su nombre de pila y el militar, sorprendido, exclamó: «¿Y usted me conoce, señor presidente?». Y este respondió, «¡Claro! ¿Cómo no lo voy a recordar? Usted me hizo preso cuando luchaba contra el franquismo, pero siga adelante, haga su trabajo, nos seguiremos viendo». Con esa respuesta Felipe González nos da una idea de cómo fue la transición en España, tal cual como lo había sugerido el líder comunista Santiago Carrillo, olvidando rencores y prejuicios.

Repasamos *Anatomía de un Instante* de Javier Cerca; para todos, la foto en la que aparecían impertérritos Adolfo Suárez y el militar Gutiérrez Mellado, desafiando a los golpistas, era un ejemplo de valentía que admiraba mucho. En esa misma gráfica se ve también a Santiago Carrillo sosteniendo dignamente su cuerpo en medio de la balacera. Cada vez que resaltábamos la valentía de esos hombres, nuestra moraleja era que la responsabilidad no se puede evadir, esos hombres representaban el Estado y no podían tirarse al suelo.

No faltó Fouché, había funcionarios que encarnaban perfectamente «La sangre fría, la conducta imperturbable que constituía la verdadera fuerza de Fouché». «Funcionarios que nunca se ponían nerviosos, capaces de acechar despiertos la falta de los demás, esperaban pacientemente que se agotara la pasión de los otros o que apareciera un momento de flaqueza para dar entonces el golpe inexorable. Funcionarios preparados para esperar y ocultarse, que bien pueden engañar hasta al más sagaz. Se escudaban siempre en que obedecían órdenes y lo hacían tranquilamente, sin pestañear», observábamos, tal como lo relata también Fouché,

«Que había funcionarios capaces de soportar sonriente y frío las más recias ofensas, las más viles humillaciones: ninguna amenaza, ningún gesto de rabia conmovía a esos témpanos de frialdad». Siempre estábamos rodeados de policías, semanalmente rotaban a un agente de la DIGCIM que estaba pegado de cada uno de nosotros como una estampilla.

Desde luego *La Rebelión de Atlas* de Ayn Rand nos ayudaba a organizar nuestras experiencias acerca de los temas, de la trama y de los personajes, porque la idea era asumir lo que vivíamos como lo que era, algo real; era razonar y definir al régimen que padecemos porque uno de los errores cometidos desde la lucha opositora era titubear y a veces pecar de ingenuo al no caracterizar adecuadamente tanto al gobierno de Chávez como al de Maduro, que al fin y al cabo es la misma cosa. Nuestra lucha es por la libertad, y *La Rebelión de Atlas* es una ofrenda precisamente a ese tesoro que supo valorar muy bien Don Quijote de La Mancha. Mientras leíamos comprendíamos el subdesarrollo del que queremos salir, mas no seguir sobreviviendo en él. Para sobrellevar una cárcel hay que saber domeñar las emociones, pero no prescindir de ellas, porque una emoción te ayuda a mitigar el decaimiento y te mantiene palpitante el corazón.

Y las 652 páginas de la autobiografía de Nelson Mandela *El largo camino hacia la libertad*, que fue un regalo que me entregó en la celda mi hija Mitzy, fue el libro que más me emocionó leyéndolo y casi al final fue un forcejeo, porque fue la extraña sensación de no querer terminar o, dicho de otra manera, aspirar a que este fuera un libro sin final.

CAPÍTULO 17

Misas y el general Baduel

También Dios tiene su
infierno: es su amor a los hombres.

Friedrich Nietzsche

Con el único libro que no había inconveniente era con la Santa Biblia, eso no significaba que fuera invulnerable a las requisas, porque cuando se presentaban las comisiones policiales, sorpresivamente, a nuestras celdas, revisaban desde la Génesis, hasta el Apocalipsis. Página por página era tanteada por las manos, aparentemente adiestradas, de quienes ejecutaban aquellas minuciosas inspecciones en el recinto carcelario, pero de eso hablaremos en detalle en otro capítulo; en este vamos a describir cómo eran nuestros encuentros religiosos.

El *Pan Diario de la Palabra* es editado por San Pablo Ediciones de Venezuela a cargo de Ángel Vagnoni (ssp) con la aprobación eclesiástica tanto del cardenal Jorge Urosa Savino como del obispo de Los Teques y presidente de la Comisión Episcopal de liturgia de la C.E.V. Mensualmente recibíamos el librito contentivo del *Pan de la Palabra*, y en cada una de sus páginas los ritos iniciales, desde el saludo, pasando por los actos penitenciales, el himno, la oración y colecta para dar paso a la liturgia de la palabra que nos lleva a la primera lectura, al Evangelio, a la oración de los fieles, a las ofrendas para alcanzar a los prefacios.

El padre José Antonio seguía la ceremonia entre los cánticos que los grupos musicales interpretaban y a los que sumábamos nuestras voces los presentes, tanto presos como custodios. Siempre esperábamos con emoción y auténtico sentimiento de hermandad el rito del abrazo de la paz; era un momento de transmisión de fuerza de unos a otros mientras nos decíamos cualquier palabra alentadora. Luego la comunión y las oraciones de rigor y terminábamos con la despedida, mirando al sacerdote que juntaba sus manos y volteaba hacia nosotros para decirnos: «¡Pueden ir en paz!».

Antes habíamos rezado el padrenuestro con toda la intensidad del alma plena de fe. Por eso de verdad salíamos de ahí en paz, con mucha paz, aunque parezca una paradoja porque lo menos que se respira en una cárcel es paz, más aún si te sabes prisionero de una injusticia, de una aberración, víctima de una persecución que no tiene fundamento por donde traten de inventarla.

Daniel Ceballos hablaba con deleite de los 4 Evangelios, también se refería con propiedad al Libro de los Hechos de los Apóstoles escrito por Lucas y, si bien es cierto que no me atrevería a decir que dominaba con precisión las 20 cartas que los apóstoles dirigieron a las primeras comunidades cristianas, sí nos daba evidencia de ser un cristiano lector y practicante.

Todo el que ha estado preso, al que le ha tocado en la vida convivir o tener relaciones o compartir las vicisitudes de un preso, sabe que al llegar a una cárcel le puede faltar la almohada, el colchón, el agua, la cobija, el plato con los alimentos, pero lo que no le va a faltar es la Biblia. En Ramo Verde se permitían los oficios religiosos, tanto de la Iglesia católica, como de los Hermanos Cristianos Pentecostales.

El oficio religioso comenzaba a más tardar a las 8 de la mañana de todos los miércoles; previamente, de acuerdo a como nos rindiera el tiempo, nos ejercitábamos para aprender a manejar el Libro Santo. Cómo encontrar los capítulos, cómo ubicar los versículos, los Evangelios y el significado de cada uno de estos; no obstante, la edición mensual de la Conferencia Episcopal facilitaba la participación activa de los que acudíamos al oficio religioso.

Para cada miércoles había un tema específico y un orden que daba paso al salmo responsorial y la homilía a cargo del padre José Antonio. Entrar y salir del recinto donde se celebraba el oficio era siempre tenso, por más que el padre y las hermanas auxiliares se esmeraran en distender el ambiente. Antes de entrar éramos exhaustivamente requisados —previamente el cura y sus auxiliares—, y lo que llevaban las Hermanitas de la Caridad, por lo general café, jugos, pasteles, bandejas con rodajas de queso y otros comestibles.

Los coros trataban de acoplar sus tonos y sincronizar las estrofas de sus cánticos con la rutina con la que se desarrollaba cada oficio, pero por más que rezáramos el padrenuestro y el avemaría, la tensión estaba en el ambiente. Cuando Leopoldo o Daniel no tenían audiencia pública, y por lo tanto no eran trasladados al tribunal, asistíamos los tres a la misa. No eran todavía las 8 de la mañana y ya estábamos pegados de la cerca pidiendo que nos abrieran la reja para llegar a tiempo a la misa y así saludar a todos los que progresivamente se iban incorporando; era un momento para la convivencia, recordemos que nosotros tres estábamos en un anexo que nos separaba del resto de los procesados o penados. No habían abierto la reja para ingresar a la requisa cuando ya el sargento o el primer teniente del Servicio de Inteligencia asignado para vigilarnos esa semana tenía encendida la cámara para filmar cada uno de nuestros movimientos. Eso nunca irritó al sacerdote, quien lucía siempre mesurado, tolerante y comprensivo, nunca vi que lo perturbara la labor de inteligencia que cumplían los policías. El que sí no escondía su molestia era el general Isaías Baduel; cada miércoles esperábamos el discurso o el mensaje que Baduel enviaría directamente a Maduro o a Diosdado Cabello, mirando directamente el foco de la cámara del funcionario de inteligencia, y que comenzaba así: «Este mensaje es para ustedes, para ti, Maduro, para ti, Diosdado, todos son unos cobardes, todos son unos traidores de la revolución, aquí seguiré firme y no me van a doblegar», hasta que las hermanitas colocaban sus manos en la espalda de Baduel y lo invitaban a que se sentara en uno de los bancos de la improvisada capilla.

Se daba el caso de oficios en los que había más funcionarios vigilándonos que voluntarios participando en la misa. Sobre todo cuando asistíamos los tres, Leopoldo, Daniel y yo, a cada lado se nos sentaba un custodio que también rezaba el padrenuestro, agarraba su estampita, pero que sabía que su misión era la de vigilar cada uno de nuestros movimientos; no nos perdían el mínimo desplazamiento, tratando de indagar qué hablábamos con Baduel o con otros militares procesados, qué nos decía el padre cuando se acercaba a darnos un abrazo y, mientras se escuchaban las armoniosas notas musicales del coro acompañadas de un pianista y de un guitarrista, la tensión no bajaba.

Así eran nuestras misas. No obstante, nosotros teníamos clara nuestra responsabilidad; en ningún momento podíamos perder la tranquilidad, siempre cumplíamos nuestro oficio con calma y tratando de encontrar sabiduría en cada versículo de cada salmo y de llevarnos algo en el corazón después de escuchar las reflexiones del padre José Antonio. Como ya dije antes, el padre nunca perdió la tranquilidad de su mirada, se empinaba frente al podio y explicaba la verdad que él quería transmitir con unas palabras sencillas que tenían más fuerza que la tensión que flotaba en el ambiente.

El miércoles 25 de febrero correspondía a la feria, la semana de Cuaresma, y el mensaje del padre José Antonio se basó en la conversión. La primera lectura nos llevaba al profeta Jonás y rememoraba aquellos tiempos en que el Señor le habló a Jonás y le dijo «Levántate y vete a Nínive, la gran capital, para anunciar ahí el mensaje que te voy a indicar». Jonás salió y recorrió la ciudad mientras daba a conocer el mensaje del Señor: «Dentro de 40 días Nínive será destruida». «Los ninivitas, comenzando por su rey, se arrepentían de su mala vida, de sus errores, y estaban dispuestos a dejar de cometer injusticias. Dios cambió de parecer y no les mandó el castigo que estaba determinado imponerles». Esta lectura la hizo, desde el podio dispuesto para tales efectos en la sala que servía de capilla, el general Baduel, con tono circunspecto, respetando los puntos y comas entre cada frase; haciendo las pausas correspondientes y dándole fuerza a su voz cuando se habla de la conversión. Siempre mirando la cámara del DIGCIM que filmaba cada instante de nuestro rito. Luego vino el salmo responsorial de ese día: ¡A un corazón contrito, Señor, no lo desprecies!

Saliendo de la ceremonia religiosa, siempre regresaban muy pendientes de nosotros los custodios. Despidiéndonos, el general Baduel no perdió oportunidad para decirle a uno de los capitanes que servían de escoltas:

BADUEL: No se olvide de los comentarios del padre José Antonio sobre la lectura de hoy: «Dios no quiere la muerte de nadie, sino que toda persona, pueblo o cultura salga del empecinamiento, de la maldad, del pecado: que se convierta y tenga vida auténtica».

CAPITÁN: ¡Amén, general, amén!

Después de concluido el oficio religioso, cada uno de nosotros escribíamos nuestras conclusiones. Salí al patio, me senté en un banco colocado debajo de la garita y, mientras las cabras «Rosita» y «Cara Sucia» comían monte, escribí lo que al siguiente día le entregué a Mitzy. Las visitas comenzaban los jueves, cuando Mitzy llegaba a la celda, lo primero que ponía en sus manos eran los aprendizajes sacados de la misa en la que había participado el día anterior.

El 12 de marzo le entregué a Mitzy lo que había escrito al salir de misa el día miércoles que acababa de pasar:

DIOS

Hoy fue miércoles de misa.

Compartiendo los misterios de la salvación de Dios, reafirmo lo trascendente de entrar al oficio religioso pleno de fe para salir fulgurante de sabiduría.

Convienes con tu conciencia en que estás dispuesto a cumplir los mandamientos por tus convicciones y solo, y nada más, y por más nadie, que no sea por temor a Dios.

Entiendes que más allá de esa cerca que limita tu libertad, hay una tierra prometida a la que llegarás más rápido si abres tu mente y tu corazón para captar los mensajes de Dios.

Valoras la humildad y apartas la soberbia y no te dejas confundir por los que llaman «al mal bien y al bien mal».

El día 18 de marzo, al salir de la misa, escribí:

Misericordia

Cada jornada religiosa revitaliza el espíritu de lucha.

Además, el padre José Antonio de Conceicao desarrolla febrilmente su mensaje, inspirado en la homilía pautada para la misa. Este miércoles había más custodios que privados de libertad, pero lo esencial es que el encuentro sirve para incubar concordia. Todos, al final, nos dimos el abrazo de la paz. En comunión confirmamos, con fe, que Dios no se olvida nunca de sus hijos, incluidos a los que fallan; la misericordia de Dios es ciega. Nos escucha a todos, nos prodiga auxilios y se esmera en que «Seamos alianza del pueblo: para decir a los prisioneros: salgan, y a los que están en tinieblas: vengan a la luz».

Cumplíamos con un rito movidos por la fe, pero con un gran sentimiento de responsabilidad solidaria, animando a los que veíamos deprimidos, a los que estaban «colgando» sus esfuerzos porque sentían que ya no valía la pena luchar, despertándolos del retraimiento en el que se enclaustraban. Cuando veíamos a un preso ensimismado —esa postura lo delataba: por su forma de presenciar la misa, se notaba ausente y que lo que menos hacía era involucrarse en la ceremonia—, a ese nos le acercábamos dentro de nuestras posibilidades, siempre lidiando con «el pegoste» del custodio, urdiendo algún pretexto para entablar un diálogo con él.

LA LÍRICA CARCELARIA

En la cárcel hay que aprender la lírica, es el abecedario, el idioma o dialecto para saber qué términos usar, de acuerdo con la persona con la que hablas. Uno sabe qué oficio o qué trabajo cumple en la cárcel cada quien, si es artesano, si es el que lava y plancha la ropa en la lavandería, si es el que se ocupa de alimentar las gallinas en el gallinero, si es el que está en la cantina del casino, si es el que resuelve el problema de herrería, electricidad o plomería; siempre hay un caminito por el que uno puede avanzar rumbo al diálogo.

Lo importante de la misa es que nos ayuda a abrir el pensamiento para crear otra agenda de reflexiones que va más allá de nuestros respectivos juicios en los tribunales; es como un capítulo complementario de las protestas que hacen en las calles nuestros seguidores, de las diligencias que hacen nuestras esposas, nuestros hijos dentro y fuera del país.

En las escrituras de la Biblia, un preso consigue los principios esenciales de la vida, es como que si nos pusieran unos lentes para ver con más claridad las prioridades y se flexibiliza nuestro espíritu ante las normas que regulan dentro de una cárcel nuestras actuaciones, por eso cada homilía le daba un sentido claro a nuestra vida, nos colocaba por delante una tarea para pensar en las nuevas generaciones, inculcándoles valores éticos y morales, porque cuando uno termina preso, por las razones que nos incumben, concluye que todo esto está relacionado con la crisis moral. La amoralidad con que se manejan los tribunales, la falta de ética de los jueces y de los fiscales, pero también sientes que se hace más necesaria la movilización responsable en los pueblos, para que comulguen con las ideas de fraternidad, unidad y solidaridad.

Un miércoles, Daniel tenía en sus manos un documento que resumía la participación del papa Francisco en la Jornada Mundial de la Juventud celebrada en Brasil, y citaba al profeta Amós, refiriéndose a la admonición de Dios: «Venden al justo por dinero, al pobre por un par de sandalias. Oprimen contra el polvo la cabeza de los míseros y tuercen el camino de los indigentes». (Am 2, 6-7).

DANIEL: ¿Por qué nos juzgan a nosotros si somos inocentes? En lo que acabo de leerles está la frase de los que venden al justo por dinero; estaríamos muy equivocados nosotros si concluimos que: ¿la corrupción que permite a muchos funcionarios manejar montones de dinero, los lleva a dictar medidas injustas contra nosotros?

LEOPOLDO: Es conmovedor el comentario que acaba de hacer Daniel y, frente a Dios, el que se ponga una toga para hacer el papel de juzgador debe cumplir el rol de guía, con objetivos muy concretos, actuando siempre ajustado a los valores y principios que impidan que ocurran esas cosas, que se termine entregando la libertad de un justo por dinero o de arrebatarle las sandalias a un desamparado.

LEDEZMA: Todo eso es cierto, todo eso tiene sentido, pero fíjense que estoy aquí con ustedes en este patio de la cárcel y me siento capaz de enfrentar el peligro de la desilusión y que, como lo narra este documento que nos entrega Daniel, el santo padre nos pide que luchemos sin amargura y que no perdamos el rumbo cuando alguna de nuestras expectativas no se cumpla. El papa Francisco dijo en Brasil: «La virtud dinámica de la esperanza impulsa a ir siempre más allá, a emplear todas las energías y capacidades en favor de las personas para las que se trabaja, aceptando los resultados y creando las condiciones para descubrir nuevos caminos, entregándose incluso sin ver los resultados, pero manteniendo viva la esperanza».

LEOPOLDO: En eso estoy totalmente de acuerdo; para mí la responsabilidad es luchar por el bien común. Para poder conocer los traumas de una sociedad, hay que meterse en el propio agujero de sus riesgos, de allí saldrán los resultados. Es como los anticuerpos que, dentro del organismo, combaten los microbios; la fe es un anticuerpo poderosísimo.

DANIEL: ¿Ustedes se han dado cuenta de la actitud del padre José Antonio, la paz que trasmite ese sacerdote, cómo pronuncia sus mensajes, la combinación de su tono, de sus acentos con sus gestos? Es una invitación constante al diálogo. A él lo incomodan los custodios que nos vigilan, pero no lo perturban, no pierde el foco, porque para él eso es una provocación violenta fácilmente de vencer con la palabra de la paz.

LEDEZMA: Y su último mensaje, referido a la protección del ambiente, revela su preocupación por el futuro de la humanidad. El papa sabe que Dios quiere que el planeta sobreviva a todos estos peligros que lo acechan, pero eso va a depender de la actuación de cada uno de nosotros. Es hora de aborda estos temas para hablar de la biodiversidad, para que la gente entienda eso de los combustibles fósiles, para que la gente deletree esa terminología de los gases invernadero, hablar en términos directos y ejemplos terrenales: la bolsa plástica, con la que sales del mercado y que después termina en un río y en los mares matando a los peces, y la pila que le quitas a tu celular y que termina en los rellenos sanitarios contaminando el ambiente.

LEOPOLDO: Es que el papa viene hablando de estos temas con mucha precisión; volviendo al discurso de Brasil, allí definió muy bien la globalización, y llegó a decir que la globalización terminó siendo implacable cuando se le permite a menudo ser salvaje, porque la globalización tiene su lado positivo, según el papa, pero su santidad también indica que no hay que descuidar ni olvidar el lado oscuro de la globalización.

LEDEZMA: Yo veo ese huerto que tenemos aquí en el patio y lo comparo con la siembra de amor, para que no tengamos tanta violencia implacable, para que no se sigan destruyendo las estructuras de las familias, para que no sigamos viendo a tanta gente arrinconada en la soledad y el abandono, para que seamos capaces de perdonar, de comprender y sacar de nuestra alma, como dice el papa Francisco, «el veneno que hace la vida un infierno».

DANIEL: ¿Saben qué me da fuerza, compañeros?, que estamos luchando en equipo. Cuando hablamos de estas cosas se me aviva la esperanza, porque eso significa que no hemos cerrado las ventanas para ver más allá de esta cárcel que tenemos que convertir en nuestro campo de entrenamiento; aquí rezamos, aquí sembramos lo que tenemos en el huerto, aquí jugamos cuando vamos a la cancha, aquí leemos para todos los días descubrir algo nuevo, incluso dentro de las cosas más antiguas.

LEOPOLDO: Y luchando unidos es que tenemos que producir los cambios; y aquí hay gente dispuesta a seguir en ese rumbo. Fíjense ustedes lo que acaba de ocurrir en esta misa, compartimos un pedazo de pan, tomamos café juntos, nos dimos un abrazo de solidaridad y eso significa que nos necesitamos mutuamente.

DANIEL: Hay gente que cree que porque estemos enjaulados aquí, ya nuestro corazón no se mueve y nuestros pensamientos no se activan; yo más bien hoy me siento más cerca de la gente que nunca.

LEDEZMA: Pero tenemos que fortalecer la unidad y que esa unidad esté en la calle, luchando al lado de la gente, en la vanguardia, interpretando cabalmente los anhelos del pueblo. La unidad tiene que ser todo lo contrario al apoltronamiento, lo que nos une y lo que nos identifica es que no somos indiferentes ante las injusticias y desigualdades que castigan a nuestro pueblo. Nosotros hemos luchado sin miedo y mientras más fe tengo, me es más fácil dominar los temores de estar en una cárcel.

LEOPOLDO: Pero tenemos que pedirle a la gente que hay que cambiar.

LEDEZMA: ¿Sabes lo que el papa contó cuando le preguntaron a la Madre Teresa qué era lo que debía cambiar en la Iglesia? La Madre Teresa respondió: «Tú y yo».
A los pocos días de ingresar a la cárcel estimé indispensable enviar un mensaje a la Santa Iglesia, leí la Biblia, agarré papel y lápiz y le pedí a Mitzy una palabra que me sirviera de inspiración para redactar la misiva. No tardó segundos para decirme: «Justicia».

CARDENAL VAN THUAN

Las ideas no se imponen, se proponen.

Juan Pablo II

Las conversaciones con el padre José Antonio fueron muy enriquecedoras, las pocas oportunidades que podíamos vernos fuera de la misa nos alentaban espiritualmente. El primer martes en la tarde que nos permitieron dialogar en la sala que antes servía de taller de serigrafía, ahora fuera de servicio, me obsequió el libro del cardenal Van Thuân, un religioso excepcional que de las prisiones comunistas salió convertido en un centelleante «príncipe de la Iglesia». Su historia es conmovedora y ejemplificante, por eso, cada vez que hablaba con nosotros —Leopoldo, Daniel o conmigo—, el padre José Antonio nos relataba algo en especial de la obra del cardenal Van Thuân, quien termina su vida expirando en Roma a los 74 años de edad.

PADRE JOSÉ ANTONIO: Comenzando el año 2000, el cardenal Van Thuân impresionó a Juan Pablo II y a los integrantes de la Nunciatura Romana con la predicación de los ejercicios espirituales, en los que comunicó hábitos y experiencias vividas en el curso de los 13 años que soportó en las cárceles comunistas de los cuales, por lo menos 9, en régimen de incomunicación.

LEDEZMA: Me llamó la atención, padre José Antonio, lo que el cardenal Van Thuân le repetía una y otra vez a los compañeros de prisión no católicos que le preguntaban cómo podía seguir esperando; él les decía: «He abandonado todo para seguir a Jesús, porque amo los "defectos" de Jesús».

PADRE JOSÉ ANTONIO: Analicen este pasaje, léanlo esta noche, está explicado en este librito que les dejo, «En la Cruz, durante su agonía, el ladrón le pide que se acuerde de él cuando llegara a su Reino. Si hubiera sido yo —reconocía monseñor Van Thuân—, le hubiera respondido: "No te olvidaré, pero tienes que expiar tus crímenes en el purgatorio". Sin embargo, Jesús, le respondió: "Hoy estarás conmigo en el Paraíso". Había olvidado los pecados de aquel hombre».

LEOPOLDO: Sí, ya he leído unos párrafos y he meditado sobre lo que más le atraía al cardenal Van Thuân de Jesús, que «Jesús no tiene memoria, perdona a todo el mundo». «Jesús no sabe matemáticas», bromeaba el cardenal Van Thuân al hablar de los «defectos» de Jesús. Lo demuestra la parábola del Buen Pastor. Tenía cien ovejas, se pierde una de ellas y sin dudarlo se fue a buscarla dejando a las 99 en el redil. Para Jesús, uno vale lo mismo que 99 o incluso más».

DANIEL: Le cuento, padre, que estuve hablando con uno de los custodios sobre los ejercicios espirituales del cardenal Van Thuân y se interesó tanto que le presté el libro de *Cinco panes y dos peces*.

LEOPOLDO: ¿Y qué le llamó la atención de la historia del cardenal Van Thuân a ese custodio?

LEDEZMA: Seguramente su capacidad para perdonar, para olvidar los agravios y no seguir su vida atada a odios y rencores. Tengamos presentes las declaraciones del cardenal que tanto llamaron la atención cuando recordaba en la entrevista a Zenit que:

«Un día, uno de los guardias de la cárcel me preguntó: "Usted, ¿nos ama?". Le respondí: "Sí, os amo". "¿Nosotros le hemos tenido encerrado tantos años y usted nos ama? No me lo creo...".

Entonces le recordé —seguía comentando el purpurado—: "Llevo muchos años con usted. Usted lo ha visto y sabe que es verdad". El guardia me preguntó: "Cuando quede en libertad, ¿enviará a sus fieles a quemar nuestras casas o a asesinar a nuestros familiares?".

"No —le respondió el cardenal—, aunque queráis matarme, yo os amo". "¿Por qué?", insistió el carcelero. "Porque Jesús me ha enseñado a amar a todos, también a los enemigos —aclaré—. Si no lo hago, no soy digno de llevar el nombre de cristiano. Jesús dijo: "Amad a vuestros enemigos y rezad por quienes os persiguen". "Es muy bello, pero difícil de entender", comentó al final el guardia».

PADRE JOSÉ ANTONIO: Es natural que algunos custodios que se han visto obligados a aplicarle medidas drásticas a ustedes —cumpliendo órdenes superiores como dicen ellos—, tengan el temor de que, cuando ustedes recuperen la libertad, salgan de esta cárcel y estén en posiciones de Gobierno, «se las devuelvan, se la cobren», por eso es bueno inspirarse en los ejercicios espirituales del cardenal Van Thuan.

DANIEL: Cuando salga de esta cárcel de Ramo Verde, a todo al que pueda facilitarle la lectura de esta hermosa y profunda obra de *Cinco panes y dos peces*, lo haré, porque es un legado a la humanidad donde se demuestra la fuerza que tiene la humildad que nos regala a los creyentes, en la paz, un sincero rito eucarístico que se explica a modo de oraciones, meditaciones, fe y presencia de Dios en su vida; el cardenal Van Thuân, mientras estuvo encerrado y luego de recuperar su libertad, su tarea prioritaria fue promover la esperanza, agitar la vida con ilusiones.

Cinco panes y dos peces

Cinco panes y dos peces es el ejemplo perfecto para contar el efecto de la multiplicación. Ese libro me lo obsequió el padre en una de las conversaciones que sostuvimos en la cárcel de Ramo Verde. Sobre ese texto, que leímos y analizamos en grupo, encontré el trabajo realizado por Laura Romo*, quien es profesora de Educación Infantil en Guadalajara, México. La narrativa nos lleva a comprender que «Jesús obró el milagro, tomó cinco panes y dos peces y los repartió entre todos los que allí estaban. El obispo Van Thuân nos reparte sus panes y peces, siete meditaciones, sus palabras, su testimonio, para que nos alimentemos de ese amor a Dios, de esa confianza constante en su presencia, de su esperanza rebosante».

La primera lección, el primer Pan, que podemos aprender es vivir el presente, no dejar pasar el tiempo esperando cosas, sino actuar. Preocupado por dejar su rebaño sin pastor, les escribe cartas diarias que más tarde se traducirán en la edición de su primer libro. Está encerrado y prisionero de una cárcel, de una celda, pero es una persona libre gracias al apoyo incondicional de Dios en su vida.

El segundo Pan nos habla de escoger a Dios y no las obras de Dios, de vivir la opción de Cristo.

El tercer Pan es el del silencio para orar. Orar en un diálogo con Jesús. Cada persona ora diferente, en momentos diferentes por motivos diversos. Pero todas y cada una de nuestras palabras o pensamientos son escuchadas. Que nuestro día a día se convierta en oración sencilla y humilde, con nuestros actos y vivencias cristianas.

El cardenal Nguyên Van Thuân en El cuarto Pan nos muestra el significado y valor de la eucaristía. El obispo Van Thuân celebraba la misa todos los días en su celda con tres gotas de vino y una gota de agua en la palma de su mano. La eucaristía era para él un auténtico pan de vida, alimento de esperanza en su camino y en el de los cristianos que le acompañaban, porque muchos revivieron su fe, otros se convirtieron, todos en manos de Dios.

El quinto Pan: ¡Amaos los unos a los otros como yo os he amado! Cuando el obispo Van Thuân reconoció que tenía que ver en sus guardianes el amor de Dios, empezó una etapa nueva, en la que se convirtió en maestro y amigo de sus enemigos, enseñando la fe cristiana.

El primer Pez nos habla de María, su primer amor, pilar fundamental en su vida. Todo con María, por María y en María. Como niño que busca a su madre, así confía y reza a María, se pone en sus manos y le pide «ven a vivir en mí».

El segundo Pez es la última lección, la invitación a hacernos un poquito más santos, leer los consejos que propone y aplicarlos en nuestras vidas diarias, sin descuidar los catorce pasos en la vida de Jesús y las oraciones. Estar disponibles, amar al prójimo, hacer felices a los demás, ser y hacer unidad, vivir la eucaristía, ser caritativo… son algunas recomendaciones sencillas que podemos realizar para alegrar la vida a los demás y a nosotros mismos.

Os invito a leer este libro estimulante para el alma, de esperanza y renovación de la concepción de ser cristiano. El autor, con su testimonio y sus pensamientos, nos recuerda la vida sencilla que llevó Jesús y que nosotros podemos seguir y continuar, que somos afortunados por vivir la eucaristía en libertad y con pleno sentido, que no debemos escondernos a lo que somos ni creemos. Un ejemplo de misionero que lleva la Palabra de Dios a los necesitados, sus obras y acciones que nacen por y para Jesús.

(*Cinco panes y dos peces*, F.X. Nguyên Van Thuân. Ciudad Nueva 2000, 88 págs.).

* Laura Romo es profesora de Educación Infantil en Guadalajara.

CAPÍTULO 18
La Transición

*Aprendí que el coraje no era la ausencia de mie-
do, sino el triunfo sobre él. El hombre valiente no es
el que no siente miedo, sino el que lo conquista.*

Nelson Mandela

*La democracia constituye, por consiguien-
te, un sistema político complejo en cuanto que
vive de pluralidades, competencias y antagonis-
mos permaneciendo como una comunidad.*

Alexis de Tocqueville

CONOCER LA REALIDAD

El político será diletante, se defenderá simplemente con
fárragos, se moverá por las ramas cuando esté perdido del
país en el que pretenda ejercer un liderazgo. Porque un político que no conozca la realidad no estará en capacidad de
hacer discursos simplificados, con contenidos a manera de
respuestas inmediatas a las exigencias que la cruda verdad
le impone.

Por eso es importante que en los debates que deben promover los partidos políticos, participen los intelectuales,
académicos, investigadores y los trabajadores comunitarios,
los que no hablan con lenguaje ampuloso, los que no saben

explicar qué son los efectos invernadero pero sí conocen los despreciables rellenos sanitarios que huelen mal, que son pestilentes, donde la gente trata de sobrevivir entre animales. Estando en la cárcel leímos uno de los últimos estudios de Luis Pedro España, donde habla de algunas categorías sociales, donde estudia a la familia como base de la sociedad y ofrece datos pormenorizados de la desintegración de la familia y de las necesidades de la familia. Ese es un análisis necesario para un dirigente político, pero el dirigente político tiene que, además de leerse ese estudio y otros más, ir a los barrios de Cumaná o de Caracas a confrontar los resultados de los estudios de campo.

LA CRISIS DEL PENSAMIENTO

A veces podemos pasarnos años sin vivir en absoluto, y, de pronto, toda nuestra vida se concentra en un solo instante.

Gregorio Marañón

La verdadera crisis de los partidos tiene su epicentro en la crisis de pensamiento, porque hay que pensar para definirse; más allá del reduccionismo que limita el debate a ver si se es de izquierda o si se es de derecha. Es necesario que los jóvenes que están llamados a hacer política sepan quién fue Federico de Prusia, que conozcan las andanzas fascistas de Mussolini, que sepan qué hicieron las bandas de Mao Tse-Tung y estén en capacidad de comparar los procesos revolucionarios que se han dado en el mundo después de la I y II Guerra Mundial.

A los jóvenes hay que motivarlos para que se inmiscuyan en la política, para que promuevan la renovación dentro de los partidos en los que militan, para que empujen la barrera y hagan posible la actualización de los programas o tesis que identifican a sus respectivos partidos políticos; si los jóvenes no hacen políticas, otros lo harán y tomarán decisiones en nombre de ellos, porque la quietud y la indiferencia terminan siendo un precio muy caro a pagar. Los debates deben ayudar a despejar las confusiones que se dan entre lo que es liberalismo, conservadurismo y progresismo, por ejemplo. Para un jubilado de Berlín, que se mantenga estable la inflación representa estabilidad y progreso, mientras que para otros son medidas conservadoras. Lo que no puede hacer un partido es enclaustrarse, pretender seguir viviendo de la renta histórica, renunciando a la idea de producir nuevas fórmulas que traigan consigo soluciones y no cabalgar sobre utopías esperpénticas.

Los partidos políticos al día de hoy, en cualquier parte del mundo, que no se percaten de que la digitalización es una realidad imponente serán devorados por la realidad que va dinámicamente cambiando mientras los partidos se anquilosan. Los partidos que se limiten a depender de las tradicionales maquinarias empujadas por activistas ayunos de los recursos tecnológicos serán arrasados por otros movimientos que se monten en las plataformas de la internet y de las redes sociales para navegar a sus anchas por una web 2.0, por Facebook o Twitter, y cualquier otra autopista en la que será posible comunicarse virtualmente con los ciudadanos. Ese poder de la informática tiene una batería de *software* preparada para el combate. Los partidos y los líderes partidistas que no se replanteen la manera de relacionarse con la gente y pretendan seguir supeditados a los periódicos impresos, a las emisoras de radio o de televisión, es porque no han internalizado la presencia avasallante de la digitalización y no se han preparado para combinar la relación virtual con la gente, con la tradicional comparecencia física en los espacios que no deben dejar de frecuentar.

La economía, el comercio, las ventas, la empleabilidad, las variables financieras están siendo sacudidas por la era digital. Solo basta con comparar lo que representan en valor monetario, en el mercado bursátil, las empresas petroleras, las empresas automotrices con lo que valen al día de hoy Amazon, Google, Facebook y Apple. La diferencia es abismal a favor de estas últimas.

Otro viraje que deben dar los partidos y sus dirigentes es

para centrarse en el tema ambiental. Ya no se trata de consignas conservacionistas de grupos aislados que claman por la protección de los espacios verdes. Ya la descarbonización es una meta de este siglo. Ya hay acuerdos suscritos por jefes de gobiernos del mundo libre comprometidos a desacelerar el uso de los combustibles fósiles. Los datos sobre el daño ecológico que el plástico le hace a las especies de ríos y de océanos son alarmantes, y ante esas estadísticas ya no caben pretextos basados en los intereses de crecimiento económico de algunos estrategas. Materias primas como el petróleo y el gas están siendo suplantadas, progresivamente, por las energías blancas. Son esos recursos energéticos alternos que van desde la energía solar a la eólica.

La globalización es un hecho cierto, de allí que la mirada de los planificadores del futuro económico de Venezuela tiene que ser amplia, de gran alcance. No podemos limitarnos a las relaciones tradicionales, es necesario abrirnos a otros escenarios mientras conservamos y consolidamos esos vínculos históricos del país con Estados Unidos, Canadá, México, Brasil, Colombia y todo el mercado latinoamericano, al mismo tiempo que nos seguimos abriendo caminos en Europa. Pero en el horizonte existe el mundo asiático y hacia esas latitudes debe centrarse también la mirada de los conductores estratégicos emplazados a diseñar el relanzamiento económico y financiero de Venezuela.

¿El fin de las ideologías?

*El mundo entero se aparta cuando ve pasar
a un hombre que sabe a dónde va.*
Antoine de Saint-Exupery

Toda una tarde pasamos en Ramo Verde discutiendo si este era el fin de las ideologías, como algunos han querido hacer ver o, cuando dejando de lado las ideologías, apuestan a la magia del simple desarrollismo del crecimiento. Para mí, mientras haya injusticia, mientras haya espeluznantes brechas sociales, renace la ideología para producir políticas definidas que hagan posible la incorporación a los excluidos del bienestar y buscar los equilibrios indispensables que garanticen la paz.

Lo que no podemos hacer es encallejonarnos en el simplismo de las diferencias de izquierda o derecha que parte de 1789, cuando en La Asamblea Constituyente Francesa, los que estaban coincidiendo con los factores de poder se colocaron a la derecha del presidente, mientras los que procuraban acabar con aquella estructura de poder se amontonaron botando a la izquierda del presidente; por eso se habla de conservadores o progresistas.

Pues bien, ese debate tenemos que darlo sin vacilaciones. Me defino como un demócrata liberal con un marcado acento social. En pleno siglo XXI, no me dejo encadenar a dogmas, creo que hay puntos de uno y otro lado que podemos conjugar para que profundicemos en lo que unos y otros han aceptado como valederos, que es la economía social del mercado. Creo en el derecho de propiedad. Creo en el capital que sea capaz de generar desarrollos, oportunidades de empleo que favorezcan a los emprendedores. Creo en la necesidad de establecer la ley como piedra angular de la sociedad para garantizar el orden y los derechos de los ciudadanos. Creo en un Estado eficiente curado de gigantismo y sin afanes de intervencionismo y que más bien estimule y certifique el funcionamiento de servicios básicos sin que parta de la autosuficiencia excluyente de los sectores privados que están en capacidad y obligación de ofrecer su concurso dentro de linderos humanistas, sensatos y, por sobre todas las cosas, solidarios.

Creo en los pactos de Estado, creo en la necesidad de aunar esfuerzos cuando hay crisis; esa es la responsabilidad que le cabe a un estadista cuando el país al que dice servirle requiere de diálogo, de acuerdos, de entendimiento. Y nada de esto se podrá lograr debatiendo con encuestas sobre la mesa en cuyo entorno se sientan a debatir los líderes llamados a producir esos consensos por la paz y el progreso de la humanidad.

La fórmula para que un país crezca en todos los sentidos ya existe, no hay que inventarla, es el trabajo creador. Contar con una sociedad que produzca, con ciudadanos dispuestos a trabajar, cada quien en su área, en la que pueda rendir. Hay que estar claros, no hay otra manera de progresar, por más riqueza natural que se ostente, es esmerándonos, cada quien poniendo de su parte, si no será imposible salir del atraso y del subdesarrollo.

La democracia con acento social

El hombre es un ser social cuya inteligencia necesita, para excitarse, el rumor de la colmena.

Santiago Ramón y Cajal

A la democracia hay que darle coherencia ECONÓMICA Y SOCIAL, y eso lo lograremos tanto y en cuanto los objetivos y los proyectos que se diseñen estén inspirados en principios sólidos, atados a programas que no den lugar a vicios, que no flaqueen ante las desviaciones, pero, además, que se nutran de un sentido de realismo que los cure del utopismo; esto significa seguir explorando en el tejido social como ya lo hemos explicado.

Coincidimos en que democracia es libertad, que la democracia tiene que contar con un pueblo dispuesto a movilizarse y la única manera de lograrlo, más allá de los aspavientos fugaces del populismo, es comprometiendo a la dirigencia y al pueblo con programas, con proyectos viables en la vida real. Cuando se trabaja con base a tácticas demagógicas, se pisa el terreno peligrosísimo del clientelismo que contamina el espíritu de la dirigencia y militancia de los partidos, es como ya hemos dicho, nos golpea la maldición del maleficio del populismo.

Ustedes se preguntarán, ¿qué hace un preso político encerrado en una cárcel elucubrando sobre estas ideas? Pues bien, es la mejor manera de sobrevivir en la prisión. En la prisión se estudia, no simplemente se lee, en la prisión se reflexiona; no es cuestión de limitarse a leer un cuento y a matar el tiempo, en la prisión se hacen amistades y, desde luego, de lo que leemos y estudiamos intercambiamos ideas y sacamos conclusiones. Resulta ya una estupidez declararse izquierdista simplemente porque se le prenden velas a la imagen del Che Guevara, sin ni siquiera saber cuál ha sido el destino de las ideas que aún sigue defendiendo la élite que controla la dictadura castrista.

Lo que hay que ver en la realidad es que el llamado socialismo, que para Fidel Castro no es otra cosa que el comunismo, a lo largo de su historia, y revisando exhaustivamente el presente, no ha logrado transformar la injusticia social en progreso, o sea, los ciudadanos cubanos, los ciudadanos nicaragüenses y venezolanos no disfrutamos de una sociedad justa. El comunismo ha fracasado en donde se ha querido imponer como el recetario único para redimir a los pueblos.

LAS INSTITUCIONES

¿Cómo podemos organizar las instituciones políticas de tal manera que se impida a los gobernantes malos o incompetentes hacer demasiado daño?

Steven Pinker

Hablamos en la cárcel del cuidado que había que tener de no lucir eclécticos, de que se nos confundiera con una bisagra o perdidos en ambos extremos. Para evitar esa confusión o ese riesgo quiero definirme como un dirigente político que cree que lo esencial para un país son las instituciones; que estas no marcharán bien si no hay justicia, si la Constitución Nacional no se respeta, si la separación de poderes termina siendo un ardid para aparentar que hay una democracia cuando, en la realidad, los hechos evidencian que los poderes públicos están sometidos en las manos de un autócrata. Esa fue una de las premisas del documento sobre la transición que suscribí junto a María Corina y Leopoldo López, y al cual se han sumado muchos otros, entre ellos, de manera incondicional, Daniel Ceballos.

En ese documento insistimos en defender la libertad económica que propicie las inversiones propias y extranjeras, pero desde luego examinando los monopolios, evitando las especulaciones e instalando circuitos de control para que haya transparencia y así evitar las economías paralelas del contrabando o el desarrollo de los circuitos corruptos que se instalan en las aduanas o en los patios de los puertos del país. Creemos en una economía que desarrolle sus estructuras en todos los ámbitos, o sea, una economía diversificada; admitimos que no estoy diciendo nada novedoso; ya Alberto Adriani y Arturo Uslar Pietri se habían referido a la necesidad de «sembrar el petróleo», por eso hay que aprovechar la palanca del petróleo que, más que un excremento del diablo —como dijo una vez Pérez Alfonzo—, es una bendición de Dios. La maldición está en la corrupción, en los errores cometidos y en el populismo que invadió a la industria nacional.

El gobierno de la República Bolivariana de Venezuela posee la totalidad de las acciones de la empresa que se encuentra adscrita al Ministerio del Poder Popular para la Energía y Petróleo. En la Constitución de 1999 está contemplado que la empresa mantenga el monopolio exclusivo de los hidrocarburos que se encuentren en el subsuelo venezolano (petróleo, gas natural, entre otros) y que sus acciones no pueden ser vendidas a particulares. No obstante, la empresa puede asociarse y entregar concesiones para la prestación de servicios relacionados con sus productos.

Petróleos de Venezuela era la tercera empresa en el mundo en capacidad de refinación, capaz de procesar 3,3 millones de barriles diarios de petróleo. Posee 24 refinerías en todo el mundo, 18 de ellas en el exterior y 6 en el país. Entre las instalaciones en suelo venezolano, destaca la segunda refinería más grande del mundo después de la refinería Jamnagar en India: el Complejo Refinador Paraguaná, en el estado Falcón, con una capacidad de procesamiento de 940.000 barriles diarios de crudo, así como las refinerías de Puerto La Cruz, con una capacidad de procesamiento de 200.000 barriles diarios, y El Palito, que refina 130.000 barriles diarios.

Muchos concluimos que cuando se estaba creando Venezuela, Dios nos privilegió. Nos dotó de todo, el petróleo, por lo tanto, es un cariño extra del creador del universo. Nuestra visión es diferente. Renegar de esa riqueza no me parece lógico, la tenemos y no ha sido administrada adecuadamente, porque se han cometido muchos errores. He sostenido que esa colosal fortuna que debería estar invirtiéndose en escuelas técnicas, laboratorios para fabricar medicamentos, en maquinarias agrícolas o, simplemente, en la formación de los mejores educadores del continente, se la robaron, la regalaron o la despilfarraron en locuras para complacer caprichos, porque se ha manejado el Estado como una bodega desde la cual cada quien se siente dueño de los víveres, los dispone a su antojo y sin ningún control.

Eso es lo que ha pasado, así de sencillo. Y eso es lo que hay que corregir urgentemente. Por ejemplo, hay que apuntar a la creación de una Agencia Nacional de Hidrocarburos. Sigo pensando que el petróleo, en la realidad, es mentira que sea de los venezolanos, no es de los venezolanos, es del gobierno de turno, y desde luego donde se aprovechan las roscas que se acomodan y que disponen de esos recursos según sus planes circunstanciales e intereses políticos por los efectos de la maldición de la corrupción. Valga esta aclaratoria para salirle al paso a los detractores que han querido desvirtuar los puntos que ensamblamos en el documento para la transición que avalamos junto a Leopoldo López y María Corina.

Si estuviera vivo Pérez Alfonzo le diría que la presencia del bitumen en nuestro subsuelo no es la maldición, lo que es maldita es la corrupción que se ha tragado la más fabulosa riqueza con que país alguno desearía contar. Doloroso lo que han sufrido países que no tienen ni agua, menos pensar en poseer petróleo, y hoy en día esos países pequeños, sin tierras fértiles, porque más bien son tierras desérticas, sin petróleo ni agua, son potencias que se abren camino en medio de esta competencia intensa que ofrece como dinámica la tecnología que reta a la humanidad. En Venezuela es hora de involucrar, como verdaderos socios, a los ciudadanos venezolanos, que tengan participación accionaria, que el Estado siga fiscalizando la empresa, pero que, a la hora de regalar, despilfarrar, se paren de frente los dolientes de su industria y ¡ya veremos qué gobierno se atreverá o dejaremos que siga haciendo o pretenda hacer lo que se le ocurra con nuestro petróleo!

Venezuela necesita de una nueva política petrolera, ya basta de solazarnos diciéndole petulantemente al mundo «somos el país más rico, porque tenemos las más grandes reservas del planeta», pero no tenemos comida, no podemos atender a los pacientes con medicamentos, los hospitales están en crisis, y miles de ciudadanos se marchan a buscar mejores destinos fuera de la patria. Algo malo está pasando y es un problema de gerencia. Debemos pasar a producir más, y para eso hay que acondicionar la infraestructura, mejorarla, hacer grandes inversiones, combinar la actividad de extraer crudo con el aprovechamiento del gas asociado al petróleo, pensar en grandes proyectos gasíferos, petroquímicos, recuperar las empresas de Guayana, pero para eso hacen falta no solo recursos financieros de los ámbitos privados —que serán esenciales porque sin recursos financieros no se saca adelante ningún proyecto—, hace falta estabilizar políticamente al país, pensar en un gran acuerdo nacional de gobernabilidad, en un Plan de Estado, con visión de corto, mediano y largo plazo, con gobernantes comprometidos a respetar la constitución y las leyes, para que los inversionistas criollos o los que deseen invertir desde afuera tengan confianza, seguridad jurídica, que no sufrirán las consecuencias de los manotazos de un gobernante atrabiliario que se le ocurrirá anunciar expropiaciones en una cadena de radio y televisión.

Ese gas y ese petróleo son para explotarlos racionalmente, para ponerlos al servicio del futuro, no para dejarlos sepultados como los abuelos dejaban en los baúles sus reliquias que, una vez que eran descubiertas, no valían nada. Si ponemos orden en este desorden será posible que Venezuela se convierta en uno de los pilares cruciales de la pro-

ducción petrolera y comenzaremos a exportar en corres-
pondencia con el nivel de nuestras reservas. Igualmente con
el gas, que está allí, simplemente para contemplarlo y tener
que usar nuestros combustibles para que funcionen las viejas máquinas o plantas eléctricas que apenas nos alumbran
en esta crisis de electrificación que afecta a Venezuela.

Paso clave será la recuperación de las instituciones públicas politizadas y fanatizadas. Hay que enfrentar la delincuencia, cuya fuente de descomposición es la reinante impunidad
que da pie al funcionamiento de megabandas, colectivos
armados, distribución creciente de drogas, tráfico de armas
comerciadas desde los propios cuarteles, los sindicatos paralelos que dirigen bandas que han asesinado a centenares de
dirigentes del ramo de la construcción, los «gobiernos» que
operan desde las cárceles y la purulenta situación del sistema
judicial, que de una u otra forma es la base de operaciones
de todo lo antes expuesto.

¿POR QUÉ FRACASAN LOS PAÍSES?

¿Y PDVSA?

> *Una de las tragedias de PDVSA es que la han*
> *destruido, ya no hay tal cosa como PDVSA. PDVSA*
> *era una de las mejores empresas petroleras del mun-*
> *do, eso todo se ha perdido, hay que reconstruirlo.*

Moisés Naim

El tema del petróleo nos llevó tardes. Colocamos en la mesa,
reiteradamente, la situación de PDVSA. Y nos veíamos pre-
guntándonos qué hacer con una empresa venida a menos
después que escaló los primeros sitiales de honor y prestigio
en el mundo. No hacíamos esos análisis como principian-
tes ayunos de información. Habíamos leído informes que
daban cuenta de cómo había caído la producción, los mer-

cados que se estaban perdiendo, las declinaciones en investigación y la fuga de talento humano que el propio régimen había echado cruelmente de las instalaciones que ellos habían contribuido a edificar.

Teníamos a la mano el número de pozos desactivados, los taladros desmantelados, las empresas que estaban por «picar los cabos» o escapar del acoso de un régimen que no ofrecía ni mínimas garantías de seguridad jurídica, porque el problema de la devaluación, de la inestabilidad monetaria y la mezcla de operaciones torcidas de PDVSA con el BCV, también afectaba al negocio petrolero como a los cosechadores de café o de arroz.

Defendí la idea de que PDVSA era un icono para nuestra historia petrolera, era como el pozo Zumaque de estos nuevos tiempos, pero que recuperarla luce como una quimera. La urgencia impone la necesidad de acciones audaces, pero eso sí, sin complejos, sin «patrioterismos», sin estafar la buena fe de la gente que escucha a los que han quebrado nuestra industria gritando «hay que defenderla de las garras extranjeras» y son ellos precisamente quienes se las entregaron dócilmente por hacer negocios por los que algún día deberán rendirle cuenta a la justicia nacional.

Proponemos la creación de una AGENCIA NACIONAL DE HIDROCARBUROS que se dedique exclusivamente al negocio petrolero, con una operación de salvamento que incluya a todos los trabajadores y tradicionales proveedores ahora en espera de que les sean honradas sus acreencias. La operación «Vuelvan Caras» sería el retorno de los miles de técnicos que ahora están regados por todas partes del mundo; estoy seguro de que, con una campaña de motivación que despierte el sentimiento nacionalista, muchos de ellos regresarán a asumir la formidable labor de rehacer nuestra industria. Retornarán con conocimientos, con nuevas tecnologías, con destrezas, con la visión de mundos modernos que padecieron crisis superiores a la que ahora nosotros sufrimos y que harán posible el milagro de reflotar nuestra industria.

¿Miedo a la crisis?

*Todas las situaciones críticas tienen un
relámpago que nos ciega o nos ilumina.*

Víctor Hugo

Colocamos en la pared, debajo de la fotografía de Rómulo
Betancourt, una pizarra para hacer ejercicios de escenarios.
A partir de ese instante, la cárcel tomaba forma de escuela de
debates. La crisis aparecía por todos los ángulos. No había
«punta del cuero que no se levantara», ningún sector esca-
paba a los trastornos que se evidenciaban en los más elementales inventarios que hacíamos de la situación económica,
financiera, social, petrolera, moral, en general; en donde
poníamos la mira se detectaban dificultades con tamaño de
crisis llamativa. En eso, Daniel Ceballos saltaba con su filo-
sofía y nos leyó un pensamiento del genio Albert Einstein:

«No pretendamos que las cosas cambien si siempre hacemos lo mismo. La crisis es la mejor bendición que puede
sucederle a personas y países, porque la crisis trae progre-
sos. La creatividad nace de la angustia como el día nace de
la noche oscura. Es en la crisis que nace la inventiva, los des-
cubrimientos y las grandes estrategias. Quien supera la crisis
se supera a sí mismo sin quedar superado».

Quien atribuye a la crisis sus fracasos y penurias, violenta
su propio talento y respeta más los problemas que las soluciones. La verdadera crisis es la crisis de la incompetencia. El
inconveniente de las personas y los países es la pereza para
encontrar las salidas y soluciones. Sin crisis no hay desafíos,
sin desafíos la vida es una rutina, una lenta agonía. Sin crisis
no hay méritos. Es en la crisis donde aflora lo mejor de cada
uno, porque «sin crisis todo viento es caricia». Hablar de crisis es promoverla, y callar en la crisis es exaltar el confor-

mismo. En vez de esto, trabajemos duro. Acabemos de una vez con la única crisis amenazadora, que es la tragedia de no querer luchar por superarla.

Entonces el optimismo presidía cada uno de nuestros actos, pensamientos, la visión que prevalecía, la compartida, era una visión de futuro con esperanzas de sacar el país adelante. Es verdad que la deuda asusta, como también aterran los inventarios que manejamos de cómo están las empresas básicas de Guayana y la situación, general, de PDVSA, pero sabíamos que simultáneamente somos el país con las más grandes reservas de crudo del planeta; eso está ahí, es una realidad, en las entrañas de la tierra, para no hablar de otros tantos recursos naturales que con planes bien elaborados, con una tarea de rescate nacional, involucrando a todos los sectores ganados a reconstruir al país en todos los órdenes, esta crisis era una espectacular oportunidad para cantar éxito. ¡Claro debe estar, es el fin de la era rentista!

RECUPERAR LOS CAPITALES FINANCIEROS

Venezuela tiene capitales dentro y fuera del país. La denuncia que puntualizó el diputado Roberto Henríquez, a primera vista luce desproporcionada por la cuantía, por el tamaño del monto, pero esa es la triste realidad, es la verdad que da cuenta de la orgía financiera que se ha perpetrado contra las entrañas de nuestras finanzas y sobre eso hay que tener planes previstos.

Es momento de ir pensando en un equipo de especialistas que fueran palpando por el mundo la manera como otros países que fueron víctimas de esta misma fuga de capitales articularon una estrategia para hacer posible, y lo lograron, repatriar esos dineros. Esa noche, después de haber leído las declaraciones de Roberto, logramos llamarlo y solidarizarnos con él. Pero era necesario pasar de la denuncia, de la euforia, de la quimera a la realidad, para que la recuperación de esos fondos fuera posible.

Revisamos algunos esbozos de proyectos propuestos,

como uno referido a una Ley de Repatriación de los Capitales para que el Estado cuente con un instrumento jurídico para penalizar a quienes se robaron los dineros públicos y hoy viven como magnates rojos. Es conveniente ir organizando esas ideas para que, en un gobierno de transición, sean tomadas en cuenta. Desde luego hay que debatirlas, buscarle sentido a cada una de las opiniones, mejorar sus alcances con el punto de vista de varios especialistas en esta materia, evitar que merodeen los especuladores que buscan simplemente ganancias fáciles. Con esos dineros repatriados y con mínimas garantías se puede financiar la recuperación de la red de acueductos, los gasoductos, las inversiones en explotación del gas, en exploración petrolera, en instalación de plantas termoeléctricas, en escuelas, en vialidad, son muchos los proyectos que se pueden sacar adelante solo con ese fabuloso capital que está escondido en cuentas que deben ser puestas a la luz pública, pero para eso hace falta una estrategia y eso debe manejarse con responsabilidad; para eso también contamos, como ya hemos dicho, con experiencias en el mundo.

Veamos en un paréntesis lo que pasa con el Banco Central de Venezuela:

Ese era un instituto emisor que resplandecía de prestigio, con todas las fallas que se le pudieran adjudicar en los demonizados tiempos de la cuarta república, pero el BCV tenía reputación dentro y fuera del país. Hoy esta institución está devastada, desde todo punto de vista. Fue arrasado por quienes lo manejaron como su propia cuenta bancaria, y allí tienen responsabilidad directa sus directorios, sumamente infructuosos en sus respectivas gestiones, tanto desde el punto de vista moral como también desde el punto de vista financiero. Lo más grave es que liquidaron o acabaron con la credibilidad del BCV. Las estadísticas del BCV eran sacrosantas: se anunciaban pertinentemente y nadie dudaba de ellas. Ahora no se publican, y cuando las editan, las cubre un manto de duda. La razón de no publicar las cifras es para que no se evidencie la magnitud de la crisis que sufrimos.

Estamos en medio de una hiperinflación. Ya los números

indican que este año la inflación (2015) pasará fácilmente de 2000 % y, en el caso de alimentos, la inflación cambia cada semana. Estamos ante una caída brutal de los salarios reales y del consumo. Toda esta explosión de los precios tiene que ver con la impresión de dinero de la nada que hace el BCV. En nuestras sesiones de análisis en la cárcel de Ramo Verde, teníamos a la mano los informes de especialistas financieros, monetarios y de economistas críticos del régimen. Un tema que nos atraía y preocupaba a todos en la mesa de análisis que improvisábamos en los pasillos de la cárcel donde montábamos nuestra sala de debate era el hecho de la caída total de los inventarios en cuestión de semanas; los voceros oficiales los acusan a estos de apocalípticos. ¿Quién está en lo cierto, a su juicio? Lo inevitable es que reponer esos inventarios costará mucho, se requerirán políticas de saneamiento financiero y sentimos que este régimen ni tiene capacidad, ni equipos eficientes, ni estrategia ni voluntades para encarar esta tremenda crisis.

Las reservas internacionales de Venezuela caían de 24 mil 254 millones de dólares a 17 mil 387 millones de dólares en un lapso de tres meses, una baja de 6 mil 867 millones de dólares, según denunció el diputado Elías Matta, integrante de la Comisión de Finanzas de la Asamblea Nacional, quien indicó que la información es oficial pues fue publicada por el Banco Central de Venezuela (BCV). Eso fue en el año 2016, hoy las reservas se limitan al poco oro que queda y el propio régimen confiesa que no pasan de 6721 millones de dólares.

No había duda de que la «disipación» de las reservas internacionales también trae como consecuencia que el país cuente con menos recursos para importar, no solo en lo pertinente a los bienes de consumo final, sino también a los insumos que requiere el aparato productivo nacional. Si no hay disponibilidad de suficientes reservas internacionales no hay recursos y el Ejecutivo no puede cubrir los gastos y compromisos de la nación. No puede pagar las importaciones básicas de alimentos e insumos para productos y medicinas, por ejemplo. Por eso vemos que cada día hay más escasez de productos, también se evaporan, desaparecen de los mercados».

Como leerán, era imposible estar presos y sustraerse de estos problemas que nos ocupaban la cabeza. Se equivocan quienes se imaginan a presos en el caso nuestro solo pendientes de cómo salir de estas rejas, cómo saltar estas concertinas plagadas de navajas afiladas que pueden filetearnos en un dos por tres. Nuestra preocupación estaba enfilada también a considerar los temas relacionados con los desequilibrios y variables económicas y sociales que aquejan al país.

La escasez de dólares oficiales es patética y el dólar paralelo sube meteóricamente. Por otra parte, la tapadera de la corrupción es grotesca, diría que más que descarada. Eso está claramente identificado. No se atreven a destapar la olla podrida porque hay un gentío relacionado con los guisos que en su oportunidad denunció el propio exministro Jorge Giordani. Están unidos por el delito, como una vez me dijo Américo Martín. Aquí no se ha investigado a fondo porque los involucrados son exfuncionarios de mucho peso y miembros del PSUV. Para todos los fines prácticos, la Fiscalía sirve para la persecución política mas no para castigar al delito.

Cuando nos reunimos a analizar en la cárcel el caso Banco Central es porque convenimos en la necesidad de reorientar ese organismo y en devolverle su autonomía, hacer lo necesario para que fuera manejado por especialistas solventes, honestos, comprometidos con una estrategia económica, financiera y monetaria acoplada con los grandes planes de la nación, y que entonces dejara de ser la caja chica del régimen a cargo de comisarios políticos que acataban mansamente las órdenes que les bajaban operadores que solo tenían intereses especulativos en la era de la economía financiera y la especulativa en las bolsas.

Otras razones para pensar
en la transición

Cuando llegues al final de lo que debes saber,
estarás al principio de lo que debes sentir.

Khalil Gibran

Me preocupa que mientras millones de seres humanos mueren de hambre, mientras se ahogan en los mares decenas de personas que, arriesgando sus propias vidas, saltan a las playas para abordar las infernales pateras donde la mala suerte de morir es lo más probable, sabiendo que hay trata de blanca, trueque de droga que diezma la salud de millones de niños, de adolescentes, tráfico de armas que la tecnología produce, mientras se espera que esa misma inteligencia invente la cura contra el cáncer, se sigan dando por todos los continentes los mismísimos debates sobre el nazismo y lo que hicieron Hitler y sus aliados; se enfrasquen en los mismos debates bizantinos sobre las falsas revoluciones y los santuarios del comunismo.

Venezuela no se libra de esa tragicomedia. Por eso estimo obligación de mi parte razonar por qué di el paso, junto a Leopoldo López y María Corina Machado, de firmar el documento donde proponíamos soluciones para superar la crisis llamado «Propuesta para la transición». Veamos en un paréntesis lo que sucede con este descalabro económico que agita las bases sociales del país.

Lo más cómodo para cualquier gobernante que se pierda en el laberinto de sus equivocaciones es refugiarse en «el gobierno anterior». Ya se trata de la excusa de los gobiernos anteriores, de la satanizada cuarta república. Ese viene a ser «el culpable perfecto» para salirse de la suerte de encarar a un pueblo que recrimina, más temprano que tarde, a los que lo meten en el barranco de los problemas económicos que le arruinan sus noches y amaneceres. Es el caso venezolano. Los actuales gobernantes están entrampados en sus confusiones endógenas y esposados a la mistificación de sus deidades. Por eso, difícilmente pueden mirar hacia atrás para señalar al condenado del infortunio en que estamos metidos, con este déficit gangrenado —o endémico como lo llamó en una conversación privada que sostuve con el Dr. Felipe Pérez, exministro de los primeros años de esta «revolución»— en el presupuesto nacional, en medio del espejismo que produjo el precio del petróleo, que irresponsablemente llegaron a suponer como eterno.

No pueden partir la historia que comenzó con las agitaciones cuartelarias del año 1992 y la «nueva» fase madurista, porque esta última sobrevive a costa de la primera, porque de esos capítulos se inspiran las narrativas sentimentales con las que quieren trastocar la indignación que causa la inflación, la devaluación, la escasez de todo, la inseguridad, el endeudamiento y la corrupción, en una remembranza de imágenes, de voces y de efemérides sobre hazañas ficticias. Para tranquilidad de mi conciencia, dejé constancia de estos criterios la noche del 18 de diciembre de 2013, en la reunión celebrada en la sede del Palacio de Miraflores con Nicolás Maduro. Ahí se nos mostraba la panacea del Plan de la Patria ante lo cual dijimos que el verdadero plan de Venezuela es su Constitución Nacional.

Desde que apareció el bolívar fuerte y ahora el soberano, a la gente se le hace complicado sacar sus propios cálculos, porque se confunde en medio de esa ilimitada sumatoria de guarismos que nos colocan desconcertados en el mundo de las trigonometrías. Queda claro que no tienen política monetaria ensartada a una estrategia global, se dan puntadas al azar, se tira de la cuerda según lo que convenga arrastrar, aunque eso implique empujar por un precipicio nuestro signo monetario, hoy más devaluado que nunca en medio de un déficit fiscal endémico y tratando de monetizarlo.

EL POPULISMO

Las grandes masas sucumbirían más fácilmen-
te a una gran mentira que a una pequeña.

Adolf Hitler

Se juega al populismo, se habla demagógicamente, no se repara que será dañino en el mediano plazo ni los menoscabos irreparables que acarreará esta indisciplina y las delirantes acciones que solo se aplican, ni siquiera como pañitos calientes, sino como estrafalarias tácticas para salir del paso. Para pasar, aunque sea por un instante, el candelero que quema el presente de los venezolanos, hay que reconocer que en ese campo sí han sido habilidosos; en el de enredar, confundir, embrollar las cosas y falsear las realidades para que no localicemos la causa cierta del problema, sino que nos impliquemos a nosotros mismos como responsables de la escasez porque «comemos mucho» y por lo tanto somos «consumidores compulsivos», hasta desarrollar todo un guion sobre el surrealista mundo de la «percepción de inseguridad», forjada «malignamente» por los medios de comunicación al servicio del fascismo. Esto es apenas una página del guion de la «guerra económica». Las excusas son extravagantes, «las colas son sabrosas» aseguró Jaqueline Farías. «Si hay que comer piedras, comeremos piedras con gusto», propuso el gobernador del estado Bolívar, el Gral. Francisco Rangel Gómez. «Si dejamos que la gente ascienda a la clase media, se volverán escuálidos; que sigan siendo pobres», comentó el exministro de educación Héctor Rodríguez. «Ser rico es malo», había comentado el líder eterno, y «La devaluación y los controles es una estrategia política, no económica» es una tesis original de Aristóbulo Isturiz.

AISLADOS DEL MUNDO

Las consecuencias de los errores están a la vista de todos, pero lo más duro es que las padece nuestro pueblo, cada día con más intensidad. Me estoy refiriendo a los desatinos del actual régimen. Esta alocada política económica, como filón de un modelo que «no tiene vida» en nuestras realidades. Un esquema que se empeñan en imponer, a contrapelo de las condiciones que se tratan de sortear, dese luego sin posibilidades de enfocar un rumbo cierto, cuando todo indica que por ahí no es, que es hora de rectificar, mejor dicho, ya es tiempo de que se hubiese pasado esa página, lo cual, por lo menos, hubiera evitado llegar a estos extremos de gravedad que hoy nos hunden en un pantano de inseguridad, devaluación, escasez de todo e inflación. A eso se agrega con un peso descomunal la alianza del régimen que encabeza Maduro con las transnacionales del terrorismo internacional y del narcotráfico. Se habla de un territorio somalizado en donde operan grupos irregulares renació lados con las Fuerzas Armadas Revolucionarias de Colombia (FARC) y el Ejército de Liberación Nacional (ELN). Como lo hemos caracterizado, pasamos de un Estado de derecho a un narco-estado, fallido y forajido a la vez.

La diplomacia caricaturesca desarrollada en la Cumbre de Las Américas, celebrada en Panamá en el año 2015, nos puso en ridículo ante los ojos de un mundo atónito de saber que hasta con «doble» se desplazaba la familia presidencial venezolana. Las planillas con los supuestos millones de firmas se quedaron varadas en un galpón desconocido habilitado para arrojar desechos que costaron millones de bolívares, la única semejanza posible es con las toneladas de comida podrida que también se pagaron con montones de millones de dólares y que se pudrieron en los patios de los puertos venezolanos.

Estando presos en Ramo Verde se atrevían a pedirles a nuestros familiares que firmaran las planillas. La pelea casada con el líder de la potencia norteamericana dejó a

Maduro con los guantes puestos, ya que Obama tenía el cuadrilátero montado con Raúl Castro y no precisamente para darse unos golpes, sino más bien para colgarlos y anunciar la nueva era de la paz basada en diálogo por bloqueo. La campaña publicitaria inspirada en canciones sentimentales que buscaban enervar la fibra excitable de los venezolanos, agarrándose de una inminente agresión a nuestra soberanía, sirvió para esconder por pocos días, entre brumas, una crisis descomunal de desabastecimiento de alimentos y medicinas, amén de la seguidilla de asesinatos donde destacan en la sumatoria de víctimas mujeres y funcionarios policiales, mientras tanto los estrategas publicitarios del régimen trataban de fabricar excusas para enrostrarle la autoría a supuestos grupos «paramilitares colombianos» contratados por la oposición. Vaya a ver usted semejante mentalidad macabra para parir estos escenarios.

La excusa del régimen es la supuesta «guerra económica». Se la pasan señalando a los enemigos internos, apuntando a la «oposición desestabilizadora», al mismo tiempo que activan sus baterías publicitarias para cacarear los nombres de los países enemigos de la revolución. Así van «rebanando» las relaciones con un mundo del cual nos aislamos progresivamente.

Algo parecido ocurre con España. Mientras los cubanos siguen con atención e interés cómo se incrementan las inversiones planificadas en Madrid, no dejan de alentarlas y las reciben con beneplácito, mientras que aquí, en Venezuela, los maduristas se empecinan en espantar a los tradicionales socios españoles, con esas gruñerías patrioteras que solo dejan secuelas perniciosas para la economía nacional. Pero es la misma cartilla que se ha seguido por años para reñir con cuanto gobierno se tropiecen. Es el trayecto del «carrito chocón». Peleas con Panamá, en donde han recalado miles de venezolanos, que más bien esperan que se armonicen los vínculos entre dos pueblos hermanos, unidos históricamente. Con Perú los nexos se han enfriado, porque ninguna Administración se arriesga a embarcarse en acuerdos que luego se trucan en desplantes y fanfarronadas. Tal ha sido el rechazo desde Perú al régimen de Maduro que no le permitieron que asistiera a la Cumbre de Las Américas celebrada en Lima el 14 de abril de 2017.

Con Colombia las diatribas son en seguidilla. «Un día los quieren, otro día los odian». Así es imposible sacar provechos comerciales, sociales y políticos con cualquier gobierno extranjero. ¡Que esta tragedia quede como lección de vida para todos!

Ahora quieren justificar el derroche que hicieron de la fortuna petrolera que nos coloca en la penosa situación de país rico empobrecido. A diferencia de otras naciones petroleras que supieron llenar sus alcancías con suculentas reservas internacionales o fondos anticilicos, como Noruega, Arabia Saudita, México, Brasil o Colombia, Venezuela lo que tiene acumulada es una descomunal deuda externa (más de 170 mil millones de dólares), que condena el 20 % del presupuesto del año para atender, solamente, el servicio de esas hipotecas, en su inmensa mayoría celebradas en la opacidad, prácticamente un monto que supera lo que se destina para los planes de educación, salud, universidades y ciencia y tecnología.

Pero esos fondos anticilicos, esas previsiones financieras, esos ahorros, no se le ocurrieron a última hora a cualquier intrépido funcionario; para nada. Eso es parte de los planes, de las políticas públicas concebidas previamente, que permiten imponerse metas, así como límites que les indican con alarmas a los administradores de la cosa pública hasta dónde se puede llegar —vale decir que se puede gastar—, en qué se pueden hacer gastos e inversiones, qué deudas se pueden asumir, qué ahorros hay que garantizar para que cuando lleguen de sorpresa los tiempos de las «vacas flacas» se cuente con previsiones para pasar el temporal.

Veredictos que se imponen en medio del fuego de la ocasión enceguecedora

El Cristo del Evangelio es un demagogo. Por añadidura, padeció un suplicio que desde hace mil novecientos años todos los pueblos cristianos consideran un grave error judicial.

Anatole France

Los que deliran con la utopía de una democracia sin mercados, o simplemente mercados donde las libertades juegan un papel secundario, son sepultureros de la democracia, porque esa es una forma de actuar proscribiendo la democracia. Ya bastante se ha discutido al respecto y sobran los ejemplos, por demás emblemáticos, pioneros, iconos de cómo operan amplios mercados, sanguinarios en eso del capitalismo salvaje, sin reparar en los elementales derechos democráticos tangibles para un ser humano, que ponen la mira más allá del derecho a votar, a opinar, sino que traen a relación los derechos sociales y económicos. ¿Cuánto gana un trabajador? ¿Cuántas horas trabaja al día? ¿Cuál es su seguridad social? ¿Qué regulaciones se reconocen en su ámbito de trabajo?

Lo que cabe es una democracia con mercados, un sistema de gobierno con justicia social, con libertad plena, que garantice oportunidades de superación en todos los ámbitos de la vida, con empleabilidad, con servicios básicos eficientes, con instituciones que funcionen bien y con un Estado de derecho como base de la indispensable gobernabilidad. Economía con democracia.

Falsificadores de la democracia

Lo que hay que hacer es producir con eficiencia para ser más populares, más distribuidores de riquezas que acerquen a la gente al bienestar. Distribuir equidad, no desequilibrios. Hay una sociedad dual: los que tienen seguro, los que tienen empleo, vivienda y los que viven de las ayudas, del desahucio, del asistencialismo coyuntural.

Reliquias del pasado, como ese anacronismo del comunismo. Tampoco apóstoles del liberalismo teniendo al mercado como un santuario, como una panacea que justifica la desaparición total de la figura del Estado. Cambiar no es sufrir mutaciones que toleren los contrabandos ideológicos. La inercia del pensamiento descoloniza. Sin anatemas porque eso c niega e impide ver, tramitar, analizar y debatir con sindéresis otras alternativas. ¿Quién tiene en sus manos el talismán de lo sagrado o políticamente correcto?

Nuestro Estado y por ende sus fundamentales instituciones han sido mutilados con la siniestra promesa de modernizarlos. Todo ha sido desarreglado y devenido en un amasijo indescifrable de aparatos asignados a manera de cuotas de poder a las élites que han bloqueado los estrados públicos y saqueado sus arcas, sus bienes y, lo más doloroso, empeñado infinitamente el futuro de las nuevas generaciones. Todavía no conocemos las reales cuentas de lo que tenemos, de lo que debemos y los apremios presupuestarios de cara a las próximas fórmulas presupuestarias.

Todos los días aparece un ministro o cualquier otro funcionario de cualquier cargo recién creado a darnos una versión que es diametralmente opuesta a la que leímos el día anterior en el mismo periódico. Es común leer o más bien indigestarnos con esa sopa de letras con algoritmos, fórmulas, estadísticas que nos tratan de desinformar —porque eso es lo que logran, confundirnos, enredarnos, hasta más no poder— con cuentas sobre la deuda externa, más la interna, más la descentralizada, la venta de petróleo a futuro, más los interés, más los papeles o bonos por pagar, más las reservas en oro que saltan de un lado a otro como si se tratara de los muebles que usted pasa de un extremo a otro en el apartamento o casa de residencia. No se sabe cuántos fondos existen, desde el fondo chino hasta los bancos creados como churros, la mayoría fondeados una y otra vez para que se sigan robando los petrodólares que de repente nos enteramos de que están en bancos en el extranjero y por esos depósitos nadie responde. El Banco Central de Venezuela es una bodega del oficialismo, perdió todo lo que le restaba de autonomía y es manejado como la caja chica del régimen, siendo ariete de PDVSA, desde donde se configuraban los esquemas cambiarios, todo con base a la teoría «Roja, Rojita».

Todo está en la opacidad. Nada es trasparente, más bien las cubren las sombras del enigma, de un misterioso manejo administrativo cohonestado por funcionarios que renuncian punitivamente a su obligación de supervisar esas cuentas sagradas para la nación. La riqueza nacional ha sido dilapidada, robada, malbaratada, regalada, entre otras razones, porque los órganos públicos llamados a ejercer el control de esos bienes y del manejo que hacen en nombre de la república los funcionarios designados para administrarlo, ni controlan adecuadamente ni los funcionarios sienten que pueden ser castigados en una sociedad de cómplices donde la crisis moral es más grande que la administrativa, la fiscal, la financiera. Allí estriba la verdad. Necesitamos instituciones solventes, con códigos de funcionamientos sencillos, libres de rémoras burocráticas que se aferran a las trampas que se instalan en las alcabalas para matraquear y traficar en grande.

Es hora de acordar un ensayo que nos permita reformular las estructuras del Estado. Un Estado con apego fundamentalmente a las leyes, eso es esencial, que funcione la legalidad, que no se pueda dar un paso en nombre de nada ni de nadie que no esté articulado a las reglas de oro de la legalidad. Eso de seguir endeudando al país debe ser detenido en seco. Nadie, por más poderoso presidente que sea, ningún parlamento por más mayoría que acumule, podrá comprometer el destino financiero de la república, salvo que sus razones se adecúen a los términos bien definidos en una ley de endeudamiento nacional que debe ser sancionada. Así se acabará la locura que ha desagregado una colosal fortuna, que si bien es cierto en muchos casos quedó plasmada en obras tangibles y beneficio para Venezuela, no es menos cierto que una inmensa tajada está en las pailas de la banca internacional, no precisamente en cuentas atadas a las instituciones del Estado venezolano.

Otro caso es el de las licitaciones que terminan siendo la excepción para convertir en regla general permanente las compras o negociaciones de manera directa, a discreción del funcionario de turno, sin más límites que su propia voluntad de contratar, adquirir lo que sea al precio que sea. Eso tiene que acabarse en Venezuela. Todo debe ser licitado, todo, absolutamente todo. Solo así habrá verdadera transparencia administrativa y cada quien deberá rendir cuentas de sus actos para salvaguardar los intereses de la nación.

Hay ciudadanos incrédulos e inciertos. Porque los planes que se les pretende imponer contrarían lo que a su vez se les ha mostrado como Constitución y los principios contenidos en ella nada concuerdan con esos estrafalarios proyectos inspirados en corrientes ideológicas que contrabandean por los entresijos de los preceptos constitucionales averiados. Ya la campaña, de por sí prolongada, de antipolítica había hecho mella en el ánimo de unos ciudadanos que no dejan de ser esquivos ante las propuestas y señuelos de los dirigentes partidistas, porque así escuchan sus arengas, como engaños bien envueltos en empaques electoralistas y como anzuelos que les lanzan a ver si muerden otra vez la carnada. Incierto su horizonte porque presienten que no hay claridad de propósitos, que las tesis son repeticiones de arcanas teorías que no descifran las necesidades de la gente acordes con el día a día, ni se adaptan a los nuevos tiempos de la tecnología, de la era de las comunicaciones, del alcance de las informaciones que nos llegan apenas, como antes, a través de un radio de pila portátil.

Para poder formular un nuevo modelo de Estado hay que deslastrarse de falsos orgullos ideológicos, sin que eso se interprete como que hay que renunciar a las ideologías. Para nada. Sálvenos Dios de los que no tienen definido su rumbo ideológico, esos son los más peligrosos, los que se presentan como desregulados de pensamientos. Creo que hay que asumir posiciones en esta vida para poder impulsar modelos económicos, sociales, ambientalistas, humanos, para poder amoldar nuestras ideas a las insurgentes realidades que nos llaman a debate, ya no solo para hablar del empleo, de la inflación, del crecimiento económico, sino de la contaminación ambiental, de los cambios climáticos, de la igualdad de género, del matrimonio de los transexuales, del aborto; necesitamos estar definidos, conocer estas realidades porque es una necesidad negarlos, esquivarlos y mucho más delicado no fijar una posición al respecto, discutirlos ampliamente sin complejos, como ya apunté anteriormente. Las ideologías son brújulas que nos ayudan a encontrar una senda, pero no pueden seguir siendo camisas de fuerzas que nos atan a un camino que fue sepultado por el polvo del tiempo o a pretender nadar en las corrientes de un río que ya no tiene caudal porque su cauce se desvió o simplemente desapareció.

DIÁLOGO PREVIO A LA REDACCIÓN Y FIRMA DEL ACUERDO PARA LA TRANSICIÓN PRESENTADO AL PAÍS EL 11 DE FEBRERO DE 2015

Ese documento que firmamos María Corina Machado, Leopoldo López y yo fue una de las pruebas que el régimen presentó en la audiencia en la que pidieron para mí 26 años de cárcel. De su contenido, previamente discutido y aprobado por los tres, he querido recrear este diálogo imaginario para explicar el sentido y alcance de los puntos en él articulados.

LEDEZMA: El pueblo de Venezuela vive una de las circunstancias más difíciles de su historia, a la que ha sido llevado por un régimen que en los últimos dieciséis años aplicó un modelo fracasado y ha ejercido de manera impune la antidemocracia; un régimen ineficiente y corrupto que robó, regaló y despilfarró recursos públicos cuantiosos, con los cuales se hubiese podido impulsar el bienestar y el progreso de todos, en lugar de generar la ruina que hoy sufrimos. En fin, el desastre que vivimos responde al proyecto de una élite sin escrúpulos de no más de cien personas, que tomó por asalto al Estado para hacerlo totalitario, que se ha apoyado en grupos violentos y en un militarismo de cúpulas corruptas para controlar a la sociedad a través de la represión, que degradó las instituciones y que violentó todo ámbito de la sociedad hasta devastar la economía y dañar gravemente las bases de la paz.

LEOPOLDO: La precariedad y las tensiones que resultan de esta crisis y la insistencia del régimen en «profundizar» en el modelo que la genera pueden llevarnos en muy corto plazo a una emergencia humanitaria y han deslegitimado en extremo al Gobierno. Es claro que el régimen no resolverá la crisis y que el gobierno de Maduro ya entró en fase terminal. Nuestro llamado: construir un acuerdo para conducir la transición en paz.

MARÍA CORINA M.: Es la obligación de todo demócrata ayudar a resolver la actual crisis, defender la libertad, evitar que el ya ineludible derrumbe del régimen desborde los cauces de la paz y la constitucionalidad y hacer que la transición, es decir, el paso del sistema superado a uno nuevo lleno de esperanza, se produzca de la mano de la mayoría de los venezolanos y nos lleve sin retrocesos a recuperar el espíritu y el orden democrático.

LEDEZMA: Asumiendo ese compromiso hacemos un llamado, sin distingos políticos y trascendiendo las diferencias, para que pongamos en marcha, con la urgencia del caso, un Acuerdo Nacional para la Transición en el que esté representada la unidad de todos los ciudadanos de Venezuela a través de las visiones de los trabajadores, los jóvenes, los empresarios, los académicos, los políticos, los miembros de las iglesias y de la Fuerza Armada, en fin, de todos los sectores nacionales. Los consensos y compromisos del Acuerdo Nacional le darán solidez a las decisiones que deberán ser adoptadas para salir de la crisis en todos los ámbitos, para armonizar socialmente al país y para asegurar la estabilidad política en su paso por un proceso que experimentará riesgos, turbulencias y acechanzas de diverso orden.

LEOPOLDO: A tal fin, proponemos un programa basado en tres agendas de acciones concretas, el cual se ha alimentado de las contribuciones que han hecho en los últimos tiempos diversos grupos de valiosos venezolanos. Como instrumento del Acuerdo Nacional, el programa que invitamos a acompañar y enriquecer con las perspectivas de todos los sectores servirá de guía para superar la crisis y comenzar la reconstrucción del país.

CORONEL: ¿Pero qué cosas en concreto son las que proponen?

MARÍA CORINA M.: Anote y escuche bien, coronel: una agenda político-institucional dirigida a restituir las libertades conculcadas, la soberanía, la paz social y el Estado de derecho, y a restablecer la vigencia plena de las instituciones democráticas y los derechos humanos, liberar a los presos políticos, facilitar el inmediato retorno de los exiliados y solicitar del sistema judicial la apertura de los procesos a que haya lugar para el castigo de delitos graves cometidos al amparo del poder gubernamental;

LEDEZMA: Reponer el ejercicio efectivo de la libertad de expresión y del derecho ciudadano a informarse sobre la gestión del Estado y revertir totalmente las violaciones y arbitrariedades cometidas en estos ámbitos;

LEOPOLDO: Rescatar la autonomía de los órganos del Poder Público, designar a sus directivos por las vías constitucionales y rehabilitar la pluralidad política y la soberanía del Estado nacional venezolano;

MARÍA CORINA M.: Restituir plenamente la descentralización, el ejercicio de los poderes regionales y locales y la participación ciudadana genuina que establecen la Constitución y las leyes;

Ledezma: Preparar y realizar elecciones presidenciales libres y absolutamente transparentes. Asegurar la lealtad y el apego de la Fuerza Armada Nacional a la Constitución y su desvinculación de toda injerencia extranjera y actividad político-partidista; y abrir un proceso de despolarización política y de reconciliación nacional, que convoque e involucre activamente a toda la sociedad en la reconstrucción de las bases para la paz.

Coronel: Pero eso no es ninguna novedad, eso lo propuso mi comandante Chávez en el año 92.

Leopoldo: Sí, pero nada de eso hicieron, más bien desbarataron al país, al colmo de que estamos en medio de una emergencia social y por eso proponemos una agenda para atenderla y asegurar el cuidado eficaz a los sectores más vulnerables.

Ledezma: Proponemos restablecer a cortísimo plazo el abastecimiento normal de alimentos y otros bienes de consumo esencial de las familias y los suministros de repuestos e insumos que impiden la operación de las cadenas de distribución.

María Corina M.: Proponemos corregir las fallas de los servicios públicos fundamentales en todo el país, con especial prioridad en los de electricidad, agua, saneamiento, gas doméstico y transporte público.

Leopoldo: Y garantizar que sean cubiertas las necesidades de salud de todo el pueblo de Venezuela, atendiendo las fallas y deformaciones existentes en la gestión de la salud pública y los sistemas hospitalarios; resolver el desabastecimiento actual de medicinas, insumos y equipos médicos y suplir los déficits de personal de salud de distintos niveles.

LEDEZMA: Proponemos enfrentar como prioridad de Estado la emergencia de seguridad ciudadana, desmantelar las redes criminales que proliferaron gracias a la impunidad y a la complicidad del régimen actual y abordar de manera integral el problema en sus facetas de prevención, acción policial, administración de justicia para eliminar la impunidad y elevación de la eficacia del sistema penitenciario.

MARÍA CORINA M.: Es urgente desarrollar una agenda económica enfocada en estabilizar la economía, recuperar el ingreso familiar y generar confianza en el país.

LEOPOLDO: También hay que recuperar la capacidad operativa y elevar significativamente la producción de la industria petrolera, revisar los marcos legales y los acuerdos lesivos a la misma y designar una nueva directiva de PDVSA, honesta y con capacidades para garantizar su funcionamiento eficiente al servicio del país.

LEDEZMA: Insertar nuevamente a Venezuela en los circuitos financieros internacionales y obtener de ellos los apoyos económicos necesarios para superar las dificultades del corto plazo; detener esa irresponsabilidad de endeudar sin sentido ni justificación social y económica, pensando realmente en el desarrollo del país.

MARÍA CORINA M.: Hay que desacelerar el proceso inflacionario actual, asumir una política cambiaria que promueva la producción nacional y, en general, corregir los desequilibrios macroeconómicos generados por años de excesos y corruptelas; restablecer la autonomía del BCV; poner en vigor un sistema eficiente y transparente para la coordinación de las finanzas públicas y designar nuevas autoridades de los entes económicos del Estado, con base en las normas y en criterios de capacidad y méritos.

LEOPOLDO: Hay que llegar a acuerdos para la justa reparación de los daños a que hubiere lugar por expropiaciones arbitrarias; revisar el estado real de todas las empresas no petroleras que acabaron en manos estatales por la voracidad del régimen y decidir las formas de propiedad y gestión que ellas deban asumir para asegurar su recuperación productiva.

LEDEZMA: Y hay que desmontar la maraña de controles que ahoga a la economía y reconstruir las bases jurídicas y económicas que son necesarias para atraer la inversión productiva que garantice un crecimiento estable en el futuro. Venezuela será lo que los venezolanos hagamos de ella a través del cambio de rumbo que nosotros mismos decidamos. Ese rumbo estará asegurado por los consensos y compromisos del Acuerdo Nacional para la Transición.

CAPÍTULO 19
Casa por cárcel

*Lo que destruye las posibilidades de la vida es perma-
necer siempre encerrados en la cárcel de nuestros pequeños ideales sin generosidad y sin ardor, mientras
el sol ilumina la tierra alrededor de nuestra casa.*

Henry David Thoreau

De la cárcel de Ramo Verde al Urológico de San Román
para la urgente operación inguinal y, de allí, a mi «casa por
cárcel». Entrar a ella, pasar la vista por espacios conocidos
y queridos, ver con nuevos ojos cada rincón, cada detalle.
Recibir el abrazo emocionado de tantos seres queridos, ocupar de nuevo mi sofá predilecto rodeado de mi Mitzy y mis
hijos. Por primera vez descubrí que en lo profundo de mi
conciencia se escondía la duda de si podría vivir de nuevo
momentos como este. Para quien conoce hasta dónde puede
llegar la crueldad de este régimen, esta duda era más que
comprensible. Pero aquí estaba, otra vez en casa, preso, y di
gracias a Dios. Sentarme a la mesa, reconocer olores prefe-
ridos y degustar recetas familiares desde los lejanos días en
San Juan de los Morros, sumergirme, en fin, en el ambiente
familiar y sentirme totalmente vivo.

El día viernes 24 de abril estaba previsto que me traslada-
ran a la sede del SEBIN para realizarme un examen médico,
ya que las condiciones de la hernia inguinal derecha que ya
había sido operada un año atrás, se reproducían los proble-

mas y surgieron complicaciones. A mi médico personal, el Dr. José Luis Elías Mora, le aseguraron que se contaría con equipos médicos para el diagnóstico preciso de mis complicaciones físicas. A las 5 a. m. estaba listo, me lo habían comunicado el jueves 23: «Prepárese para mañana tempranito que lo van a examinar en la sede del SEBIN». Dispuesto para salir de Ramo Verde, luego apareció el coronel Miranda y me dijo que se había cancelado el traslado. Solicité explicaciones o razones y simplemente se limitó a decir «Son órdenes superiores». Mitzy estaba a las puertas del Helicoide desde antes que saliera el sol y cuando también supo que no se produciría el traslado para el chequeo de rigor, se vino para las puertas de la cárcel de Ramo Verde y desde ahí comenzó a activar las redes sociales reclamando el incumplimiento de lo que previamente habían acordado mis abogados y los médicos, incluidos los que me examinaban a diario dentro de la cárcel de Ramo Verde y eran los primeros alarmados por la protuberancia de la hernia. Las pastillas que me habían indicado no producían el efecto esperado, por el contrario, el tamaño y el dolor en mi zona inguinal derecha iban en aumento. Luego de la «periquera» o protesta armada por Mitzy, junto a mis abogados Omar Estacio, José Fernando Núñez, Luis Gabán Zurita, Gabriel Arroyo y Joel García —nuestro médico personal—, y amigos que se arremolinaron a las puertas de la cárcel, se acordó que me harían el examen dentro de la enfermería de Ramo Verde. Así se hizo a las 12:30 p. m. Me buscaron a mi celda, salí al patio, se abrió la primera reja, me someten a la requisa, igual a los médicos, se abre otra reja, posteriormente otra más y subimos tres pisos para llegar a la enfermería. La evaluación no duró más de 10 minutos, ni se requirieron equipos para hacer tomografía; bastó la mirada clínica de los médicos que participaron formalmente en mi evaluación para concluir que era evidente que la hernia inguinal se había reproducido y tenía carácter de una emergencia médico-quirúrgica. El consenso de los médicos, Dr. José Luis Elías Mora y la del Dr. Thomas León en representación del SEBIN, fue indicar realizar la cirugía lo antes posible. Uno de mis abogados presentes, el Dr. José Fernando Núñez, solicitó que se levantara un acta de la jornada, donde también estaban presentes el coronel Almerida, subdirector del centro de reclusión, y los custodios que cumplían labores de vigilancia.

A las 4 de la tarde de ese mismo día se presentó una funcionaria del Ministerio Público para preguntarme sobre los resultados de la evaluación. Le dije lo lógico: «Esos resultados los debe tener la dirección del centro, aquí está el coronel Miranda, pídaselos y ahí encontrará detalles del examen y las conclusiones del caso». Recuerdo que sí le dije que preferiría aguantar hasta que se diera la audiencia preliminar prevista para el 12 de mayo. Hasta ahí llegó la conversación.

Cuando ya estaban por cerrarnos las celdas, estábamos juntos Leopoldo, Daniel y yo, y en eso escuchamos un extra del noticiero de Televen que indicaba que «El Ministerio Público solicitó una medida cautelar a favor del alcalde Antonio Ledezma, que sería trasladado en las próximas horas a un centro de salud para ser intervenido de emergencia». Los tres nos quedamos silentes unos instantes. Luego vinieron los abrazos. Pasamos de Televen a Venevisión a ver si se repetía la información y exactamente así fue, también trasmitieron el parte informativo. Leopoldo me dio todo su apoyo, igual Daniel, muy conmovido, me daba ánimo, porque les decía que no quería salir y dejarlos ahí encerrados. El custodio apuraba a Leopoldo, había que «entigrarlo», le pedíamos que nos dejara un rato más, que comprendiera que era un momento muy especial, pero qué va, se lo llevaron y fue el último crujido mezclado de llaves, candados y barrotes que escuché en Ramo Verde.

Daniel se esmeraba en tranquilizarme, en hacerme ver que era lo más conveniente para todos —estaban sinceramente preocupados por mi salud—, además ellos sentían que, de alguna manera, el régimen de ejercicios al que me sometieron desencadenó el rebrote de esa hernia. Daniel corrió a buscar el libro de *Los discursos del poder*, me lo dedicó y, sin simular su emoción, subió las escaleras rumbo a su celda.

Pedí que me permitieran llamar a Mitzy, para averiguar si sabía algo de todo esto que ya estaba rodando en la calle por las profusas informaciones. No me lo permitieron. Esperé ver los noticieros y, otra vez, confirmada la información. A partir de ese momento comencé a tener menos dudas de que se produciría el traslado. A eso de la medianoche sentí que estaban abriendo la puerta de acero de mi celda, era el coronel Miranda. «Recoja sus cosas, alcalde, lo necesario, lo vamos a trasladar a un centro clínico».

Comencé a retirar las cartas que leía con orgullo cada vez que podía, las cartas y recortes de prensa con las declaraciones que ante los medios nacionales e internacionales daban mis hijas: Daniela, Oriette, Vanessa, Víctor, Mitzyta y Antonietta. También me alentaron mucho las cartas que me hizo llegar Isabel, y los dibujos de mis nietas y nietos. A mi nieta Camila la conocí en la celda de Ramo Verde; ella había nacido el 17 de febrero del año pasado en un pueblo del norte italiano donde viven y trabajan mi hija Vanessa, su esposo Salvador y estudia mi nieta Samantha; fue conmovedor conocer a mi nieta precisamente en la cárcel; ella, en el futuro, encontrará las explicaciones para lo que, ahora, no está en condiciones de comprender.

Salimos de Ramo Verde casi que a la una de la madrugada; igual que cuando llegué, se escuchaban los gritos de Leopoldo y de Daniel: ¡Fuerza, hermano, fuerza y fe! ¡Eres nuestra voz en la calle, recupérate bien, te necesitamos vivo y fuerte!

Antes de las 2 de esa madrugada llegamos al Urológico de San Román; cuando salí del vehículo en que me trasladaron, se veían más policías que médicos y enfermeras. Tenían todo preparado para evitar la foto, no querían fotografías, imágenes, por eso el traslado del carro a la habitación 209 se hizo violentamente y frente a esta y en el pasillo se instalaron controles de seguridad que la gente estimaba odiosos, fuera de lugar y desproporcionados. Incluso antes y después de la operación, aún convaleciente, permanecía dentro de la habitación un funcionario con su fusil montado y el radio que tronaba con todo desparpajo. Al amanecer del sábado 25 se hicieron los exámenes previos correspondientes en estos casos, rayos X de tórax, exámenes de laboratorio, electrocardiograma de reposo para completar la evaluación médica y anestésica preoperatoria, que se realizó en tiempo récord, presión que venía de los propios cuerpos de seguridad que me custodiaban. Y el domingo a las 6 de la mañana ya estaba ingresando a quirófano. Montado en esa camilla y viendo sobre mi cuerpo una especie de platillos voladores o naves espaciales, porque eso es lo que simulan ser las lámparas cialíticas, me fui quedando inconsciente una vez que la anestesia general hizo el efecto esperado. Ese trabajo muy profesional estuvo a cargo del médico anestesiólogo Arturo Márquez, excelente profesional que junto con otro extraordinario médico, Luis Vivas, no dudó en atenderme sin temer a las represalias de las que pudieran ser objeto. Gestos que agradeceré toda la vida.

Los médicos que me operaron, los doctores José Luis Elías Mora, Leopoldo Aguilera y Francisco Aguilera, padre e hijo respectivamente, y un grupo de enfermeras como parte del personal del quirófano siempre muy atentas y diligentes. Antes de las 11 de la mañana ya estaba saliendo de la unidad de recuperación posoperatoria y ocupando de nuevo la habitación 209, con los equipos que suelen observarse en estas salas: cama clínica, bomba de infusión para tratamiento intravenoso y analgesia posoperatoria. Conmigo a tiempo completo siempre Mitzy, más el funcionario vestido de negro y con fusil en sus manos que hacía un drástico contraste con las enfermeras uniformadas de punta en blanco y que lo más peligroso que tenían en su mano era una inyectadora.

No era la primera vez que terminaba en una sala de hospitalización de ese centro de salud. En septiembre de 2002 terminé en la emergencia del hospital de Pariata del estado Vargas después de recibir una paliza propinada por efectivos de la Guardia Nacional en la Avenida Soublette, exactamente al frente de la Casa Guipuzcoana. Me trasladaron a ese hospital guaireño y de allí, en la noche, al Urológico de San Román, en una ambulancia que habilitó mi esposa Mitzy. El día 28 de mayo de 2007, otra vez me agredieron cuando acompañaba a los estudiantes en una protesta a las puertas de CONATEL; manifestábamos nuestra indignación por el cierre del canal de televisión venezolano RCTV. Estábamos en la urbanización Las Mercedes y de allí terminé hospitalizado en el Urológico. El día 10 de julio salí inconsciente de la sede de la OEA en Caracas, lugar en el que me había declarado en huelga de hambre por varios días, hasta que nos entregaran los recursos pertenecientes a La Alcaldía Metropolitana que nos estaban robando y que se garantizara una reunión con el secretario general de la Organización de Estados Americanos para plantear el atentado del régimen de entonces contra la descentralización del país. Ese día también me ingresaron a la Sala de Cuidados Intensivos de esa clínica caraqueña.

El traslado a la casa, la solidaridad, el cacerolazo

El trámite con el tribunal para resolver mi traslado de regreso a Ramo Verde o a mi casa llevó unos días de forcejeo, yo diría más bien de manguareo premeditado, como de dejar tiempo libre para la incertidumbre, para el suspenso martirizador, y en ese transcurrir de horas, que parecían las más largas del calendario, mucha gente queriendo saludarnos y frenándose frente a la puerta de la habitación flanqueada por los equipos comandos que con solo mover sus largas armas hacían entender a los frustrados visitantes que no estaban permitidas las entrevistas, visitas, fotografías, etc.

Por fin, el día miércoles 29 informaron que ya el tribunal había resuelto que sería trasladado a mi casa, que debería estar alistado a primera hora para que se ejecutara la acción del caso. Pues bien, con la ayuda de mi inseparable Mitzy comenzamos a preparar todo desde la mañanita. Llegó el medio día, pasó la tarde, y nada, el mismo enigma con que suelen manejar estas medidas cuando se controlan las decisiones con sesgo político y se juega con la tranquilidad de la gente. Para pasar el tiempo de recuperación en la clínica leía dos libros, uno escrito por el hijo de Pablo Escobar *Todo sobre mi padre*, y otro sobre el papel jugado por el líder español Adolfo Suárez en la Transición después de la muerte de Franco, escrito por Fernando Ónega: *Puedo prometer y prometo.*

Por fin, a las 8 p. m. llegaron algunos funcionarios, algunas caras conocidas porque fueron parte del tropel que irrumpió en mi oficina el día 19 de febrero para perpetrar el secuestro del que fui víctima.

—Ahora sí, alcalde, estamos listos —dijo el comisario a cargo del pelotón de funcionarios del SEBIN. Salimos de la habitación, rodeados de un enjambre de policías que parecían un paraban negro formado por los agentes ataviados de negro, pasamontañas y armas largas. El ascensor, los pasillos, el sótano de la clínica fueron sometidos a un cordón de seguridad que no pudo impedir las manifestaciones curativas que la gente nos ofrecía con sus gritos de solidaridad; tampoco pudieron evitar las fotografías que circularon mágicamente por las redes y en las que se ponía en evidencia cómo a una persona se le rodeaba con equipos de seguridad desplegados como si se tratara de un peligrosísimo agente del terrorismo. Mientras eso ocurría pensaba en los diálogos con el padre José Antonio Da Conceicao, en la vida del cardenal Van Thuân y sus consejos —resumidos en su libro *Dos peces y cinco panes*—, y en practicar sus ejercicios espirituales. Nunca perdí la calma, la serenidad fue mi fuerza y la fe de que todo este esfuerzo no será en vano.

Abordamos la ambulancia, desde la cabina no podía dejar de ver las luces giratorias de las cocteleras de las patrullas que escoltaban la unidad ni el rugir de las motocicletas que formaban parte de la escandalosa caravana que se abría paso para llegar, en pocos minutos, a mi residencia en Santa Rosa de Lima, donde con un ensordecedor cacerolazo, los vecinos me daban la bienvenida y al mismo tiempo repudiaban las represiones que se estaban aplicando contra los que simplemente somos castigados por opinar diferente al régimen.

No olvidaré ese gesto tan noble y solidario, que no me sorprendía, porque muchos de mis vecinos estaban pendientes de mi encerramiento en Ramo Verde y me hacían llegar estampitas, platos de comida, dulces, lo que se les ocurría que pudiera tener puerta franca en una cárcel donde todo, absolutamente todo, era requisado.

Antes de que se produjera el traslado le hice saber a Mitzy de mi preocupación y vergüenza por las incomodidades que les acarrearía a los vecinos, no solo a los de mi edificio, sino a toda la comunidad. Mitzy me tranquilizaba diciéndome que «Esa gente está resteada, no te preocupes, ya han soportado tantas injusticias y ¿no van a saber asimilar el ruido de unas sirenas, cornetazos y la intimidación que suele desprenderse del solo hecho de tener en tu entorno un grupo de funcionarios metidos prácticamente en tus predios y armados hasta los dientes?».

Se realizó una reunión con el condominio para establecer algunas reglas de operación o funcionamiento, siempre buscando hacer respetar nuestros derechos como ciudadanos. Antes de mi llegada al edificio solicitaron hacer una inspección de las características de nuestro apartamento, pero a partir de entonces solo permanecen dos funcionarios en la parte de entrada de la puerta de uso general, otros en la planta baja. Otro grupo en el sótano uno y otro en el sótano dos, otro en el patio interno y unas comisiones y patrullas de la Policía Nacional Bolivariana en el área externa del edificio. No ha sido fácil que se acostumbren a bajarle el volumen a los radios, trabajar con altos decibeles y mencionar los códigos y claves; es parte de la vida de un policía, los hace sentir más policías.

Todos los días, entre las 7 a. m. y las 8 a. m., me hacen una reseña fotográfica que se repite de forma aleatoria y que es remitida a sus jefes en el comando central del Helicoide y mantienen un control de quién entra y sale del edificio.

La casa por cárcel es enmarañar un lugar sacrosanto a donde tú aspiras llegar como esposo, esposa, hija o hija, abuela o abuelo, nieto, amigo para hablar de la vida, de la libertad, de lo que hiciste en la calle en tu jornada de trabajo, de tus logros, de tus experiencias. Cuando se trastoca la casa en una cárcel se les aplica el castigo a tus seres más cercanos, pero se la extiendes también a tus vecinos. Es una falsa libertad, es una afrenta encubierta a quien sufre un castigo, por demás injusto, porque las limitaciones de no poder salir de tu propia casa impuestas por organismos policiales son una flagrante violación de tus derechos humanos afectados por una detención absolutamente arbitraria.

Pero la casa es la casa, es tu templo de amor, de felicidad, de sueños, es tu regazo, y en medio de las consideraciones muy válidas que sostengo, no dejé de emocionarme cuando en nuestra casa nos dimos otro gran abrazo Mitzy y yo.

Por un momento mi mente volvió a la cárcel. Allí quedaron Leopoldo, Ceballos, Cuarta, Baduel, los policías metropolitanos y recé en silencio por ellos. Quería verlos vivir también instantes así, entre su esposa y sus hijos. Se lo merecen tanto o más que yo. En fin, la lucha no ha terminado y estoy comprometido conmigo mismo a dar todo el esfuerzo porque ese deseo sea realizado lo más pronto posible. El despertar del día siguiente fue igualmente emotivo. Antes de abrir los ojos sentí que mi cuerpo agradecía el contacto con la cama y los ruidos desde la cocina me insertaron en el trajín normal de la familia. Sin proponérmelo, comparé con el diario despertar en la prisión y recordé de nuevo a mis amigos de Ramo Verde. Rogué a Dios que les concediera su protección y bendición.

Así se reanudó la rutina diaria, con una sola y gran diferencia: esta rutina no incluye el diario compromiso con mi trabajo. Vestirme, ir a la Alcaldía, ocuparme de los problemas de la ciudad, tomar decisiones, reunirme con mi equipo de colaboradores, hacerle seguimiento a los programas y proyectos en curso. Ir a las reuniones de la Unidad, asistir a las Asambleas de Ciudadanos. Todo esto me está prohibido. No soy un hombre libre. Tengo «la casa por cárcel». Con carceleros que vigilan mi apartamento, sus alrededores, con la presencia de hombres armados donde hay niños que no dejan de comparar su balón de futbol con la bala de sus fusiles. Donde el ulular de las sirenas me avergüenza con mis vecinos a los que siento perturbar por mi culpa. Sin sufrir ofensas ni desplantes humillantes, sin la incomodidad de la celda, pero sigo siendo un preso político de este régimen.

Tengo, desde mi temprana adolescencia, un compromiso medular con Venezuela. Me entregué totalmente a la lucha por una Venezuela democrática y ese compromiso lo he venido cumpliendo día tras día a lo largo de toda mi vida. He sido gobernante y como tal he tenido errores y aciertos que están a la vista de todos y que me han sido reconocidos con la confianza del pueblo en varios procesos electorales. Durante estos 22 años he mantenido con serena firmeza mis convicciones y eso me ha costado la constante persecución oficial que ha llegado, incluso, a la barbaridad de despojar, de un solo y atroz manotazo, a la Alcaldía Metropolitana de sus competencias constitucionales para apropiarse de su presupuesto con propósitos partidistas y totalitarios. Cada arremetida le ha dado más firmeza a mis convicciones y a la intransigente convicción de que es necesario rescatar a los venezolanos de la barbarie, la miseria y la destrucción de su modo de vida, su seguridad y sus valores. Redimir a los venezolanos para la paz, la convivencia, el progreso y el bienestar; para el derecho al sueño y a la esperanza. El final de este largo camino de esfuerzos y sacrificios colectivos solo puede ser la victoria de la dignidad, la justicia y la seguridad de toda la nación. De toda, sin exclusiones ni discriminaciones, sin privilegiados ni perseguidos.

Para seguir esa lucha esta casa por cárcel no me complace ni la acepto con resignación, en beneficio de las comodidades propias de la vida hogareña. Para seguir ocupando mi posición de combate por Venezuela y para cumplir con mis responsabilidades de funcionario y de ciudadano necesito mi libertad plena. Quiero y tengo derecho a ella porque no he cometido ningún delito ni falta contra la sociedad venezolana. Porque el juicio amañado urdido en mi contra no resiste el más elemental análisis jurídico. Tengo derecho a mi libertad plena y la quiero, no para el disfrute natural del hombre común que soy, sino para volver al esfuerzo que mi conciencia me reclama.

La pena restringe los movimientos del condenado al interior de una vivienda concreta, sin que pueda salir de la misma salvo con autorización judicial. Según los casos y legislaciones, pueden estar restringidas, o incluso prohibidas, las visitas del exterior y las comunicaciones. Además, la persona indultada que tenga esta medida estará vigilada constantemente por personal policial, para que haga cumplir la condena emitida por el juez respectivo.

El arresto domiciliario se emplea en situaciones singulares en las que el condenado no puede o no debe ingresar en prisión. Se encontrarían en estos supuestos aquellos cuyo delito ha sido menor y, por tanto, la privación de libertad supone un cargo excesivo; también en los supuestos de edad avanzada, cuando se tienen personas a cargo o se padece un trastorno que requiere la permanencia en una vivienda.

Mientras tanto, he podido recibir algunas visitas previa autorización de los jefes policiales que me custodian. La primera fue la del expresidente español Felipe González, quien después de saludarme, trasmitirme ánimo y confirmar su voluntad de asistirme en este juicio injusto, me ratificó el consejo que me había dado en Madrid cuando lo visité, luego de la experiencia de la huelga de hambre que me vi forzado a realizar en la sede de la OEA en Caracas, el 3 de julio de 2009. En ese tiempo, el expresidente González me insistió en tres temas: el primero la vía electoral, «No se salgan por ningún respecto de la vía electoral, cualquier salida a esta crisis requerirá de un liderazgo legitimado y reconocido dentro y fuera de Venezuela y el camino para lograr esa patente es participar, aun en medio de todas las desventajas, en un proceso electoral». Al día de hoy el expresidente Felipe González está persuadido de que en Venezuela opera una tiranía arbitraria y con ese tipo de regímenes no valen elecciones.

El segundo consejo fue para insistir en que «Deben consolidar una plataforma unitaria, donde todas las fuerzas políticas se reconozcan entre sí y se relacionen con la sociedad venezolana», y tercero, «Ustedes deben presentarle a los venezolanos una clara alternativa, articular un plan de trabajo creíble y realizable para sacar al país de la miseria, de la pobreza, superar esos problemas de escasez, controlar la inseguridad, retomar la senda del crecimiento, ser un país productivo, apostar a la empleabilidad con el empuje de los emprendedores». En lo personal me dijo, «Me han dicho que quieren que te postules para diputado, creo que no debes ni pensar en eso, tú eres el alcalde de Caracas electo y tu lucha debe ser para recuperar tus funciones como tal, eres una referencia mundial».

Pero la presencia del expresidente Felipe González generó todo un revuelo desde que aterrizó el avión que lo traía de España. Al salir del chequeo inmigratorio una nube de periodistas lo esperaba en las instalaciones del aeropuerto de Maiquetía, no faltaron los grupos agresivos envidas por el régimen que trataron de perturbar las declaraciones que ofrecía el expresidente flanqueado por una nutrida concurrencia que representaba a la línea opositora. Mitzy estaba en ese «toma y dame» del que salieron airosas, y desde allí el expresidente González se dispuso a cumplir una apretada agenda que incluía visitar mi casa por cárcel el día 9 de junio de 2015. Eso no fue nada fácil. Al expresidente González lo sometieron a una larga espera en la entrada de mi edificio en donde se duplicó la vigilancia policial, hecho que despertó en el expresidente González un gran asombro al ver semejante despliegue de hombres fuertemente armados, cubriendo sus rostros con pasamontañas y en una actitud poco amistosa. Con una paciencia solidaria, el expresidente González soportó aquella prolongada espera hasta que decidió retirarse dejándonos un mensaje. Ya de salida de la urbanización recibió una llamada que le advertía que se había autorizado su ingreso a verme, inmediatamente el expresidente González dio marcha atrás y fue así como pudimos sostener aquella inolvidable conversación.

Alentadoras las visitas de los expresidentes Andrés Pastrana de Colombia y Tuto Quiroga de Bolivia. Fue otra ratificación de su incondicional solidaridad; ambos han estado pendientes de todo lo que vivimos en Venezuela desde hace mucho tiempo. Jamás han mirado para los lados esquivando su responsabilidad como líderes de la democracia continental, por el contrario, se han metido en problemas precisamente por ser consecuentes con los venezolanos, sobre todo en las horas más álgidas en las que se requiere que una voz con alcance internacional, como son las voces de ambos, se haga escuchar en el concierto internacional. Pastrana y Quiroga fueron piezas claves para tejer el manifiesto que posteriormente firmaron 34 expresidentes variopintos a favor de la democracia y la libertad en Venezuela, nucleados en IDEA, cuyo secretario ejecutivo es el Dr. Asdrúbal Aguiar, quien ha cumplido una tarea excepcional desde esa institución.

Las visitas de ambos expresidentes fue posible realizarlas por la persistencia en solicitarlas hasta que Maduro autorizó a sus policías para que pudieran ingresar a mi casa por cárcel. Eso fue el día 29 de mayo de 2015. Fue una conversación que se supeditó a ver cómo era posible que, en cualquier proceso de diálogo venidero, se tuviera previamente elaborada una agenda de condiciones para evitar ser estafados por el régimen, que siempre se sale con las suyas en esos encuentros dialoguistas.

El ocho de diciembre de 2015 se presentaron a las puertas del edificio donde está mi casa por cárcel, en una inolvidable y reconfortante visita, los expresidentes Miguel Ángel Rodríguez, Óscar Arias y Laura Chinchilla de Costa Rica, la expresidenta de Panamá, Mireya Moscoso, el expresidente de El Salvador, Calderón Sol, a quienes mantuvieron en una larga espera de más de 4 horas hasta que definitivamente dijeron que «no estaba autorizada la visita». También el líder español Albert Rivera, el senador italiano Pier Ferdinando Casini, el senador uruguayo Pablo Mieres, los senadores españoles Dionisio García Carnero del Partido Popular, André Gil del PSOE, Iñaki Anasagasti, del Partido Nacionalista Vasco, y Josep Maldonado, de Convergencia i Unió.

Una de las últimas visitas la realizó un grupo de diputados y líderes procedentes de Ecuador entre los que se encontraba el exalcalde de la ciudad de Machala Carlos Falquez Batalla, la diputada Cynthia Viteri, la concejal Susana González Rosado, el diputado Henry Cucalón y el líder socialcristiano ecuatoriano Vicente Taiano Basantes. A ellos tampoco les permitieron visitarme sino que más bien los deportaron del país de una forma brutal, propia de regímenes dictatoriales como el que encabeza Maduro. Todos fueron escoltados por un contingente policial que bruscamente los llevó hasta el aeropuerto de Maiquetía y, sin fórmula de juicio, los expulsó del territorio nacional. Otra grata visita fue la del líder ecuatoriano Guillermo Lasso, actual presidente del Ecuador, que sí logró sortear los impedimentos para poder visitarme. Fueron muchos los gestos de solidaridad que nos ayudaron a mantener viva nuestra esperanza de salir avante con esta causa asumida con las convicciones que siempre nos han asistido en nuestra lucha política.

Una anécdota inolvidable: antes de la celebración de las elecciones parlamentarias del 6 de diciembre de 2015 llegó a Caracas una delegación del grupo IDEA coordinado por el Dr. Asdrúbal Aguiar, entre ellos el expresidente de Colombia Andrés Pastrana, con quien tenía necesidad de hablar un tema relacionado con ese proceso, pero debía ser personalmente. Para lograr tal fin establecimos un operativo con Asdrúbal Aguiar, quien buscaría al expresidente Pastrana en el hotel Tamanaco después que este se librara de la veintena de escoltas que le asignaba el régimen para protegerlo y vigilarlo a la vez. Fue así como el expresidente Pastrana le dijo al comisario del SEBIN a cargo del grupo de protección de personalidades «Mire, comisario, voy a descansar algo y saldré en unas dos horas». Inmediatamente Asdrúbal lo buscó y el expresidente Pastrana se colocó en la cajuela del vehículo para ingresar al edificio; cubriendo un poco su rostro con una gorra y ayudado de vecinos pudo ingresar a mi casa por cárcel esa noche. Asdrúbal, con mucha serenidad, conducía despacio y mirando que dentro del edificio estaba colocada una tanqueta por cuyo lado pasó para poder ingresar al sótano. Después de hablar sobre el tema de interés se marcharon y unas cuadras más abajo del edificio el expresidente Pastrana le dice a Asdrúbal «Bueno, Asdrúbal, ahora sí me puedo ubicar en el asiento normal, aquí nadie reconoce a uno. Fue entonces cuando un grito desmintió al expresidente porque sí lo reconocieron, aun con la gorra que le cubría parte del rostro, y en un área oscura le dijeron: «Epa, presidente Pastrana, muchas gracias por su apoyo, jamás lo olvidaremos». Al expresidente no le quedó más remedio

que responder al afectuoso saludo con un colombianísimo
«¡Gracias, gracias!».

EL PRESO, EL DÍA Y LA MENTE

Mientras tanto me hice el compromiso de preservar mi espíritu sosegado y mi ánimo siempre arriba. Tanto en la cárcel de Ramo Verde como en la casa por cárcel, cumplía al pie de la letra un plan de trabajo que me mantuviera la mente ocupada. En la casa por cárcel estaba en pie desde las 5 de la mañana, así podía alistarme para desayunar y cumplir con la fastidiosa rutina de la fotografía matutina que me hacían los policías que me custodiaban, sosteniendo un periódico del día con mi mano derecha; era una prueba de que el preso o el secuestrado estaba a buen resguardo.

Diariamente cumplía una mecánica de ejercicios entre las 8 y 9:30 a. m., y luego en la noche una hora y media más de caminata por un circuito que tenía en el reducido espacio de nuestro apartamento en el que cumplí más de 30 meses encerrado y del que no me permitieron salir jamás, salvo dos veces: la primera para asistir a la única audiencia en los tribunales en el curso de mi juicio, una sola audiencia en más de mil días preso —en esa audiencia fue que la Fiscalía pidió para mí la pena de más de 26 años de prisión—, y la segunda vez que salí de mi casa por cárcel fue para llevarme otra vez a la cárcel de Ramo Verde la madrugada del 1 de agosto de 2017. Los primeros días de caminata me llevaba unos golpes por los costados hasta que fui perfeccionando el circuito de desplazamiento, moviendo uno que otro mueble y dominando la ruta por la que solía caminar dentro de mi apartamento. En esas caminatas hacía viajes imaginarios a muchas partes: subir el Ávila, me recreaba evocando mis visitas a las parroquias caraqueñas, repetir mentalmente mis años de estudiante en mi pueblo de San Juan de los Morros, mis giras por los más de 500 pueblos y caseríos que conozco de Venezuela, —a la que he recorrido varias veces desde que era un adolescente—, mis años de parlamentario, gobernador y ahora alcalde, mis viajes al exterior a participar en congresos juveniles o cursos de formación política… Era una vía de escape y, a la vez, una forma de ocupar la mente que también me servía para reflexionar sobre lo que debemos hacer para salir de esta tragedia del populismo.

Luego leía con el método de colocar libros en tres puntos del apartamento, en la sala, en la biblioteca y en la habitación, en los que me iba rotando para variar la existencia ambientalmente. Escribía a diario para registrar todo lo que había pasado antes del secuestro del 19 de febrero de 2015 hasta el día siguiente para seguir resistiendo. Traté de reconstruir el diario que llevaba mientras estuve en la cárcel de Ramo Verde, porque los papeles con mis notas no me los entregaron mis cancerberos.

Desarrollaba un ritmo de reuniones de trabajo con los contactos internacionales, redactaba cartas para líderes de las instituciones claves para hacer sentir la crisis de Venezuela, para los líderes de partidos de América y de Europa, para las Internacionales que agrupan a partidos de diferentes tendencias ideológicas, dirigí comunicaciones para las federaciones de alcaldes del mundo de quienes recibí un respaldo valioso, enviaba cartas para los parlamentos y otra tanda era para mantener un esquema de contactos con la dirigencia dentro del país, todo mientras hacía seguimiento al curso de los acontecimientos en la Alcaldía Metropolitana a cargo de Helen Fernández, que estaba supliendo mi ausencia de una forma sobresaliente, desde luego en medio de las limitaciones a las que ya me referí anteriormente.

Nos las arreglamos para realizar una que otra reunión con personas claves con las que analizaba el panorama nacional y las posibles soluciones. Para evitar que nuestros intercambios de ideas fueran captados por los equipos de inteligencia de las policías del régimen, usaba una pizarra con un esquema de palabras cifradas que las iba tocando con un apuntador sin necesidad de pronunciarlas, así hilaba una oración que era perfectamente comprendida por mis interlocutores. En esa pizarra se escribían nombres de personas civiles y militares, de entes nacionales e internacionales, de datos, fuentes, señales, etc., que daban lugar a análisis que, expuestos con base a ese mecanismo, resultaba imposible que lo descifraran los policías de Maduro.

Otra actividad que me ayudó mucho a sobrellevar esta casa por cárcel fueron los más de 70 *collages* fruto de muchos recortes de revistas, libros, periódicos, etc., que colocaba sobre cartulinas o papeles que terminaban representando muchos de los acontecimientos que se producían en el país. Esa actividad artística fue una buena manera de pasar las horas acumuladas de más de 30 meses enclaustrado en un apartamento convertido en cárcel. En la cocina también me defendía con platos sencillos pero que hacía con buen ánimo siempre. Cada día me acostaba después de haber orado por Venezuela, su libertad, mi familia, por mis parientes y amigos que ya partieron al otro mundo, especialmente mis padres.

El arresto puede constituir una medida cautelar, alternativa a la prisión preventiva, durante la fase de investigación criminal o cualquier otra circunstancia que indique la conveniencia de que el imputado quede bajo control para asegurar los objetivos del procedimiento penal. En la justicia militar el arresto domiciliario es una figura común en situaciones de grave crisis cuando se pretende evitar la concentración o agrupamiento de jefes y oficiales y el contacto con las unidades armadas. En estos casos se equipara al confinamiento.

El arresto suele ser una situación provisional que termina, en caso de ser pena accesoria, con el cumplimiento de la principal, y en los demás supuestos cuando la privación de libertad ha perdido su relevancia en el procedimiento. En muchas situaciones, especialmente cuando se trata de la investigación de un delito, el arresto puede sustituirse por la prisión preventiva según la gravedad de los delitos que advierta el juez.

Se están llevando a Ledezma...

Levantaba mis manos del teclado de la computadora. Una lluvia de comentarios había desatado el mensaje lanzado por las redes tres horas antes. Mucha disparidad de comentarios y opiniones corrían en cascada con una corriente que traía de todo: sentencias favorables, otros irritados por lo dicho. «¡Ya basta!», dije en silencio y me fui a buscar al fornido libro de Michael Zantovsky. Me zambullí otra vez en la vida de Václav Havel, retomé su relato sobre Olga, esa mujer enérgica siempre a su lado dispuesta a dar los consejos que le solicitaba. Ya era medianoche y mi cabeza estaba encajada entre las páginas del libro, somnoliento, meditando más dormido que despierto en la esperanza idealista inquebrantable de Václav, forcejeaba con mis parpados negados a perder ante la agonía del deseo de seguir leyendo, sin fuerza, cada párrafo.

—Chiiiiirrrrrríííííííííííínnnnn, chiiiiirríííííííííínnnnnnnn —era el timbre y, como sonámbulo, como un autómata, caminé hacia la puerta.

Pregunté como de costumbre, se hace hábito la mecánica:

—¿Quién es?

—¡La foto, jefe, la foto!

Confianzudo abrí; ahí estaba «el guarito», uno de los custodios asignado para mi vigilancia, cámara en mano, para realizar la foto sobrevenida, como venía haciéndolo varios meses, a veces tres, otras solo dos o hasta con una diaria bastaba. El barquisimetano no estaba solo, y con una exagerada candidez abrí la reja y, segundos después, vino la avalancha de funcionarios policiales. Comenzó el forcejeo en el pasillo contiguo a la entrada a mi apartamento, luego me resistía a los empujones desde ese tercer piso hasta llegar a planta baja. Recuerdo mis huesos cortando el aire que apenas quedaba en aquellas escaleras amotinadas de policías esmerándose en cumplir con el encargo de llevar la presa. Me defendía con la poca fuerza de mi cuerpo con 73 kilos entre carne y hueso, sacaba bríos de mi dignidad y la voz se extendía como un alarido tronando al compás de las patadas que lograba darle a cada puerta ubicada al pie de cada piso. Empujones, agarrones, pisotadas, amenazas, y seguía resistiéndome mientras pedía auxilio. No fue en vano la gritería, el estruendo que a duras penas desataban mis goles a la portería rendida al pie de cada escalera produjo sus resultados, antes de sacarme, casi arrastrándome sin misericordia alguna, estaban mis valientes vecinas, con sus voces solidarias y la magia de las cámaras que traen incorporadas los celulares.

—¿Qué pasa, qué hacen? Esto es dictadura, abusadores —gritaba indignada una de mis vecinas al mismo tiempo que otra filmaba la escena del reo empijamado mientras gritaba con una potencia sorprendente:

—¡Se llevan a Ledezma! ¡Vecinos, salgan, se están llevando a Ledezma!

Pataleando lo que podía, con las manos entreveradas con los brazos de los policías del régimen, me arrastraban cual máquina podadora sobre la grama del patio del edificio, seguía tratando de zafarme del secuestro, sabía que no era cosa sencilla, eran demasiados, llegué a contar como a 40 funcionarios, la vecina seguía al pelotón con la camarita ayuna de luz, porque la noche se asociaba a la misión sorpresa de los sebines o policías del régimen. Solo se veía un bojote que seguía gritando «¡Dictadura, abusadores!», «¡Abajo Maduro!», y en eso la orden tajante «Mételo ahí, como sea», y la orden se cumplió.

Doblado con las rodillas pegadas a mi barbilla y mi espalda acusando el golpe de la rústica parte trasera de una camioneta transformada en patrulla, quedé embutido como un objeto encajonado. La reja que separa la vía pública de nuestras áreas comunes internas se abría como Sésamo. Corcobeando salía aquella unidad conmigo cautivo, esposado a uno de los dos parales encajados en el asiento donde cómodamente estaban tres de los cinco policías que me consideraban tan peligroso que me ataron, esposado, a ese apoyador de cabeza. Sin disimular que gozaban mientras apretaban el aro y el metal mordía mi carne y estrujaba el hueso de mi muñeca izquierda. Trataba de levantarme del piso. Sintiendo un dolor, estiré mi mano derecha libre y tanteé, era algo viscoso que resultó ser sangre que salía de las entrañas de la uña grande del pie derecho que habían roto.

Un carrusel de luces comenzó a girar por la zona. Conté 6 unidades, patrullas, media docena de motorizados con parrilleros, tres camionetas picop repletas de policías al aire libre, bamboleándose en el camino caracoleado.

—Estamos perdidos —advertía uno de los funcionarios. Ciertamente la caravana está desatinada de rumbo para salir de la urbanización. Pasaron varios minutos en ese ir y venir de un lado a otro sin acertar la ruta correcta para luego empalmar con la autopista hacia El Valle. Resuelto el extravío en el laberinto, aquella mezcla de luces multicolores, bramidos de motores, frenazos, sirenazos, corneteos se enfiló hacia la carretera panamericana.

—¿Hacia dónde me llevan? —pregunté al funcionario que estaba más cerca de mí en el cajón trasero donde me redujeron como si fuera una maleta elástica.

—A Yare —me respondió con una mueca cínica que apenas podía descifrar entre la penuria de aquella unidad.

Un galerón margariteño era el ambiente musical seleccionado en el dial por una de las mujeres policías. Como es de suponer, la melancolía colmaba esa encerrona, no obstante mantuve mi serenidad sin dejar de decir en alta voz:

—Lo que se hace mal aquí en la tierra se paga ante Dios y aquí también, porque llegará la justicia a hacer su trabajo, tarde o temprano, pero llegará.

Aquel chorizo de carros, motos, camionetas escalaba la vía como serpenteando sobre el asfalto. Las bombillas fuera de servicio, en su mayoría; era la propia boca de lobo, pues. Comenté sobre esa oscurana y sarcásticamente el policía colocado frente a mí espetó:

—Los guarimberos arrasaron con los cables.

—¿No será que el gobierno los pagó y nunca los pusieron? —le respondí, y volvió a reinar el silencio.

La caravana en la que me llevaban se detuvo en plena carretera panamericana. De repente avisoré otra caravana que se detenía en paralelo y le pregunté al policía:

—¿Quién viene ahí?

—Su compañero.

—¿Qué compañero?

—Ya sabrá de quién se trata —respondió el policía con un irritante sarcasmo.

Las caravanas se pusieron de nuevo en marcha y fue cuando me percato que estábamos atravesando las mismas vías que conducen a la cárcel militar de Ramo Verde. Eso fue, en medio de todo, un consuelo, porque pensando en la familia me tranquilizaba que no tuvieran que someterse al calvario de ir a visitarme hasta la cárcel de Yare. Llegamos a la entrada de Ramo Verde, el policía se demora quitándome las esposas que me mantenían atado a un paral del asiento de la patrulla. Salgo de la unidad y es cuando observo que el compañero al que se refería, sarcásticamente, el policía, se trataba de Leopoldo López, al que veo de frente descalzo, vestido con pantalón corto y franela. Él suelta una carcajada cuando a su vez me observa vestido con pijama. El jefe de la comisión policial que me había secuestrado en mi casa por cárcel le reclama al funcionario, en tono aireado:

—¿Por qué le quito las esposas?, vuélvaselas a colocar.

Así lo hicieron, me volvieron a esposar estando dentro de la cárcel, para trasladarnos al chequeo médico de rutina.

Luego, a la misma torre en la que había estado preso meses antes. Escalamos las mismas escaleras. Me encerraron en la celda que ocupaba el soldado Juan Carlos Cuarta, un reducido calabozo ubicado al frente de la celda que había ocupado la primera vez que me encerraron en esa misma cárcel. Tenía seis barrotes verticales y ocho horizontales, un sanitario destartalado de donde salía agua sucia que se esparcía por los 6 metros cuadrados de esa celda. Una tabla percutida que olía a la peor de las esencias, en la que me tiré sin poder controlar el movimiento del cuerpo que se estremecía, como si se tratara de un muñeco de madera manipulado por un titiritero, por los efectos del frío. El dolor del pie se intensificaba igual que el sangramiento. Leopoldo, que fue encerrado en la celda que antes había sido el calabozo asignado a Enzo Scarano, golpeaba la puerta de acero negra reclamando la presencia de alguna asistencia médica

281

que me atendiera. En eso subió un médico que se quejó, al ver mi situación, de que no lo hubiesen llamado antes para hacerme la cura de rigor, que consistió en asearme la herida con alcohol, vendarla y suministrarme un analgésico.

Desde entonces permanecimos encerrados, sin poder salir al pasillo del piso de la torre en donde permanecimos encarcelados hasta el día jueves en la madrugada. Llegaron a mi celda tres funcionarios y después de abrir la reja me sacaron a empujones para cumplir la orden de retornarme a mi casa por cárcel, cosa que también harían con Leopoldo horas después. El trato en la cárcel fue cruel y hostil, nos negaban el agua y la comida era asquerosa. Preservé mi calma y la cordura ante semejantes maltratos. No paraba de caminar en ese reducido espacio, al principio me golpeaba el pie herido, luego dominé la ínfima zona, rezaba mucho, pensaba en todo lo que habían sido mi vida y mis luchas hasta ese momento, miraba cada espacio de las paredes, cada rendija, tratando de encontrar alguna señal que me indicara cómo escapar de ese tugurio. Ya se habían acumulado varias horas sin probar alimentos ni agua y solo pedía que me sirvieran las pocas fuerzas que restaban para mantenerme consciente. Así es la estancia de un preso político.

CAPÍTULO 20
La fuga y la libertad

*¡Oh libertad, gran tesoro, porque no hay bue-
na prisión, aunque fuese en grillos de oro!*

Lope de Vega

Después del secuestro del que fuimos víctimas la madruga
del 1 de agosto de 2017, corrieron varias informaciones de
importancia que pude tramitar. Una de esas pistas que me
llegaron estaba relacionada con un supuesto plan de vol-
verme a secuestrar en mi casa por cárcel, pero ya no sería
por un comando oficial adscrito al régimen de Maduro, sino
que harían ver que la acción la ejecutaría un grupo terrorista
por encargo del expresidente Álvaro Uribe. La versión daba
cuenta de un esquema que tenía presupuestado el mapa de
mi apartamento con indicaciones de los lugares de acceso, y
en pocos minutos lograr capturarme y evacuarme para des-
aparecerme y luego inculpar a una élite paramilitar.

Otra operación que tenía calculada el régimen de Maduro
era condicionar mi libertad, previa presentación mía ante
la directiva de la Asamblea Nacional Constituyente, ren-
dido ante lo que tanto he venido condenando. El cálculo
era anularme moralmente. Pensé y pensé por días esos riesgos, hasta que decidí poner en marcha el plan de fuga que
bauticé para mi conciencia como el «Plan de fuga Alberto
Carnevali» una vez que me releí un libro que relataba la his-

toria de ese suceso que protagonizó el líder y mártir accion-democratista. Carnevali logró escaparse del Puesto de Soco-rro Salas en Caracas el 26 de julio de 1951 causando un gran revuelo y resonancia dentro de su partido y estremecer la estructura de la dictadura al extremo que el ministro Luis Felipe Llovera Páez le solicita a Jorge Maldonado Parilli que renuncie a la Dirección Nacional de Seguridad, y es enton-ces cuando asume la conducción del aparato represor el san-guinario Pedro Estrada.

Fue así como iniciamos la confección de la maqueta del plan de fuga. Las conversaciones con mis contactos eran pre-senciales, algunas veces a través de redes, usando imágenes en las que se mostraban carteles con claves para evitar que nuestra voz fuera captada mediante intervenciones e infiltra-ciones. Las reuniones presenciales transcurrían preparando el plan usando una pizarra donde escribíamos y borrábamos todo lo explicado usando códigos de comunicación. Así evi-tábamos el riesgo de ser grabados en ambiente.

A las personas claves en nuestras relaciones continuas les asignábamos un seudónimo. Así, al ex presidente Andrés Pastrana lo llamábamos «Boyacá», a «Tuto» Quiroga «El Diplomático», a Felipe González « El Viajero», a José María Aznar «Fraga». Al Dr. Luis Almagro, Secretario General de la OEA, lo identificamos con el apodo de «Mandela». Lo mismo hacíamos con los dirigentes, abogados y parlamenta-rios más vinculados al trabajo político y legal frecuente.

Para definir la hora de salida de la casa por cárcel era indispensable, primero, precisar por dónde saldríamos del país. Eso debía tener el correlativo del tiempo de recorrido en vehículo. No es lo mismo salir por el litoral guaireño que por vía a Brasil. Una y otra ruta nos obligaban a contemplar el tiempo de recorrido y por lo tanto ajustar y cuadrar la hora de salida conveniente de la casa por cárcel. La alterna-tiva de salida por mar desde La Guaira se descartó, al eva-luar que esos días el área estaba muy vigilada. Luego tan-teamos la posibilidad de hacerlo por las costas del estado Falcón y también se desechó, ya que en un momento se puso en duda la fiabilidad del contacto y el riesgo de que vendieran al «paquete». Así se identificaba a la persona que sacarían, nunca se dijo quién era esa persona. Sobre la mesa de posibilidades se colocaron otras dos rutas: la de Guasdualito y la de San Antonio del Táchira. Finalmente optamos por esta última, y dejé claro que no lo haría por trochas, ya que un militar retirado, con experiencia, me hizo ver el peligro de ser delatado por paramilitares que controlan esos vericuetos.

Fue así cuando se complementa la operación, definiendo el día y hora de salida de la casa por cárcel. Se evaluó la ruta, desde Caracas, pasando por territorio de Miranda, Aragua, Carabobo, Cojedes, Portuguesa, Barinas y, finalmente, arribar a Táchira. Eran más de 18 horas de recorrido, eso imponía salir a primera hora de la mañana. Resolvimos hacerlo a las 8:30 a. m. ¿Por qué? Porque a esa hora estaban desayunando los policías. Todos se reunían para comer entre las 8 y 9 de la mañana y además hacían sus chistes e intercambiaban cuentos de sus propias vidas. Estuve observando la rutina por semanas y la conclusión no daba lugar a dudas, esa era la hora conveniente. Desde mi apartamento tenía posibilidad de ver tanto hacia el frente principal de entrada como al patio donde estaba el parque infantil de uso comunitario. Así hacía seguimiento a la rutina diaria de los grupos que custodiaban las áreas externas e internas del edificio. Los policías que tenían asignado vigilar la puerta de entrada a mi apartamento también se agregaban a los desayunos una vez que me hacen la reseña gráfica matutina.

En el plan, los que calculaban todos los pormenores me dejaron en libertad de seleccionar la persona que tendría la responsabilidad de introducir el vehículo al edificio; era obvio pensar que debía ser una persona de mucha confianza y lealtad, además de corajuda. Así lo hice, le propuse a esa persona la tarea y los riesgos que correría de ser atrapados. Sin titubear, aceptó el reto. Fue así como se inicia un ciclo de entrenamiento. Cronómetro en mano, se repetían, con diferentes vehículos, los simulacros de ingresos y salidas al sótano dos de mi edificio, con la idea de calcular, en detalles, cuántos minutos tardaría en entrar y salir ese vehículo a una velocidad que no pasara de 20 km por hora. Tenía que ser muy despacio para evitar cualquier accidente, desde golpear una de las dos rejas que se abren lentamente, la primera que da hacia la calle y la segunda incorporada en la bajada o rampa para ingresar al sótano del estacionamiento. Otro supuesto era que se atravesara una persona o un animal, gato o perro; todos esos escenarios fueron previstos.

Hicimos simulacros con un doble que hiciera las veces mías; se hacía el ensayo, comenzando por abrir la reja, tomar el ascensor, bajar, salir al pasillo del sótano, caminar 7 metros y abordar la unidad que se prepararía con un espacio adecuado para esconderme y luego salir, a 20 km por hora, hacia la calle. No eran más de 2 minutos. Otro detalle acordado era que saldría del edificio sin maleta, solo con la ropa que llevara encima, más nada.

El día seleccionado fue el jueves porque entre martes y miércoles se hacían los cambios de guardia del comisario del SEBIN a cargo de responder por mi vigilancia y era seguro que subieran a cualquier hora a repetir la fotografía que sería remitida al comando central del SEBIN para dejar constancia que, en el cambio de guardia, el preso estaba a buen resguardo. Los lunes siempre era más vigilada el área, la verdad que no atinaba a saber la razón, supongo por ser inicio de semana. Los viernes eran días en que vecinos y personas solidarias dejaban en la entrada del edificio algo de comida, frutas, libros, etc., y algunos, de muy buena fe, se empeñaban en pedirle al conserje que estaba en la recepción que «llamara al alcalde» para darle la información y ver si me podían saludar. Fue así que el día indicado era el jueves 16 de noviembre de 2017. Así se hizo.

Había un escollo a superar y era «la bendita fotografía» de reseña que se repetía aleatoriamente en el día. El temor estribaba en que si los funcionarios subían a mi apartamento para otra foto, se abortaría el plan al ser descubierto. Recordemos que si salía a los 8:30 de la mañana del día 16 de noviembre para estar al borde del puente Simon Bolívar de San Antonio del Táchira a las 6 a. m. del siguiente día, necesitábamos por lo menos pasar la raya de las 10 de la noche del jueves sin que se repitiera la fotografía.

Después que salí de Ramo Verde la segunda vez que había estado en esa cárcel, se me presentaron unos fuertes dolores en el brazo izquierdo a la altura del hombro. Mitzy pidió autorización para que permitieran el ingreso de unas terapeutas, luego fue un médico especialista que me examinó y sugirió que fuera infiltrado, método con el que no estuve de acuerdo. La médico sugirió entonces un trabajo de fisioterapia intenso y recomendó a un especialista. De nuevo Mitzy presentó, por intermedio de mi abogado, el Dr. Omar Estacio, la solicitud para permitir el ingreso del fisioterapeuta. Fue así como se inició una rutina de ejercicios de varias semanas que resultó muy satisfactoria; el dolor comenzaba a ceder.

Seguimos con el plan, esta vez para ver cómo reducimos el riesgo de que se repitiera la foto. Fue entonces cuando resolví atender a los policías, con una imagen de hombre desvelado, agotado y somnoliento, así me exponía ante los funcionarios que matutinamente hacían sonar el timbre de mi casa por cárcel para que abriera la reja y así ellos hacer la fotografía de rigor, mientras yo debía sostener un ejemplar del diario *Últimas Noticias* que ellos aportaban. A los pocos días de repetir esa misma escena, uno de los funcionarios me preguntó:

—¿Qué le pasa, alcalde, lo veo mal?

Inmediatamente le respondí:

—Es que estoy prácticamente sin dormir, ese dolor del brazo me tiene muy afectado.

Pasaron varios días con la misma puesta en escena hasta que el mismo funcionario me volvió a interrogar y le di la misma respuesta, pero esta vez el funcionario me preguntó por los efectos de «las medicinas del Dr.» —así llamaban al fisioterapeuta—, y fue ahí cuando aproveché y le dije:

—Es que esas pastillas me ponen a dormir y, si me las tomo, entonces ¿cómo hago si me quedo dormido y vienen ustedes y tocan el timbre para otra foto?

Inmediatamente el funcionario me atajó, diciéndome:

—No, no se preocupe, tómese sus pastillas, quédese tranquilo.

Así pasaron varios días sin que se repitiera la foto hasta que un mediodía suena estridentemente el timbre, me asomo por el ojo mágico y observo al pelotón de SEBINES con pasamontañas. Pregunto:

—¿Qué pasa?

Y me responden:

—Es que Ud. tiene de visita a un diputado y eso no está autorizado.

—Eso no es así, aquí no está ningún diputado, respondí y se lo hice saber al comisario a cargo de la acción policial. Abrí la reja y en eso «se me prende el bombillo» y recuerdo que me habían informado que el diputado Stalin González solía visitar el edificio porque estaba recibiendo unas clases de historia de Venezuela a cargo de mi vecino, el Dr. Rafael Arráiz-Lucca. A la vista de los funcionarios tomé el auricular para comunicarme con el vecino Arráiz y en alta voz le pregunté, después de saludarlo amablemente:

—Dr. Arráiz, ¿está por ahí con usted el diputado Stalin? —y la respuesta fue afirmativa, a lo que agregué—, dígale, por favor, al diputado que una comisión del SEBIN quiere verlo en planta baja del edificio.

Después de ese incidente se limitaron a la fotografía diaria que me tomaban entre las 7 y las 8 a. m., a más tardar. Siempre la misma rutina: me daban el diario *Últimas Noticias* y lo agarraba con mi mano derecha, mostrando la primera página como fe de que era el día correspondiente a la foto que reportaban al comando central.

El equipo constituido para organizar mi fuga tenía sus combinaciones para hablar en clave, con códigos de seguridad que evitaban filtraciones. La confidencialidad era esencial para no estropear la operación, que pudiera ser herida mortalmente si se producía una imprudencia o filtración. Decidimos salir a las 8:30 a. m. del día jueves. Previamente aseguramos unas «conchas» o lugares de resguardo en Tejerías, La Victoria, La Encrucijada, Valencia, Cojedes, Portuguesa y Barinas. Como antes relaté, durante el recorrido iríamos evaluando un portal de noticias comprometido a publicar información relacionada con la situación de mi edificio de habitación, para cerciorarnos si habían detectado que no estaba en la casa por cárcel. De tener el pitazo, abortaríamos la fuga y nos dirigiríamos a cualquiera de los sitios de resguardos previamente seleccionados, según en el perímetro de la carretera en el que nos encontráramos al momento de confirmar la novedad. Esa selección se le encargó a una persona que no estaba al tanto de la fuga, simplemente se le pidió que contactara a gente de absoluta confianza dándoles la versión de que sería para alojar a un empresario, a otros se les dijo que era un artista, a otros que era un periodista extranjero. El lugar sugerido debía ser una casa con garaje y su respectiva puerta de acceso, preferiblemente con pocos habitantes, con una habitación o espacio aislado para acomodar al visitante. Así se fueron seleccionando los espacios que servirían de «concha».

El coordinador de la operación me alertó sobre mi tono de voz, que es muy reconocido y pudiera delatarme, fue así que tomamos la decisión de ir ensayando un tipo de voz que debería utilizar a la hora de responder alguna pregunta en una alcabala. Logré dar con un tono y una modulación con los que llegué a confundir a más de un interlocutor, incluida Mitzy. Así nació Venancio, un personaje inventado por mí y que solía responder las llamadas de Mitzy e hijas y uno que otro amigo. Se reían, les decía que era para entretenerme, simplemente estaba procurando afinar ese tono y finalmente lo logré.

Antes de salir de mi casa por cárcel hice un recorrido por toda la vivienda. Fui de cuarto en cuarto, otra vez a la biblioteca. Diez minutos antes de bajar al sótano llamé a Mitzy y le dije: «Buen día, mi amor. Mira, hoy amanecí muy mal, me voy a recostar a ver si duermo algo, no me llames que no atenderé teléfono, tampoco responderé por internet, es que estoy agotado, pasé muy mala noche, trataré de descansar y, para lograrlo, me debo desconectar». Mitzy, que me conoce tanto, debe haber sopesado y tramitado palabra por palabra;

algo debe haber supuesto. Pero aunque me dolió muchísimo dejarla envuelta en esa nube de suspenso, era mi obligación cumplir al pie de la letra la recomendación del experto a cargo de la operación. Nadie debía saberlo, absolutamente nadie.

Una vez realizada la llamada a Mitzy, tenía que desmontar el teléfono celular, separar las piezas y envolverlas en papel de aluminio. A las 8:29 a. m. abrí la reja, salí al pasillo a abordar el ascensor y se presentó el primer incidente, no funcionaba el dispositivo para que bajara hasta el sótano; me vi obligado a quedarme en planta baja, zona encerrada por paredes, y así completar la bajada por las escaleras. Al llegar al sótano abro la puerta que da al pasillo y se activa una alarma, mantuve la serenidad, traspasé el umbral y, al cerrarla, se desactivó la alarma; es un pito que suena para que los vecinos usuarios de la puerta se vean obligados a cerrarla cuando la trasponen. Así lo hice para seguir caminando, muy despacio, hasta la unidad que ya estaba preparada para que me escondiera en un compartimento. Arranca la unidad de transporte, a 20 km por hora, tal como estaba convenido, el conductor me iba indicando, paso a paso, por dónde estábamos, como por ejemplo me narraba: «Estamos subiendo la rampa, ahí están los funcionarios, están comiendo aún»; «ya se está abriendo la reja de la calle, estamos por salir a la vía comunitaria, veo dos patrullas de la Pollina Nacional»; «ya las pasamos, estamos por tomar hacia la ruta del centro comercial».

Tenía una sensación de libertad ya pasando la primera barrera de los policías que estaban plantados en las afueras de mi casa. Era como nacer de nuevo, con la diferencia de que esta vez nacía con el uso de la razón. Podría dar valor y entender el significado de la libertad. Constaté, saliendo de la «casa por cárcel» (arresto domiciliario), qué razón tenía Don Quijote cuando dijo que «No hay riqueza que encierren el cielo y la tierra mayor que la libertad». Y creo que, ciertamente, la libertad es el mayor tesoro para los seres humanos. Por esta razón, cuando volví a recorrer las calles de mi país, podía ver el sol como un hombre libre; era como si me hubiera encontrado en un planeta diferente.

Antes de salir de mi casa por cárcel

Siempre recordaré la mañana de la partida, fue un día de sentimientos intensos; miré el departamento donde con Mitzy hemos vivido más de treinta años juntos, el salón donde pasamos muchos momentos en familia, las fotos, mis libros, que fueron grandes compañeros en momentos de soledad. La compañía irremplazable que es un libro. Libros que no pude traer. Queridos libros, llenos de subrayado, porque me gusta destacar líneas o párrafos mientras leo. Y cuando cerré la puerta para comenzar la huida, me sentí abrumado por una turbulencia emocional. Sin embargo, sabía que si quería que la fuga tuviera éxito, tenía que mantener el control mental y sentimental. Es por eso que me recuperé inmediatamente. Durante el viaje, crucé más de 40 puestos de control, incluido el primero, frente a mi casa. Luego el conocido peaje de Tazón, y otro puesto de control móvil en el Túnel llamado Los Ocumitos. Luego otro en el puente de La Cabrera, en Valencia. Luego los de la Policía Nacional y la Guardia Nacional en San Diego y Guacara, dos poblaciones del central estado Carabobo. Avanzamos superando peajes y hasta 7 barricadas consecutivas.

El miedo:

Hay personas que me han preguntado que si en algún momento sentí miedo mientras se adelantaba mi fuga. «¿Alguna vez tuviste miedo de que te reconocieran y te arrestaran?», me interrogan amigas y amigos así como periodistas en muchas entrevistas. Y mi respuesta es sí. Por ejemplo, cuando en el estado Cojedes, en una recta conocida como Los Corrales, saliendo de Valencia pasamos airosos un control de tránsito y emprendimos viaje por una vía recta, pasando por la famosa alcabala de Taguanes, atendida por la Guardia Nacional y es cuando desde el vehículo observo que a lo lejos se veía una presencia de personas en medio de la carretera. Lo primero que pensé es que era una alcabala móvil y que esa alcabala era para nosotros. Como parte del plan de fuga coordinamos que una persona se encargaría de vigilar nuestro edificio para estar al tanto de si se producía algún movimiento policial que nos permitiera inferir que se había detectado mi fuga. Inmediatamente esa persona, que estaría «campaneando mi zona», daría el parte a un contacto de un portal de noticias que publicaría el hecho al instante, así durante el recorrido le echábamos ojo a ese portal. Hasta ese momento no habíamos advertido ninguna información noticiosa sobre mi fuga. Fue entonces cuando volví a pensar: «¡Nos agarraron!».

Continuamos rodando, el conductor me pide «calma», le respondo «Téngala usted, que yo estoy preparado para todo». No lo hice en ínfulas de arrogante, sino para transmitirle confianza y seguridad. Era un control policial civil en el camino a San Carlos; los funcionarios tenían su credencial colgada del cuello, conocidas como «baberos», a la vista y sus pistolas niveladas en los muslos. Afortunadamente, estaban solamente controlando los seriales de los vehículos, buscando autos robados. Nuestro auto estaba en orden, así que nos dejaron pasar. Fingí dormir con un pequeño sombrero cubriendo mi frente. No me reconocieron y pasamos. Continuamos y, antes de llegar a la población de Tinaco, aparece un control de tránsito, superado también sin ninguna novedad. Fue así como pasamos San Carlos y la alcabala de Camoruquito, donde fue suficiente un seco saludo y continuamos sin nada que lamentar, sin embargo el operador que me acompañaba me advirtió que nos aproximaríamos a una alcabala de cuidado ubicada en Apartaderos, cercana a San Rafael de Onoto, limítrofe con el estado Portuguesa. Ahora que en frío hago el recorrido de memoria, la verdad es que no fueron 29 puntos de control, como declaré a unos periodistas al llegar a Cúcuta, la verdad es que sorteamos más de 40 puntos de control.

En Guanare, estado Portuguesa, un contacto tendría reservados unos bidones de gasolina para equipar las unidades; eran tres vehículos, el puntero que actuaba para los actos de divertimento o distracción en alcabalas, en el centro la unidad en la que viajaba y una tercera unidad de apoyo que nos seguía a prudencial distancia. El equipo tenía previsto un lugar en donde me ubicaron y trajeron algo de pollo que no comí; no tenía nada de apetito. Trajeron una cédula de identidad con los datos de otra persona y fotografía casi con rostro idéntico al mío. Una vez que estaban las unidades equipadas, el operador se me presenta con unas franelas y me dice «Alcalde, para que se ponga una de estas». Las miré y en eso me percato que se trata de unas franelas con el logotipo estampado de Hugo Chávez, el de los ojos. Sin pensarlo dos veces le dije, tajantemente «Olvídese de eso, amigo, yo esa vaina no me la pongo ni a balazos». El operador insistió y yo me negaba. Y así quedamos. La idea era usar esas pintas porque tendríamos que cruzar muchos puntos de control a cargo de policías municipales y regionales en donde suelen estar presentes funcionarios al servicio de «la revolución». La verdad es que sirvieron de señuelo ya que en varias alcabalas de ese rango, nada más toparnos con los funcionarios, se produce un intercambio instantáneo con el retornelo de «camaradas».

Algunas de esas alcabalas las evadimos tomando unos caminos culebreros para salir delante de esos puntos de control, sin embargo, eso nos trajo uno que otro inconveniente como el vivido pasando el caserío de «La Yuca», en donde un grupito de adolescentes pretendió asaltarnos; la respuesta del grupo de apoyo fue rápida y efectiva y, sin necesidad de ir a mayores, se resolvió el *impasse*. ¿Por qué rehusé a vestirme con esas franelas? Porque nada más de imaginarme que nos atraparan y me fotografiaran con esa facha, despertó en mí una angustia al solo pensar en el impacto que esa imagen produciría en la ciudadana. Sería un golpe moral que no estaba dispuesto a ocasionar. Cuando vi, recientemente, cómo capturaron al exgobernador del estado Sucre, Ramón Martínez y lo expusieron denigrantemente, me dije que tenía razón en haberme negado a ponerme esa indumentaria chavista.

Nuestra marcha seguía ahora dejando atrás las áreas que

sirven de pistas para los automóviles de competencias en el Aeródromo de San Carlos, sabiendo que nos aproximaremos a la alcabala de Agua Blanca, que pasamos con toda normalidad. Igual logramos superar las 4 alcabalas instaladas en el trecho que conecta a Acarigua con la salida de Araure para alcanzar, progresivamente, las alcabalas de Ospino, la de Guanare, la de Las Tinajitas y, finalmente, ya por salir del territorio del estado Portuguesa, la de Boconoito.

Entramos a la zona muy vigilada de Barinas, comenzando por tener que traspasar la alcabala de Río Masparro que responde al municipio Cruz Paredes y posteriormente empalmar otro punto de control llamado La Caramuca. En todo ese trayecto estuve siempre despierto, atento a todo lo que pasaba de lado y lado en las vías; observaba los pueblos, los desplazamientos de la gente, como si estuviera llegando a un país desconocido. Las colas en los alrededores de las estaciones de servicios eran descomunales, las fachadas de las viviendas tan descoloridas como los rostros de las mujeres y hombres que de esquina en esquina se confunden con espantos que no asustaban a nadie.

Había momentos en que se reducía la velocidad que me permitían captar, desde el asiento trasero del vehículo en que viajaba, las imágenes nítidas de niñas que lucían como muñecas rotas y de pequeñas criaturas inertes como juegues sin pilas. Así era la película en tiempo real que reflejaban esas casas en penitencia, dispersas en los caminos y calles y plazas con seres deambulando como difundíos insepultos.

Salir de un encierro de más de mil días que me mantenía impedido de ver, ahora, cara a cara, lo que solo podía confirmar a diario en las primeras páginas de los periódicos en donde aparecían amontonadas las tragedias explicadas en cifras de hambruna, muertes por homicidios y la escasez de todo tipo de bienes esenciales para la vida de una familia, en cualquier pueblo del país, era sin duda alguna una experiencia inédita para mí.

Suponía que teníamos por delante una fiera salvaje en forma de potro indómito que sería necesario ensillar, a conciencia de que se trataba de la montura de una sociedad dislocada y extraviada en un torbellino de contradicciones. Desde que mis ojos trataban de reconocer ese país despellejado que no podían ocultar las nieblas publicitarias de la hegemonía comunicacional, sabía que habían cambiado hasta los olores de los humos de las industrias instaladas en «La Encrucijada», porque el fétido tufo a pudrición cundía la atmósfera desde las chimeneas encendidas en Miraflores.

Ya habíamos dejado atrás la autopista José Antonio Páez y ahora el trago amargo podría estar en el intento de traspasar las alcabalas de «Arenales», la de «Paguey», la de «Curbati», la de «La Acequia», otras en las entradas de Pedraza, Socopó, Santa Bárbara de Barinas, antes la custodiada alcabala de «Capitanejo» y finalmente la alcabala «La Pedrera», donde se hacen requisas muy fuertes a las unidades por el asiduo transporte y tráfico de drogas, pero los Guardas Nacionales ponen especial atención en las unidades que venían en sentido contrario, o sea, de Táchira hacia Barinas.

Para esa alcabala se activó el carro que distraía llamando la atención de los funcionarios para que nosotros pudiéramos avanzar reduciendo los riegos. La escena era abrir el capo del carro que punteaba la ruta, luego quitar la tapa del radiador y provocar escape de vapor para llamar la atención. Cuando nos dimos cuenta de que todo había salido bien, lo celebramos dentro de la unidad con gritos de victoria, aplausos y choque de palmas entre los tres. Pero esa euforia fue interrumpida minutos después de salir bien librados de la alcabala de «la Pedrera», cuando se veían a lo lejos las luces que salían desde los techos de patrullas arremolinadas en la entrada de un viejo puente armado de hierro. Eran las cocteleras de las unidades policiales con los efectivos policiales de la zona que estaban controlando el paso por el estrecho puente. En segundos resolvimos no retroceder porque esa acción repentina llamaría la atención, decidimos continuar avanzando con la cautela del caso. Al aproximarnos comprendimos qué era lo que pasaba: un camión que transportaba víveres se había quedado enganchado con la parte superior de la estructura y lo que estaba sucediendo era una suerte de saqueo ejecutado entre pobladores y policías. Poco a poco fuimos pasando y así continuamos con destino a San Cristóbal, en donde nos esperaba un grupo que supliría al equipo que tenía la misión de entregarme a salvo en la capital tachirense.

En todo el trayecto rezaba, invocaba a mis padres, a mi abuela Carmen Dolores, a mis hermanos, tías y parientes fallecidos. Cada vez que me aproximaba a una alcabala apretaba mi rosario, uno que me traje de mi casa por cárcel que me habían obsequiado las hermanitas vecinas del Colegio Santa Rosa de Lima. También llevaba en mi bolsillo de la camisa una estampa de San Chárbel, un religioso maronita libanés que Mitzy y yo habíamos tomado como factor de fe para nuestras vidas. Cuando se padecen estas experiencias se podrá comprender todo lo que un ser humano que lucha por su libertad es capaz de hacer. Ese era mi contexto, así pasaban sobre mi cuerpo esos años de resistencia en los que nunca me resigné a dejar que las circunstancias me abatieran, más bien le impuse a mis pensamientos la idea de seguir siendo optimista, mirando lo que vendría el día siguiente y dando por derrotado el que dejaba atrás.

En menos de 24 horas hicimos la ruta, incluidas las paradas, también para reconsiderar el plan, reponer el combustible y otras operaciones. Alrededor de 22 horas. De San Cristóbal me comuniqué con Mitzy y entonces la puse al corriente de todo. Ella se movió para coordinar las operaciones en Cucutá, mi salida a Bogotá y asegurar el vuelo con destino a Madrid. Fueron dos horas de espera, porque cuando llegamos tarde, en la madrugada en Táchira, tuvimos que esperar a que se abriera el puente Simón Bolívar, que permanecía cerrado por la noche y abría a las 6 de la mañana. El plan se cumplió perfectamente, incluida la espera a que llegara más gente que cruzaría el puente para confundirnos entre la multitud.

Mi corazón latía con fuerza mientras caminaba sin maletas, para evitar llamar la atención, y con un equipo de apoyo pendientísimo de mi desplazamiento. Si los guardias me hubieran detenido, mis amigos habrían creado confusión para atraer su atención, simularían un conflicto entre dos parejas en medio del puente para que pudiera aprovechar el alboroto y así permitirme llegar, incluso correr, a las aduanas colombianas, donde me esperaban amigos venezolanos y colombianos. Lo acordado era ir sin maletas, con las manos libres, usé una sudadera que tenía en el pecho el número 86 y una alegoría al músico Beethoven. El plan estaba previamente diseñado. Me aconsejaron rasurarme porque mil últimas apariciones en prensa eran con la barba poco poblada que tenía. En total diez personas cumplieron la operación de apoyo en el Táchira; hoy todas, también como yo, en el exilio. De ese grupo dos personas me seguirían de cerca mientras yo caminara, sin lentes y de una forma diferente a la manera natural de desplazarme.

Esa madrugada fue muy tensa, tuvimos que superar 5 puestos policiales, dos de ellos muy controlados, llamados Peracal y El Mirador; en esta última alcabala el susto fue de marca mayor, diría que casi nos descubren. Seguimos desafiando esa realidad y las siguientes fueron las acabalas colocadas aleatoriamente en la población de Capacho. Pregunté, «¿Por qué esas alcabalas atendidas por diferentes cuerpos policiales?». Y me informaron que esa es la hora en que circulan las cisternas con la gasolina y los efectivos se reparten el botín.

Superadas las alcabalas de Capacho Nuevo y Capacho Viejo, iniciamos el trayecto con rumbo a San Antonio del Táchira. Estaba lloviendo con fuerza, no se veía bien por el vidrio parabrisa, le pedí al conductor que activara los limpiadores y me dijo «Es que debo colocar un fusible, tengo problemas, un circuito eléctrico con fallas». Le sugerí que lo resolviera, porque la visibilidad era nula y la vía angosta y no libre de peligros. Se orilló en la carretera, levantó el capó del vehículo, sustituyó el fusible dañado y cuando se disponía a retomar el asiento del conductor, una manada de perros ladrando se le abalanzan y casi que le arrancan su pierna izquierda. El solidario compañero logró liberarse de ese ataque y emprendimos otra vez el viaje.

En pleno puente, mientras avanzaba por la plataforma, casi a unos 20 metros antes de llegar al puesto de control de inmigración, una señora me reconoció y exclamó ¡Ledezma!

Inmediatamente guardó silencio, como si se hubiera dado cuenta del aprieto en que me estaba poniendo. Mantuve la calma, caminé siempre con seguridad y rezando el padrenuestro esos 20 metros que me parecieron como 20 kilómetros, hice la cola; los funcionarios, tal como me lo advirtieron, estaban muy pendiente de las personas que llevaban maletas o bultos. Hasta que llegué, mostré los documentos que me habían facilitado con otro nombre y señas que memoricé por si acaso me interrogaban preguntándome mi fecha de nacimiento y número del documento. Todo eso lo habíamos ejercitado para estar preparado. Pasamos sin ninguna dificultad. Cuando finalmente estaba en Cúcuta, en territorio colombiano, lo primero que hice fue llamar a mi esposa Mitzy y advertirle que finalmente estaba a salvo. ¡LIBRE! Siempre recordaré esa conmovedora llamada telefónica.

Inolvidable ese abrazo con el funcionario de inmigración colombiana al que traté de presentar mi identificación y no dejó que pronunciara ni una palabra; me interrumpió y emocionado me dijo «¡Bienvenido a tierra de libertad!». En menos de 5 minutos ya tenía firmado mi documentación y un equipo de seguridad encomendado por el expresidente Andrés Pastrana, que se encontraba casualmente en Madrid y generosamente se dispuso a coordinar con mi esposa Mitzy todos los apoyos necesarios a mi llegada a Cúcuta. Gracias a las diligencias del presidente Pastrana pude viajar de inmediato a Bogotá, en cuyo aeropuerto de El Dorado me esperaba su hijo Santiago Pastrana, quien había hecho todos los arreglos para mis primeros contactos en la capital colombiana. Santiago hizo posible que me facilitaran la sala de protocolo en donde me esperaban Alberto Federico Ravel y la periodista venezolana Idania Chirinos, quien me hizo una entrevista en vivo que desató una polémica que afortunadamente logramos controlar, conviniendo en atender a la colmena de periodistas, camarógrafos y fotógrafos que aguardaban en un área contigua a la sala en la que me encontraba. Antes de abordar el avión, Alberto Federico Ravel me puso al teléfono al presidente Juan Manuel Santos, quien me dio la bienvenida a su país y me dijo que si me quedaba me recibiría al siguiente día en el Palacio de Nariño, gesto que agradecí, pero mi respuesta es que tenía previsto salir cuanto antes al reencuentro con mi familia, que me esperaba en Madrid. Inmediatamente abordé el avión de la línea aérea Iberia que me trajo a Madrid en donde me esperaban Mitzy y mis hijas con mi futuro nieto Antonio, que ha sido el mejor regalo de la vida en esta etapa de tantas vicisitudes. Pude ver con agrado la presencia de mucha gente levantando banderas venezolanas, un grupo de gente amiga, entre ellas el expresidente Andrés Pastrana, la eurodiputada Beatriz Becerra y Gloria Capriles.

CAPÍTULO 21

La agenda de trabajo
desde el exilio

Ya en Madrid, Mitzy me puso al tanto de algunos compromisos a cumplir. Uno de ellos era asistir al Palacio de La Moncloa en donde sería recibido, esa misma tarde del sábado 18 de noviembre, por el presidente Mariano Rajoy. Fue un gesto hacia Venezuela, eso es para mí lo fundamental y hay que saberlo comprender. El hecho de que un líder de Europa abriera las puertas de su despacho para recibir a quien apenas tenía 8 horas en suelo español era un espaldarazo a la causa venezolana. En efecto, así fue. El presidente Rajoy ratificó su respaldo a la causa por la libertad de Venezuela y nos garantizó todo su apoyo para sobrellevar este exilio que comenzaba para mí junto a mi familia. Lo que restó de ese agitado día se lo dediqué a la familia.

El domingo fue de reuniones con el presidente Pastrana y Diego Arria, con quienes completamos un proyecto de agenda de trabajo que comenzaría con una rueda de prensa para el lunes 20. Frente a no sé cuántos periodistas, cámaras de todo tipo y un enredo de cables y micrófonos, comparecimos ante los comunicadores con la grata compañía de Albert Rivera, Miguel Enrique Otero, Diego Arria y el presidente Andrés Pastrana. En la noche realizamos un emotivo y concurrido encuentro con la comunidad de venezolanos en España.

El resto de la semana fue para asistir a una sesión del Congreso de España para presenciar un evento inolvidable en la Cámara de Senadores. El senador Dionisio García Carnero tomó la palabra y se refirió a mí, que estaba en la grada de invitados, y la respuesta inmediata fue un sonoro aplauso para Venezuela, con vivas por su libertad. Posteriormente vinieron encuentros con líderes como el expresidente Felipe González y su solidaria esposa Mar, con el expresidente José María Aznar y su leal esposa Ana Botella, con Pedro Sánchez, líder del PSOE, nos vimos en un acto en Barcelona. La agenda contemplaba comparecencias a foros en universidades, programas de radio y de televisión y conferencias organizadas por Fórum Economía Madrid, que reunió a más de 200 invitados representativos de los diferentes sectores económicos, políticos, culturales y sociales de España. También nos reunimos con la vicepresidenta del Gobierno de España Soraya Sáenz de Santamaría y con los exalcaldes José María Álvarez del Manzano y Ruiz Gallardón.

En diciembre viajamos a Washington y Miami para entrevistas con el secretario general de la OEA, Dr. Luis Almagro, con el Dr. Juan Cruz, comisionado del presidente Donald Trump para América Latina, seguidamente participé en un foro organizado por el embajador Dr. Roger Noriega, que pudo congregar en la sala especial de la Fundación Visión Américas a un número significativo de personalidades, ante las que expuse la crisis que afecta a Venezuela y sus incidencias internacionales. Cumplí una apretada agenda en reuniones con senadores y diputados, tanto demócratas como republicanos, participé en unos encuentros con integrantes de Tanques de Pensamientos, todo eso fue en Washington. Fue muy gratificante reencontrarme con mis compañeros alcaldes como David Smolansky, Ramón Muchacho y Warner Jiménez, así como con Carlos Veccio y la compañía afectuosa de mi amigo Carlos Ortega, presidente de la Confederación de Trabajadores de Venezuela, CTV.

Ya en Miami se hizo un gran esfuerzo para cumplir una apretadísima agenda que incorporaba las visitas a decenas de medios de comunicación, reuniones con alcaldes de la zona, encuentro con la comunidad de venezolanos, con jóvenes universitarios y un foro organizado por IDEA con los auspicios del Dr. Nelson Mezerhane y Asdrúbal Aguiar. Mención especial merece el buen amigo Esteban Gerbasi, que se ocupó de coordinar y organizar todo ese esfuerzo.

Posteriormente, regresamos a Europa y fuimos a Estrasburgo a recibir el premio Sajarov (cuyo monto en metálico recibido fue donado a diferentes presos políticos). Compartimos la tribuna con Julio Borges en su condición de presidente de la Asamblea Nacional y me correspondió hablar por los presos políticos civiles y militares venezolanos. Por auspicios del Parlamento Europeo se hizo ese viaje, también el plan de visitas y reuniones a Luxemburgo, Alemania y Francia. Así está convenido para los galardonados.

Luego los viajes a Perú, Chile y Argentina patrocinados por las fundaciones Fórum 2000 y la Fundación Democracia y Libertad, donde interactúa el Escritor Mario Vargas Llosa con quien ha sido un honor compartir tribunas; la logística estuvo a cargo de su director general Gerardo Bongiovanni. La gira a Ecuador fue gestionada y, bajo el amparo de alcaldes y diputados ecuatorianos, fui invitado de honor del Cabildo de Machala, dicté una conferencia magistral, luego fui recibido en sesión especial por el alcalde de Guayaquil, Jaime Nebot, y por el Parlamento Nacional en Quito. Mis viajes a Ginebra y Oslo fueron por patrocinio de la Fundación Oslo Freedom Forum, quienes también cubrieron absolutamente todo mi viaje a Nueva York, para hablar ante más de 1500 personas. De ahí fuimos con Tamara Sujú y Diego Arria a Canadá. Luego el viaje de Puerto Rico, patrocinado por venezolanos en la resistencia en San Juan y me alojé en La Fortaleza, residencia del gobernador Ricardo Rosselló y su esposa Beatriz, quienes gentilmente nos atendieron en familia.

Mi último viaje a Italia lo organizaron mis 6 hermanos italianos; fui declarado ciudadano honorario de Grottaminarda, población del sur de Italia donde nació mi padre, y luego en un magno evento se me otorgó el premio «*Irpinno del año*».

Mi reciente viaje a México fue por auspicio de la organización Comisión Económica Latino Americano. La segunda quincena de noviembre viajé a participar en reuniones con parlamentarios y funcionarios de gobierno en Bruselas, cuya organización logística estuvo a cargo de Patricia Betancourt, directora de VenEuropa.

La agenda que me propuse cumplir desde el exilio ha tenido como punto fundamental el tema relacionado con la Intervención Internacional para salvar a Venezuela. Soy un convencido de que, mediante diálogos falsos o negociaciones manipuladas o elecciones desvirtuadas fraudulentamente por el régimen, será imposible cortar esas amarras con las que mantienen secuestradas las instituciones del país. Fue por eso que convinimos con Leopoldo López y Julio Borges reemprender algunas actividades en la escena internacional.

A comienzos de enero de 2018, Leopoldo López se comunica conmigo y me plantea la idea de realizar una gira en la que estaríamos representados varios sectores de la política nacional. Le respondí que lo esencial era definir una agenda y el compromiso de asumirla plenamente. Los puntos de esa agenda serían solicitar la aplicación de sanciones personalizadas para los responsables de la catástrofe humanitaria venezolana, el compromiso de no avalar procesos electorales organizados por la dictadura, insistir en la indispensable ayuda humanitaria de salvamento para mitigar la hambruna y mortandad por falta de alimentos y medicinas, un plan para rescatar los capitales robados a la nación, un programa de apoyo a la diáspora venezolana e invocar el Concepto de Responsabilidad de Proteger ante la ONU (R2P). Aprobada la agenda.

Con ese acuerdo hablé con María Corina Machado para que respaldara la gestión en esos términos descritos en el proyecto de agenda, después de varios días de discusiones se acordó el plan. En ese sentido viajaríamos primero a Francia para un encuentro con el presidente Enmanuel Macron y líderes del parlamento de diferentes tendencias, incluidos los presidentes de las cámaras tanto de senadores como de diputados. A finales de febrero de 2018 viajamos a París junto con

Julio Borges y Carlos Veccio a la capital de Francia y allí se expusieron todos los temas tal cual como lo habíamos planificado, incluido el punto del Concepto de Responsabilidad de Proteger (R2P). El trabajo de articulación estaría a cargo de Isadora Subillaga. Enseguida viajamos de París a Madrid, directo al palacio de La Moncloa para la reunión con el presidente Mariano Rajoy y posteriormente con el canciller y equipo de la cancillería española. De Madrid el destino fue Lima para un crucial encuentro con el vicepresidente Mike Pence, que tuvo lugar en la sede de la embajada de EE. UU. en la capital peruana. En mi turno de hablar en ese encuentro con el segundo a bordo de la Casa Blanca, planteé el tema de la indispensable intervención internacional para rescatar a Venezuela y agregué la necesidad de que la DEA active sus operaciones para capturar a los miembros de los cárteles de narcotraficantes que actúan impunemente, a sus anchas, desde las instancias gubernamentales venezolanas con el amparo del mismísimo Nicolás Maduro.

Con espíritu unitario continuamos trabajando durante todo el año 2019. Fuimos a Nueva York para participar en reuniones organizadas con motivo de la celebración de las sesiones que tendrían lugar en la Organización de Naciones Unidas (ONU). Uno de esos eventos fue muy emotivo, se trataba de una concentración numerosa de venezolanos que nos colocamos en un área adyacente a la sede de Naciones Unidas y la representante de los Estados Unidos Nikki Randhawa Haley se aproximó a la baranda en la que estaba pronunciando un mensaje y me pidió el megáfono que inmediatamente le cedí para que ella ratificara su solidaridad con la causa por la libertad de Venezuela. Entre nosotros se encontraba el concejal Fernando Albán, fue la última vez que lo vimos con vida. A Fernando lo detuvieron regresando de ese viaje y ya sabemos todo lo que le hicieron los torturadores de Maduro.

En la idea de seguir trabajando unidos se planteó una reunión de trabajo en Boston para discutir sobre El Plan País. María Corina y yo estábamos de acuerdo en ayudar, pero luego de enterarnos que a ese evento iría un delegado que ya era sospechoso de estar infiltrado, hicimos la advertencia que no fue tomada en cuenta y en consecuencia nos negamos a participar. Llegamos a final del 2018 y como estaba planteada la elección de la nueva directiva del parlamento, junto con María Corina Machado comenzamos a plantear que quien asumiera el cargo de presidente de La Asamblea Nacional tendría que estar decidido a convertirse en el presidente interino del país conforme al artículo 233. En esos debates participábamos María Corina, Julio Borges, Leopoldo López y yo. Las conversaciones eran por vía electrónica, casi a diario, durante esas últimas semanas del año 2018 y las primeras del 2019. En principio solo María Corina y yo éramos partidarios de acogernos a la fórmula del gobierno interino, tomando en cuenta que por fin a Nicolás Maduro lo estaban caracterizando como ilegítimo la mayoría de los gobiernos democráticos del mundo, recordemos que las elecciones presidenciales del 20 de mayo de 2018 no fueron avaladas por la comunidad internacional y demostramos que hay abstenciones útiles como esa que promovimos y que dio lugar al desconocimiento del dictador Maduro.

Dos líderes de renombre internacional nos acompañaron como moderadores entre los cuatro, hasta que por fin el 16 de enero de 2018 nos dispusimos a firmar un documento en el que nos comprometíamos a impulsar una agenda que comenzaba con animar a Juan Guaidó a asumir definitivamente la fórmula constitucional prevista en el artículo 233. Viajamos el día 17 de enero a Brasilia, nos reunimos con el canciller Ernesto Araújo, fueron 8 horas continuas de debates y se resolvió que contaríamos con el respaldo del gobierno del presidente Bolsonaro. De allí viajamos a Bogotá el día 19 de enero y el presidente Pastrana coordinó con el presidente Iván Duque las conversaciones que concluyeron asegurándonos que «Si Juan Guaidó daba el paso de asumir el interinato, sería reconocido instantáneamente por el gobierno de Colombia». Al siguiente día viajamos a Washington y lo demás es historia conocida. El presidente Donald Trump, segundos después de que Juan Guaidó juró como presidente interino de Venezuela, ese día 23 de enero, desde La Casa

Blanca emitió un comunicado reconociendo a Juan Guaidó como el primer magistrado nacional.

¿Qué paso después? Lamentablemente a María Corina y a mí nos apartaron; un cuarteto de dirigentes, llamado G-4, asumió la conducción del gobierno interino, aplicando un esquema de gobierno parlamentario que no pintaba por ninguna parte, por lo menos de manera legal. Eso se lo comenté a Juan Guaidó cuando nos vimos en Madrid a comienzos del año 2020, hablamos de lo nocivo que era el sectarismo, las exclusiones, que se hacía daño a sí mismo dejándose secuestrar por un grupo, que él tenía que actuar como el presidente de todos los venezolanos, que se liberara de disciplina partidista y que cuidara la unidad y la imagen pulcra que debe irradiar como contraste con ese régimen purulento que ha hundido a Venezuela en esta tragedia.

TRABAJO EN LA CORTE PENAL INTERNACIONAL

En junio de 2019, durante la celebración de la jornada «Víctimas ante los crímenes internacionales. La protección jurídica de las víctimas en Venezuela», organizamos un encuentro con representantes de la Oficina de Víctimas y el Consejo de Abogacía, con una Comisión Venezolana para la Justicia Penal Internacional, cuyos coordinadores designados fueron el Dr. Blas Jesús Imbroda y la Dra. Soranib Hernández de Deffendini. En noviembre de 2019, junto con Blas Jesús Imbroda, Soranib Hernández de Deffendini y Juan Carlos Gutiérrez, en representación de la Comisión Venezolana de Justicia Penal Internacional, cumplimos una visita técnica a la Corte Penal Internacional, en La Haya, para consignar un Memorial Técnico Jurídico en el cual se consideró que los presuntos delitos cometidos durante las manifestaciones civiles en 2014 y 2017 en Venezuela son lo suficientemente graves como para justificar nuevas acciones de la Corte. La gravedad y alcance de los presuntos crímenes de lesa humanidad en Venezuela, los patrones recurrentes de criminalidad; la identificación de los casos potenciales que involucran a altos miembros de la cadena de mando y otras fuerzas de seguridad de Venezuela y otras autoridades venezolanas; y las limitadas perspectivas a nivel nacional para la rendición de cuentas de las personas supuestamente más responsables, pesan mucho a favor de una investigación.

Por las razones expuestas en la solicitud y en el material de apoyo, la Comisión Venezolana de Justicia Penal Internacional solicitó a la Fiscalía de la Corte Penal Internacional que procediese con una investigación sobre la situación en la República Bolivariana de Venezuela en el período desde el 12 de febrero de 2014. En concreto, la Comisión Venezolana solicitó a la Fiscalía investigar esos crímenes, partiendo de la competencia de la Corte y considerando los elementos temporales, contextuales, la sistematicidad, gravedad y planificación desde estructuras de Poder en el territorio de la República Bolivariana de Venezuela.

La redacción del Memorial I estuvo a cargo de: Blas Jesús Imbroda, Soranib Hernández de Deffendini, Víctor Rodríguez Cedeño y Juan C. Gutiérrez. El equipo técnico y logístico estuvo integrado por: Antonio Ledezma, William Cárdenas, Victoria Capriles de Ledezma, Simón Pedro Deffendini, Diego Arria, Miguel Henrique Otero, Jesús Eduardo Troconis y Santiago Viana.

Desde el 2019, a través de la Comisión Venezolana hemos consignado testimonios y pruebas de los crímenes de lesa humanidad perpetrados en Venezuela por agentes de las cadenas de mando civil y militar. Siguiendo y cumpliendo las Reglas de Procedimiento y Pruebas, y la custodia de las pruebas. En 2020 la Comisión consignó ante la Oficina de Víctimas un «Adéndum» pidiendo la inclusión en la Memoria Jurídica y en el expediente del Examen Preliminar la Resolución del Consejo de Derechos Humanos de la ONU sobre la situación de graves violaciones de DDHH en Venezuela.

En 2021 Blas Jesús Imbroda, Víctor Rodríguez Cedeño y Soranib Hernández de Deffendini consignaron ante la Oficina de Víctimas un nuevo material para complementar nuestro Memorial. En el documento se analizó la Situación Venezuela I en el marco del examen Preliminar; el análisis de la complementariedad en la Situación Venezuela I (compatibilidad entre los parámetros de la Fiscalía CPI, el ER y los DDHH); y las pruebas y evidencias en el proceso ante la CPI respecto a los crímenes cometidos a partir de 2014.

En el último trimestre del 2021 estaremos entregando un tercer Memorial y nuevas pruebas de testigos claves para documentar ante la Fiscalía de la CPI la perpetración de crímenes de lesa humanidad, la atribución de responsabilidad penal internacional de los altos mandos civiles y militares, y la inacción del Poder Judicial.

Sentimientos de un desterrado

Venezuela se va también en los morrales de los desterrados, en forma de canciones y versos que soplan en los tímpanos de cada viajero forzoso. La nostalgia saca su llanto al compás del joropo, y paso a paso se van marcando los horizontes que inventan la necesidad de marchar hacia cualquier parte de un mundo desconocido. Con la luz del sol cada harapo tiene colores de nuestra bandera y cuando llega la noche arriamos los pendones para arroparnos con su calor. Cabalgata sin caballos ni carretas, solo suelas o plantas descalzas levantando polvos en veredas desconocidas. ¡Avanza, avanza! No sé hacia dónde, pero la esperanza inventa derroteros, los niños nada más con su inocencia, los jóvenes salvaguardando ilusiones, madres y padres con una abnegación inmensa, y los abuelos desafiando al tiempo que les acerca el final. Y ahí está Venezuela desandando caminos con la brújula pendiente de su paralelo, para hacer posible, algún día, el viaje de retorno.

Un largo suspiro vacía de aire los pulmones y una agüita viscosa barniza las pestañas que cubren tus ojos. Es la premonición del dolor de patria ausente que será el bautizo de fuego cuando mires hacia atrás y la veas ahí, rendida en lontananza. Una seguidilla de pucheros te hará sentir un vacío que no podrás llenar con los recuerdos de esa patria amada entrañablemente. Mientras tanto, van guindados de nuestros hombros la tristeza y el entusiasmo, fajados en un pugilato, tratándose de derrotar uno al otro.

En Madrid, a 3 de noviembre de 2021